复 旦 联 合 国 研 究 丛 书

联合国选举援助研究

RESEARCH ON THE UNITED NATIONS ELECTORAL ASSISTANCE

李因才◎著

时事出版社

本书由上海社科院国际问题研究所、上海社科院“国际关系”创新团队、复旦大学联合国研究中心和国家社科基金青年项目（编号：14CGJ027）共同资助出版，谨致谢忱！

总序

什么是联合国？联合国有什么作用？中国与联合国的关系如何？这是每一个对联合国有兴趣的读者都想知道的。

我的回答是：联合国是一个“不独立的多元体”。所谓“不独立”，就是说联合国没有独立的主权，它的权力来自于它的成员国。所谓“多元体”，就是说在联合国的所有机构中，没有一个能够完整地、全面地或在任何时候都代表联合国。因此，联合国只是“联合起来的国家们”的一个简称。它的主体是成员国，是联合国的成员以不同的形式组织起来，以不同的决策方式实行全球治理。

在成立后的70年的时间里，联合国究竟起了怎样的作用呢？综合起来看，它的作用主要有五个方面：一是作为一面镜子，反映了国际形势的变化，折射了国际格局的演变；二是作为一个讲坛，反映了世界上各种各样的声音；三是作为多边外交最活跃的舞台；四是一个国际合作的平台；五是国际行动合法性的象征。

联合国是多边外交的讲坛，联合国大会每年都云集了各国的元首、首脑和外长，这是任何一个国际机构都无法比拟的。联合国又是集团外交博弈的舞台，许多重大谈判都是在集团之间进行的，集团外交在联合国里面有很重的分量。集团外交有优势也有弱点，它的优势在于增加了弱小者的谈判分量，有利于在这个强弱不等、力量失衡的世界里面为弱小国家争得一份发言权、一份决策权；缺点在于增加了谈判的复杂性和难度，联合国常常议而不决，决而不行。

联合国是国际合作的平台，主要体现在以下几个方面：一是完成了非殖民化的进程，使得一大批亚非拉国家取得独立并参加了联合国；二是开展历史上最广泛、最持久的发展援助，联合国里面有三大机构专门从事援助工作，即联合国开发计划署、联合国人口基金以及联合国儿童基金会；三是缓和了国际冲突，通过军控、预防外交、维和、建设和平等手段处理了一系列地区冲突，更重要的是避免了大战的发生；四是规范国际行为，确立行为准则，并通过一系列决议、宣言、行动纲领以至于法律文件如条约、公约等形式，确立战后国际社会应该共同遵守的“游戏规则”。

联合国还有一个作用是过去人们很少意识到的，就是它已成为某一国际行为是否合法的象征，这从两次伊拉克战争就能看出来，有无联合国的授权是行动合法还是非法的一个依据。

同时，联合国还是一面镜子，反映国际形势的变化，折射了国际格局的演变。联合国成立到现在大概有这样几个时期：联合国成立初期，只有51个成员国，大部分是西方国家及其盟友，当时联合国是美国操纵的工具；20世纪60年代开始，情况逐步发生变化，到70年代就发生了质变，发展中国家成为联合国的多数；1971年中国代表权的恢复是一个分水岭，标志着美国一家操纵联合国的时代一去不复返了；70至80年代，联合国折射出来的是两对矛盾的交叉，一是南北矛盾，二是东西矛盾，既对抗又对话；进入90年代，苏联解体、冷战结束，联合国进入了一个新时期，这个时期的特点是两极争雄消失、南北矛盾缓和，使得联合国能够在政治、安全、经济、社会、人权等各个领域全面发挥作用。安理会在经历冷战时期的瘫痪之后恢复工作，成为联合国活动的一个中心。这10年被称为联合国的黄金时代。世界人民对联合国的期望值也大大提高。但是好景不长，第二次伊拉克战争“撕裂”了联合国，使联合国陷入空前危机，联合国在世界民众心中的形象也大为受损。在这样的背景下，要求联合国改革的呼声在世界范围内响起。

从现在来看，联合国将来会怎样？在这个问题上，人类再次面临“需要”和“可能”的矛盾。“需要”是因为国际关系格局发生了重大的变化，从两极格局向多极格局迈进。在这个世界政治多极化、经济全球化和社会信息化的新时代，联合国面临一系列新的挑战。作为世界上最大、最高、最具代表性的国际组织，联合国需要进行改革，以反映国际关系格局的演变，适应新时代的挑战。

但是，多极化是一个漫长、渐进且含有种种变数的过程，目前还远没有“尘埃落定”。对于联合国大会和安理会等重要机构的改革，各国利益纵横交错，互利共赢的交汇点久求而不得，故当前对联合国机构进行重大改革的可能性甚微。

联合国改革的举步维艰，削弱了联合国应有的作用。“二十国集团”的出现，及由“二十国集团”承担在金融领域全球治理的功能，从一个侧面折射出联合国不改革可能面临的被边缘化的危险。当然，这种被边缘化在可预见的将来还只是局限在个别领域，且没有不可逆转之理。就全局而言，作为二战结束后肩负全球治理重任的联合国，它的地位和作用还是不可替代的。近日，美国未来学家戴维·霍尔做出大胆预测，称未来10年的某个时间点，将出现一个新的全球管理主体，可以称之为“全球委员会”，其职责是监管全球事务。但他也认为，处理和裁决国家间政治经济冲突的职责仍然由联合国履行。

进入新世纪以来，联合国在变化，中国也在变化。中国的国家利益已经不局限在国门以内，中国的影响也已超出了地区。有很多全球问题都事关中国的切身利益，这就要求中国以更积极的态度来参与联合国的事务，维护自身的利益。可以预见，中国将在财政、维和等方面做出更大贡献。

同时中国也需要利用联合国这个平台来拓展自身利益，中国参与亚丁湾护航，中国海军合法走出国门就是一个成功的例子。

联合国需要中国，中国也需要联合国这样一个时代即将到来。

陳健

（联合国前副秘书长、上海联合国研究会名誉会长）

2015 年 10 月 24 日

于北京和平里

目录

导论

第一节 冲突内部化与联合国维和行动的转型

一、冲突内部化与“弱国家”现象

一国内部不同族群之间的冲突是当前最主要的冲突模式，也就是说，绝大多数的冲突和危机是发生在国家的内部而不是国家之间。1900—1941年，80%的战争还发生在国家之间；但1945—1976年，85%的战争已经转向国家内部。① 冷战结束以来，冲突内向化的趋势加速。瑞典乌普萨拉（Uppsala）大学的UCDP（Uppsala Conflict Data Program）项目统计了1970年以来的武装冲突，其最新数据显示，1989年以来发生的140次武装冲突中，只有9次是国家间冲突，其余都出现在国家内部不同群体之间以及政府与反政府武装之间。2010—2012年，国内冲突的次数分别是31次、36次和31次。而国家间冲突在这3年当中仅有两次：2011年的柬埔寨—泰国边境冲突以及2012年发生在新成立的南苏丹与苏丹之间的边界争端。②

---

① Ernst B. Hass, *The United Nations and Collective Management of International Conflict*, New York: UNITAR, 1986; Michael W. Doyle and Nicholas Sambanis, *Making War and Building Peace: United Nations Peace Operations*, Princeton University, 2006, p. 11.

② Lotta Themnér and Peter Wallensteen, “Armed Conflicts, 1946—2012”, *Journal of Peace Research*, Vol. 50, No. 4, 2013, pp. 509 - 521.

2013 年发生的 34 次武装冲突全部出现在国内。[①] 2014 年国内冲突的数字又升至 40 次，国家间冲突则有 1 次，即印度和巴基斯坦之间爆发的小规模冲突。[②] 当冷战期间大国将两大集团间的冲突视为主要威胁的时候，第三世界国家却饱受内部冲突的困扰。

与此同时，这些冲突后的国家在经历脆弱的和平之后，很可能再次滑向冲突。联合国之前参与维和的国家有一半左右出现冲突复发。2006 年联合国秘书长在其年度工作报告中指出，“根据某些统计，那些摆脱战争的国家有 1/3—1/2 于 5 年内再度爆发战争。”[③] 一项更为谨慎的研究也表明，20%—30% 的内战会在 5 年内复发，17% 的内战可能会在 10 年内再度出现。[④] 世行的报告则警告，曾经爆发过冲突的国家冲突复发的几率自 20 世纪 60 年代以来一直在增加，从 43% 增长到 70 年代的 57%，80 年代的 62%，20 世纪 90 年代的 67%，21 世纪初的 90%。[⑤] 这些再度爆发的冲突“不仅浪费了在缔造和平和恢复方面投入的国家资源和国际资源”，而且由于冲突“各方认为和解无望，分享权力的可能性看来更为遥远，赢者通吃的心理从而占据上风。在这种情况下，各方往往不惜打全面战争，即使这样可能引起大规模杀戮”。[⑥] 因而冲突可能比之前的更加惨烈。2000 年以来，在 21 个遭受武装冲突的国家，每年因此而丧生的人数高达 790 万。[⑦]

---

① Lotta Themnér and Peter Wallenstein, “Armed Conflicts, 1946 – 2013,” *Journal of Peace Research*, Vol. 51, No. 4, 2014, p. 542. 原文统计了 33 次，此后又增加了缅甸军政府与布朗邦解放阵线（Palaung State Liberation Front）之间的冲突，See There'se Pettersson & Peter Wallensteen, “Armed Conflicts, 1946 – 2014”, *Journal of Peace Research*, Vol. 52, No. 4, 2015, p. 537.

② There'se Pettersson & Peter Wallensteen, “Armed Conflicts, 1946 – 2014”, *Journal of Peace Research*, Vol. 52, No. 4, 2015, pp. 536 – 539.

③ 联合国秘书长报告：《秘书长关于联合国工作的报告》，联合国文件 A/61/1（SUPP），2006 年 8 月 16 日，第 73 段。（本书所有引用的联合国中、英文文献都可以在“联合国正式文件系统”中依据文件编号查阅，具体网址见 http://documents. un. org/simple. asp。）

④ Paul Collier, Anke Hoeffler and Mans Soederbom, “Post – Conflict Risks”, *Journal of Peace Research*, Vol. 45, No. 4, July 2008, pp. 461 – 478.

⑤ 世界银行：《2011 年世界发展报告：冲突、安全与发展（概述）》，2011 年，第 3 页。

⑥ 联合国秘书长报告：《秘书长关于联合国工作的报告》，联合国文件 A/61/1（SUPP），2006 年 8 月 16 日，第 75 段。

⑦ 2015 年后联合国发展议程高级别名人小组报告：《新型全球合作关系：通过可持续发展消除贫困并推动经济转型》，联合国 2013 年，第 4 页。

不仅如此，地方、国家、区域和全球各级的复杂关联使得内部的冲突和危机很容易外化，形成地区或国际性的危机，比如目前的叙利亚、“9·11”之前的阿富汗、索马里等等。它们还引发了各种各样的全球和地区治理危机，比如游离于一国管制边界之外的跨国恐怖主义、极端主义暴力、小武器扩散、跨国犯罪等等。这些暴力和犯罪网络更分散、更易于渗透和扩散，也更难管控。数据统计显示，过去25年，高达88%的恐怖主义发生在卷入冲突的国家；① 世界大约95%的非法毒品生产出现在国内冲突地区；高峰时期海盗导致全球经济损失每年高达70亿至120亿美元，其中9.5成要归结于索马里海盗。此外，1975年，全球难民总数240万，截至2015年上半年，这一数字已经突破1510万，增长了6倍。② 2015年，和平行动问题高级别独立小组在报告中深入剖析了治理危机与冲突之间的内在关联，“毒品、武器、人员和资金的跨国非法贩运网络已经深入到许多冲突中，利用这些冲突牟利，提供资金和武器助长冲突。它们现在横跨各大洲，掠夺那些应对能力较弱的受冲突影响国家和冲突后国家，通过腐败、寻租和掠夺活动变得根深蒂固。”③

冲突的内部化和高频率的重要原因是大批治理不良的“弱国家”（Weak State）的出现。现代意义的主权国家版图实际是二战之后才成型的，短短70年的时光，世界以疾风骤雨般的速度改变了自己的面貌。在此之前，多数国家尚处于殖民地、半殖民地或者托管制度之下，并未取得国家的独立身份。1945年联合国初创时，会员只有区区51国。15年后，在非殖民化浪潮的迅猛推进下，会员数量翻了一番，达到99国。到1990年，这一数字又暴涨到159国。冷战结束后，主要由于苏联和南斯拉夫的解体，到1993年，联合国会员国增至184国，短短3年，新添了25个成员。2011年7月，随着南苏丹共和国脱离苏丹独立，联合国的成员数量达到了

① Institute for Economics and Peace, *Global Terrorism Index 2015*, NOV 2015 /IEP REPORT 36, p. 5.

② UNHCR, "Mid – Year Trends 2015", p. 4, available at http://www.unhcr.org/56701b969.html.

③ 和平行动问题高级别独立小组的报告：《集中力量，促进和平：政治、伙伴关系和人民》，联合国文件A/70/95 – S/2015/446，2015年6月17日，第11段。

193 个。几十年间，非洲的政治版图变化尤其巨大，1945 年时，这一地区只有四个独立国家：埃及、埃塞俄比亚、利比里亚和南非，如今这里取得独立地位的国家多达 54 个。

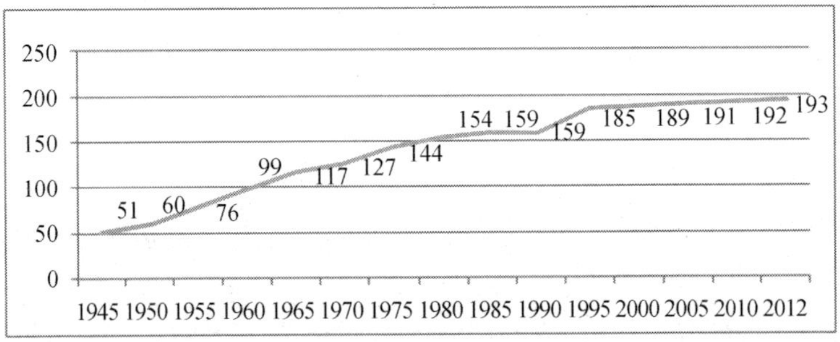

图　联合国会员国增长示意图

资料来源：作者根据联合国会员国资料编制，http：//www. un. org/zh/members/。

在不到半个世纪的时间里，非殖民化进程迅速瓦解了延续数百年的殖民体系，解放并赋予很多非独立领土以国家身份和主权资格。不过，国际社会赋予的主权只是法律意义上的，使其享有独立和免于外部干预的资格；比这种外在的法律承认更重要的是主权的内在维度，即维持国内有效治理、促进社会有效整合并为其提供所需公共产品的能力。罗伯特·杰克逊将前者称为“消极主权”（Negative Sovereignty），后者称为“积极主权”（Positive Sovereignty）。① 克拉斯纳将后者称为“国内主权”（Domestic Sovereignty），前者则具体区分为具有独立管辖权的国际法律主权（International Legal Sovereignty）以及不受外部干预的威斯特伐利亚主权（Westphalian/Vatellian Sovereignty）两类。② 两人对主权的区分并无实质差异，都旨在强

① Robert H. Jackson, “Negative Sovereignty in Sub - Saharan Africa”, *Review of International Studies*, Vol. 12, No. 4, 1986, pp. 247 - 264; Robert H. Jackson, and Carl G. Rosberg, “Why Africa's Weak States Persist: the Empirical and the Juridical in Statehood”, *World Politics*, Vol. 35, No. 1, 1982, pp. 1 - 24; Robert H. Jackson, *Quasi - states*, Cambridge University Press, 1993。

② Stephen D. Krasner, “Sharing Sovereignty: New Institutions for Collapsed and Failing States”, *International Security*, Vol. 29, No. 2, Fall 2004, pp. 85 - 120.

调外在的形式承认并不能掩盖不少新独立国家自身缺乏国家性（Stateness）的事实。这些国家既无法像韦伯所强调的那样垄断暴力机器，从而提供最基本的安全与秩序，也无法建立有效力和权威的政府机构，以维持正常运转，亦即缺乏福山所强调的国家能力（State Capability）。其具体表现形态，就是学界从20世纪90年代逐渐聚焦的所谓“失败国家”（Failed State）、脆弱国家（Fragile State）、“半国家”（Quasi - state）或者“弱国家”（Weak State）。

二、联合国维和行动的转型

在维护国际和平与安全方面，联合国所担负的职责和赋予的权威是任何组织和机构都无法匹敌的。两极格局崩溃后，联合国很快从冷战对峙的阴影中走出来，在安全领域的角色和地位日益凸显。为因应安全形势的发展变化，联合国也从理念到行动做出了相应的调整和变革，其中表现之一就是维和行动的转型与建设和平概念的引入。

传统维和源于联合国宪章第六章即“争端之和平解决”，行动大多局限于监督两个国家或政治实体之间的和平，防止冲突升级或重现。其主要任务包括：通过定点、巡逻等技术方式进行观察、监测和报告；监督停火和支持核查机制；通过建立缓冲区和信任措施的方式干预冲突。[①] 这类维和至今存在于一些地区，如部署在中东的停战监督组织（1948年至今），部署在查谟和克什米尔的印巴观察组（1949年至今），部署在戈兰高地负责监督以色列与叙利亚停火和脱离接触的脱离接触观察员部队（1974年至今）等。由于费用较低、政治上维持下去比撤走更容易，因而可以持续数十年。这类维和的其他特征是：严格谨守三原则，即同意、中立和不使用武力；人员由军事观察员和士兵构成；任务单一，授权明确，“所处理的

① United Nations Department of Peacekeeping Operations, Department of Field Support, *United Nations Peacekeeping Operations: Principles and Guidelines*, United Nations 2008, p. 21.

是症状而非冲突的根源，内在缺乏退出战略”,[①] 也并不负责调停分歧、协助达成和平协议，只是设法将冲突方分隔开。

从20世纪90年代初开始，在国际社会的支持下，联合国一方面大幅增加了维和行动数量[②]，另一方面也启动了和平行动的变革和转型，将不少新任务纳入其行动议程。[③] 维和行动的转型最先源于人道主义的危机。面对不断出现的难民流出、大规模屠杀和强奸、采用强行驱逐和恐吓方式进行的族裔清洗、蓄意制造的饥馑和故意传播的疾病等人道主义危机，联合国展开一系列人道主义救援行动，包括收容难民、提供紧急救援物资等。人道主义援助本由大会负责提供政策指导，但随着越来越多的人道主义事件危及国际和平与安全，安理会逐渐成为参与主角。为保证救援行动的开展，联合国在征得冲突各方同意和合作的情况下设置了中立地带或非军事区，在某些情况下则根据宪章第七章，由安理会授权设置安全地带、安全区、安全走廊或禁飞区，比如在伊拉克北部地区、卢旺达、布隆迪等地。[④] 这些措施虽然对对象国的主权做出了特定限制，但仍然不足以为冲突中遭到暴力威胁的平民提供人身保护。1995年，“联合国保护部队”在波斯尼亚和黑塞哥维那境内建立6个“安全区”，但当塞尔维亚的军队攻陷斯雷布雷尼察这块穆斯林飞地时，没有接到授权的“联保部队”对接下来的大规模种族屠杀只能袖手旁观。[⑤]

《联合国宪章》对人权和主权的处理非常模糊，它一方面“重申基本人权之信念”，一方面又禁止干涉“本质上属于任何国家国内管辖之事

---

① 大会、安理会：《联合国和平行动问题小组的报告》，联合国文件A/55/305 - S/2000/809，2000年8月21日，第14段。

② 在联合国建立至冷战结束的44年间，联合国只实施了16项维和行动。而1990—1993年三年间联合国就启动了15项维和行动，1948—2015年间则实施了总共71项新任务。其中用来应对国内冲突的有51项，而冷战期间只有1项，即20世纪60年代的刚果。

③ Katharina P. Coleman, *International Organisations and Peace Enfocement*: *The Politics of International Legitimacy*, Cambridge University Press, 2007, p. 5.

④ 秘书长报告：《秘书长关于保护在冲突情况下向难民和其他人提供的人道主义援助的报告》，联合国文件S/1998/883，1998年9月22日，第5—7页。

⑤ 联合国大会第54届会议：《秘书长依照大会第53/35号决议提出的报告：斯雷布雷尼察的陷落》，联合国文件A/54/549，1999年11月15日。

件”。但20世纪90年代在索马里、波黑、卢旺达、科索沃相继发生的大规模人道主义灾难，“使人们不再集中注意主权政府的豁免权，而注意它们对本国的人民和广大国际社会的责任。”① 面对“在武装冲突中，那些故意将平民或者其他受保护的人作为攻击目标，有组织、大规模、公然违反国际人道法和人权法的行为”，1999年和2000年，联合国在秘书长报告和安理会的两份决议当中，开始建议安理会援引宪章第七章“有责任采取适当的行动”。② 2004年“威胁、挑战和改革问题高级别小组”的报告出台，报告援引了加拿大“干预与主权委员会”2001年提出的“保护的责任”的理念，宣称“各国签署了《联合国宪章》，从而不仅享有主权带来的各种特权，同时也接受由此产生的各种责任。……集体安全原则则意味着上述责任的某些部分应当由国际社会予以承担，依照《联合国宪章》和《世界人权宣言》采取行动，根据情况建立必要的能力或提供必要的保护。”③ 报告的主旨及“保护的责任”的理念被随后召开的首脑峰会有条件接受：“如果和平手段不足以解决问题，而且有关国家当局显然无法保护其人民免遭种族灭绝、战争罪、族裔清洗和危害人类罪之害，我们随时准备根据《宪章》，包括第七章，通过安全理事会逐案处理，并酌情与相关区域组织合作，及时、果断地采取集体行动。”④ 尽管这份成果文件没有将“保护平民”上升为维和行动应当遵循的普遍原则，却为武力保护和军事干涉打开

---

① 威胁、挑战和改革问题高级别小组的报告：《一个更安全的世界：我们的共同责任》，联合国文件 A/59/565，2004年12月13日，第54页。

② Report of the Secretary - General to the Security Council, “The Protection of Civilians in Armed Conflict”, UN Doc. S/1999/957, 9 August 1999; Security Council Resolution S/Res/1265 (1999), 17 September 1999; Security Council Resolution S/RES/1296 (2000), 19 April 2000。1997年5月安理会第3778次会议首次讨论这一议题，题为“Protection for Humanitarian Assistance to Refugees and Others in Conflict Situations”，不过最终没有形成任何决议或主席声明。See Juergen Dedring, *The United Nations Security Council in the 1990s: Resurgence and Renewal*, State University of New York Press, 2008, p. 125。奈尔·麦克法兰、云丰空著，张彦译：《人的安全与联合国——一部批判史》，浙江大学出版社2011年版，第205—207页。

③ 威胁、挑战和改革问题高级别小组的报告：《一个更安全的世界：我们的共同责任》，联合国文件 A/59/565，2004年12月13日，第22页。

④ 联合国第60届大会：《2005年世界首脑会议成果》，联合国大会文件 A/60/L.1，2005年9月20日，第26页。

了大门，甚至像利比亚那样，直接将铲除和颠覆政权视为行动目标。支持“保护平民”的声音近些年还在强化，比如2015年和平行动问题高级别独立小组的报告即呼吁，“联合国在平民受到威胁或被杀害时绝不能袖手旁观：特派团必须展现决心，利用一切可用手段来保护受到紧迫威胁的平民。”①

1999年“联塞（塞拉利昂）特派团”是第一个被授权保护平民的联合国援助团，如今超过98%的维和特派团的军事和警务人员有保护平民的任务。安理会在维和任务授权当中援引第七章条款的案例也越来越多。此外，大会和安理会关于冲突中的儿童和性暴力问题的各项决议设立了强制性监测和报告安排，许多和平行动还专门设有平民保护顾问、儿童保护干事和妇女保护顾问。② 采取的保护手段多种多样：遏制暴力的无序蔓延；为躲避暴力的平民提供庇护所；武力威慑；在特殊情况下，对武装团体直接采取对抗行动。③ 除了人身安全之外，提供的保护还包括协助难民的自愿回归和安置流离失所人群、防止性暴力、保护妇女儿童等广泛内容。④

维和军事化的倾向不仅仅体现在“保护平民”当中。以监督停火和脱离接触为特征的传统维和部队作为第三方，由于并不需要深度介入冲突，因而可以配备最低限度的武力，并仅限于自卫。冷战期间，安理会只在以色列侵犯突尼斯、南罗德西亚（现在的津巴布韦）白人政权独立案和南非种族隔离案的处理上援引了宪章第七章动用武力。

同此前的国家间战争不同，在内战中创建和平，需要克服安全方面的巨大障碍。在当前联合国介入的不少国内冲突中，面临的一项重要挑战是“根本没有可以维持的和平”。近年来，政治特派团90%以上的人员和2/3

---

① 和平行动问题高级别独立小组的报告：《集中力量，促进和平：政治、伙伴关系和人民》，联合国文件A/70/95 - S/2015/446，2015年6月17日，第34页。

② 和平行动问题高级别独立小组的报告：《集中力量，促进和平：政治、伙伴关系和人民》，联合国文件A/70/95 - S/2015/446，2015年6月17日，第32页。

③ 和平行动问题高级别独立小组的报告：《集中力量，促进和平：政治、伙伴关系和人民》，联合国文件A/70/95 - S/2015/446，2015年6月17日，第33页。

④ Department of Peacekeeping Operations and Department of Field Support, *A New Partnership Agenda: Charting a New Horizon for UN Peacekeeping*, New York, July 2009, pp. 19 - 20.

的维持和平人员部署在持续的冲突局势中。[①]“蓝盔部队”在充满敌意的环境中监督停火。不仅维和人员和平民频繁遭遇袭击，在政治进程很容易崩溃的情况下执行和平行动，常常难以完成授权任务或被迫撤出。武装派阀出于各种原因签署和平协定，但在执行过程中会有“破坏者”或“搅局者”使用或威胁使用暴力，破坏或否决和平协定，阻挠和平进程。和平协议只是短暂的，随时可能演化为新的冲突。[②] 联合国在安哥拉、索马里、塞拉利昂、中非、马里等不少国家的维和行动因此遭受挫折，导致这些国家再度陷入内战。

2000 年的《普拉希米尔报告》提出：“联合国必须能够应付这种挑战”。这就是说，“联合国军事部队必须能够保卫自己和特派团的其他组成部分，并且使特派团的任务不受破坏。接战规则不应限制特遣队只能进行一枪对一枪的还击，而应容许在联合国部队或受其保护的人民受到致命攻击时做出有力的还击，迫使对方停止攻击，在情况危急时尤其如此，不应强迫联合国特遣队将主动权交给攻击者。”[③]安理会在随后的决议中强调“接战规则应支持特派团完成任务。”[④] 2004 年的“威胁、挑战和改革问题高级别小组”的报告也建议，“配置足以威慑和击退怀有敌意派别的兵力”。[⑤] 这些建议在维和部 2008 年颁布的《联合国维持和平行动：原则与指南》中得到回应，这份官方文件正式将“除自卫外不使用武力”修改为“除自卫和履行授权外不使用武力（Non - use of force except in self - defense

---

① 和平行动问题高级别独立小组的报告：《集中力量，促进和平：政治、伙伴关系和人民》，联合国文件 A/70/95 - S/2015/446，2015 年 6 月 17 日，第 77 页。

② Allen G. Sens, “From Peace - keeping to Peace - building: The United Nations and the Challenge of Intrastate War”, in Richard M. Price and Mark W. Zacher, eds. , *The United Nations and Global Security*, New York: Palgrave Macmillan, 2004, p. 143.

③ 大会、安理会：《联合国和平行动问题小组的报告》，联合国文件 A/55/305 - S/2000/809，2000 年 8 月 21 日，第 48—55 段。

④ 安理会：《第 1327（2000）号决议》，联合国文件 S/RES/1327，2000 年 11 月 13 日，附件（二）。

⑤ 威胁、挑战和改革问题高级别小组的报告：《一个更安全的世界：我们的共同责任》，联合国文件 A/59/565，2004 年 12 月 13 日，第 58 页。

and defense of the mandate)”。[①]

依据安理会的这种“强力”（robust）授权，在某些动荡局势中，维和行动可以遵循强力接战规则，可以“使用一切必要手段”（use all necessary means），威慑武力破坏政治进程的企图、保护受迫近的袭击威胁的平民、协助国家当局维护法律与秩序。比如在马里，安理会第2110号决议授权联合国马里多层面综合稳定团“在其能力范围内，在部署地区采用一切必要手段来完成……规定的任务。”[②] 在暴力冲突或和平进程陷于瘫痪的局势中，联合国特派团也要求安理会“强力”授权，配备足够的资源和能力，以发挥“冲突管理”的作用。其主要任务包括：阻止冲突升级；遏制冲突；保护平民；设法启动或重启和平进程。[③]

在某些情况下，安理会甚至从积极主动、先发制人地使用武力保护平民和联合国人员不受威胁，转向使用进攻力量来削弱对手，使其丧失战斗力或击败对手。在刚果（金），2013 年 3 月安理会一致通过的第 2098（2013）号决议，决定在“联刚稳定团”内设立一个由 3 个步兵营、1 个炮兵连和 1 个特种部队和侦查连组成的“干预旅”。决议授权其“单方面或协同刚果（金）武装部队，采用强有力、机动性和灵活性很强的方式，……采取有针对性的进攻行动，以防止所有武装团体的扩张，解除它们的作战能力和武装，以便协助实现在刚果民主共和国东部消除武装团体对国家权力和平民安全的威胁和为开展稳定活动开拓空间的目标。”[④] 1993 年的索马里行动也获得了主动进攻的授权。

不过，为避免维和行动沦为军事干预机器，安理会的“强力”授权都是以个案形式存在，即并不因此产生“先例或损害维和商定原则”。值得

① United Nations Department of Peacekeeping Operations, Department of Field Support, *United Nations Peacekeeping Operations: Principles and Guidelines*, United Nations 2008, pp. 31 – 35.

② 安全理事会：《第 2100（2013）号决议》，联合国文件 S/RES/2100，2013 年 4 月 25 日，决定部分第 17 段。

③ 和平行动问题高级别独立小组的报告：《集中力量，促进和平：政治、伙伴关系和人民》，联合国文件 A/70/95 – S/2015/446，2015 年 6 月 17 日，第 38 页。

④ 安全理事会：《第 2098（2013）号决议》，联合国文件 S/RES/2098，2013 年 3 月 28 日，决定部分第 12 段。

一提的是，这种“强力”授权维和与依据宪章第七章规定的强制和平行动（Peace Enforcement）完全不同。前者有安理会的授权，并得到所在国和（或）冲突的主要当事方同意，在战术一级使用武力。如“干预旅”是“应非洲大湖区各国政府的要求”和刚果（金）政府当局的邀请而设立的。而后者无需获得主要当事方的同意，且可能在战略或国际级别使用军事力量。[①] 1991 年美国率领的多国部队向伊拉克发动的“沙漠风暴行动”、1993 年第二期索马里行动、1994 年美国率领的多国部队恢复海地阿里斯蒂德民主选举政府等行动虽得到安理会授权，却未征得军事行动目标国的同意。在 1999 年的科索沃、2003 年的伊拉克，北约和美国领导的“意愿联盟”甚至直接绕过安理会采取强制行动。

尽管安理会越来越多地援引宪章第七章采取强力维和行动，但由此产生的争议从未停止。2004 年，“威胁、挑战和改革问题高级别小组”提出了动用武力的 5 个正当性标准：威胁的严重性、正当的目的（制止或避免有关威胁）、万不得已的办法（穷尽非军事途径）、相称的手段以及权衡后果（有相当把握认为军事行动可成功消除有关威胁，而且行动不会比不采取行动的后果更坏）。[②] 可惜随后召开的世界首脑会议并没有接受这一标准。2008 年的《联合国维持和平行动：原则与指南》则提出在特派团内部，综合考虑其能力、公众认识、人道主义影响、武力保护、人员的安全与安保、国家和地方的赞同态度等一系列因素，对武力的使用做出裁决。[③]

三、联合国建设和平的兴起

维和行动出现的另一个重要变化是冲突期间与冲突后建设职能的强化。与冷战期间应对的国家间冲突不同，国内冲突具有完全不同的特征：

---

① United Nations Department of Peacekeeping Operations, Department of Field Support, *United Nations Peacekeeping Operations: Principles and Guidelines*, United Nations 2008, pp. 34 – 35.

② 威胁、挑战和改革问题高级别小组的报告：《一个更安全的世界：我们的共同责任》，联合国文件 A/59/565，2004 年 12 月 13 日，第 55 页。

③ United Nations Department of Peacekeeping Operations, Department of Field Support, *United Nations Peacekeeping Operations: Principles and Guidelines*, United Nations 2008, p. 35.

其一，冲突参与方不仅有正规部队，还有民兵和派别武装，而平民往往成为此类冲突的受害者和受攻击的主要目标。[①] 其二，很多国家的国家机构特别是警察和司法系统已经崩溃，政府陷入瘫痪，不仅无法提供安全、秩序等公共产品，大批因冲突而形成的难民的基本生活也难以保障。其三，20 世纪 90 年代以来，维和行动往往部署在冲突未导致任何一方获胜的环境中，维和行动一旦撤出，冲突很容易复发。在这种情况下，维和任务被迫“努力将未结束的冲突以及将推动冲突的人员、政治或其他议程从军事层面转移到政治层面”，“支持政治、社会和经济改变，以创造一个能自我维持的安全环境”。[②] 其四，和平协议达成后，由于没有一套有效的政府机构可以承继，冲突后不少国家要面临从如同一盘散沙的社会基础上建立国家机构的问题。这就“意味着国际干预必须超越军事和人道主义任务的范围，必须包括促进民族和解和重建有效的政府。”[③]

“和平学之父”约翰·加尔通早在 20 世纪 70 年代就非常有创见地区分了维持和平（peace - keeping）、促成和平（peacemaking）和建设和平（peace - building）。不过，他将建设和平界定为“经由社会经济的重建和发展来推动的社会的和平变化”。[④] 这一界定延续加尔通对积极和平和结构性暴力的关注，更重视外部的非干预性的经济社会援助，以此为持久和平奠定稳固的社会基础，更为应急性的政治和安全手段则没有纳入，因而对和平行动的指导意义有限。1992 年，时任联合国秘书长布特罗斯·布特罗斯—加利在向安理会提交的报告《和平议程》中，首次在联合国的官方文

① Secretary - General Report，“Supplement to an Agenda for Peace：Position Paper of the Secretary - General on the Occasion of the Fiftieth Anniversary of the United Nations”，UN Doc. A/50/60 - S/1995/1，3 January 1995，para. 12.

② 大会、安理会：《联合国和平行动问题小组的报告》，联合国文件 A/55/305 - S/2000/809，2000 年 8 月 21 日，第 20—28 段。

③ Secretary - General Report，“Supplement to an Agenda for Peace：Position Paper of the Secretary - General on the Occasion of the Fiftieth Anniversary of the United Nations”，UN Doc. A/50/60 - S/1995/1，3 January 1995，para. 13.

④ Johan Galtung，“Three Approaches to Peace：Peacekeeping，Peacemaking，and Peacebuilding，” in *Peace，War，and Defence—Essays in Peace Research*，Vol. 2，Copenhagen：Christian Ejlers，1975，pp. 282 - 304.

件中正式提出了“建设和平”这一概念，并将其与联合国之前广泛开展的三项和平行动即预防外交（preventive diplomacy）、促成和平与维持和平相提并论。①

根据加利秘书长的报告，这些行动相互间的差别在于，“预防性外交设法在发生暴力行为之前解决争端，维持和平与建立（促成）和平则是阻止冲突，并在一旦和平实现后保持和平”；② 而“建设和平”则是在冲突发生之后，“采取行动，查明并支持足以加强与巩固和平的结构，以避免再度爆发冲突”。③ 几种活动在实施的方式或手段上也存在较大差异：预防性外交的主要方式是建立信任措施、预警、事实调查、预防性部署、非军事区；促成和平的方式除了调停和谈判，还包括国际法院调查和调解、援助、制裁、军事力量的使用等（秘书长同时也提出为确保停火协定得到遵守，在必要时可以使用“强制和平部队”Peace Enforcement Units）；维持和平主要是部署联合国军事和（或）警察人员。④

与前三种行动相比，建设和平则着眼于冲突后国家功能的建设，“包括解除先前交战各方的武装和恢复秩序，监管并尽可能销毁武器，遣返难民，向安保人员提供咨询和训练方面的支助，监督选举，促使努力保护人权，改革或加强政府机构，推动正式和非正式的政治参与进程。”⑤ 加利秘书长的这份报告为联合国参与冲突后的重建提供了重要依据。

2000 年的《普拉希米尔报告》对和平行动的分类做了进一步的改进，报告将联合国和平行动归类为三种主要活动：预防冲突和促成和平、维持

① Report of the Secretary - General, “An Agenda for Peace: Preventive Diplomacy, Peacemaking and Peace - keeping”, UN Doc. A/47/277 - S/24111, 17 June 1992, para. 20.

② Report of the Secretary - General, “An Agenda for Peace: Preventive Diplomacy, Peacemaking and Peace - keeping”, UN Doc. A/47/277 - S/24111, 17 June 1992, para. 21.

③ Report of the Secretary - General, “An Agenda for Peace: Preventive Diplomacy, Peacemaking and Peace - keeping”, UN Doc. A/47/277 - S/24111, 17 June 1992, para. 21.

④ Report of the Secretary - General, “An Agenda for Peace: Preventive Diplomacy, Peacemaking and Peace - keeping”, UN Doc. A/47/277 - S/24111, 17 June 1992, para. 23 - 54.

⑤ Report of the Secretary - General, “An Agenda for Peace: Preventive Diplomacy, Peacemaking and Peace - keeping”, UN Doc. A/47/277 - S/24111, 17 June 1992, para. 55.

和平、建设和平，并突出强调了“建设和平”的作用。① 从总体上看，联合国对建和这一概念采取较宽泛的界定模式，2001 年 2 月安理会做了较为权威的界定：“建设和平旨在防止武装冲突的爆发、复发和延续，因此，它涵盖范围广泛的政治、发展、人道主义、人权方案和机制。这需要采取短期和长期行动，专门处理正在陷入冲突或正在摆脱冲突的社会的特殊需要。”② 和加利秘书长的界定不同，建和在这里并不局限于冲突后的情势，而是覆盖了整个冲突进程，尽管大多数任务是部署在冲突后的环境下。安理会的这一定义同时还包含了一部分促和及更为广泛的国家建设的任务，当然国家建设只是和平得以确立和巩固的手段和保证，而非最终目标。

一般而言，建和战略“并不仅仅是消除冲突方使用暴力的即刻意愿”，它还“努力完成冲突解决的目标”，也就是说，“这样的和平行动寻求的是促使冲突方及其选民的态度和相互关系的改变。”③ 亦即，和平行动的最终目标不单单是结束冲突方之间的敌意，遏阻冲突的再爆发，更重要的是构建一系列的制度基础，“创设一个新的环境”，使和平能够长期维续，从而从“消极和平”迈向“积极和平”。

联合国建和的任务大致可以归为五个领域：安全、政治、制度和能力建设、民事管理及经济。安全任务主要指协助提供基本的安全和安保，致力于创造安全和稳定的环境，通过武器收缴、裁军、复员安置、安全部队和警察建设和培训及安全部门改革等措施，强化国家在安全和执法方面的能力。政治任务主要指推进政治进程，包括执行和平协议、制宪、选举、对话与和解以及发展其冲突管理能力。制度和能力建设任务主要指协助建立合法有效的政府制度，包括中央和地方政权，立法、司法和行政机构建设。民事管理任务主要指协助提供基本服务供应，如供水和卫生、保健和初级教育、支助境内流离失所者和难民的回归和安置，在东帝汶、柬埔寨

① 大会、安理会：《联合国和平行动问题小组的报告》，联合国文件 A/55/305 - S/2000/809，2000 年 8 月 21 日，第 10—13 段。

② UNSC，S/PRST/2001/5，February 20，2001，pp. 4 - 5.

③ 保罗·戴尔、丹尼尔·德鲁克曼著，聂军译：《和平行动的评价》，知识产权出版社 2013 年版，第 76 页。

等地，联合国甚至通过组建过渡时期政府直接“托管”了民事管理职能。经济任务主要指支助经济振兴，包括创造就业机会和提供生计（农业和公共工程），特别是为青年和复员的前战斗人员创造就业机会和提供生计，以及恢复基本的基础设施。①

相对而言，前两个任务指向更为急迫的安全和政治挑战。在冲突风险较大或“没有可以维持的和平”的国家，这两项任务被置于首要地位，安理会近年越来越频繁使用“稳定（Stabilization）”一词，将其作为特派团的首要任务，甚至部署了四项专门以“稳定”命名的维和特派团：2004 年的联海稳定团（海地）、2010 年的联刚稳定团（民主刚果）、2013 年的马里稳定团（马里）、2014 年的联中稳定团（中非）。② 在冲突后国家，这两项任务也被视为前提和基础。第三项和第四项任务着眼于中长期的国家建设，“威胁、挑战和改革问题高级别小组”将其视为建设和平的核心工作。③ 而第五项任务则聚焦于构建安全的社会经济基础，显示出联合国对发展—安全内在关联这一观念的日益重视。

在这种情况下，参与维和的除了军事人员之外，还有不少民事领域的专家，如管理者、经济学家、法律专家、排雷人员、选举观察员、人权监察员、民政事务和治理专家、人道主义工作者、通信和新闻专家等。联合国秘书处目前大约有 10.6 万名军警人员、2.2 万名文职人员。④ 这些人员以不同功能组合在一起，建和任务内嵌于维和行动的过程当中，构成了联合国所称的多维维和行动（multi – dimensional peacekeeping operations）。

---

① General Assembly & Security Council, “Report of the Secretary – General on Peacebuilding in the Immediate Aftermath of Conflict”, UN Doc. A/63/881 – S/2009/304, 11 June 2009, pp. 6 – 8. United Nations Department of Peacekeeping Operations, Department of Field Support, *United Nations Peacekeeping Operations: Principles and Guidelines*, United Nations 2008, p. 23.

② David Curran and Paul Holtom, “Resonating, Rejecting, Reinterpreting: Mapping the Stabilization Discourse in the United Nations Security Council, 2000 – 14”, *Stability: International Journal of Security & Development*, 4 (1): 50, 2015, pp. 1 – 18.

③ 威胁、挑战和改革问题高级别小组的报告：《一个更安全的世界：我们的共同责任》，联合国文件 A/59/565，2004 年 12 月 13 日，第 58 页。

④ 和平行动问题高级别独立小组的报告：《集中力量，促进和平：政治、伙伴关系和人民》，联合国文件 A/70/95 – S/2015/446，2015 年 6 月 17 日，第 26 页。

在这种维和行动中，任务、授权、活动范围、影响等都大大扩展，维和行动呈现多面向的复杂特征。维和军警和建和的文职人员相互协作：维和行动是建和开展的前提和基础；而维和行动要顺利退出也依赖建和行动，以促进社会、政治、经济的变革，创造一个能够自我维续的安全环境，否则冲突就可能复发。[①] 在多维维和行动中，维和军人和警察可以直接发挥建和的功能，尤其在安全和安保领域。民警可以负责维持治安、对当地警察部队进行改革、培训和改组。维和部队可以协助武器收缴、裁军、复员安置工作，并对当地安全部队进行培训等。[②]

安理会在授权这种维和行动时，会根据需求和情势扩大或缩小特派团的任务范围。1992 年 4 月，第一期联合国索马里行动目的是监测摩加迪沙的停火，护送人道主义物资。12 月，索马里局势恶化后，安理会授权美国领导的联合特遣部队，采用“一切必要手段”，确保人道主义援助的安全。1993 年 3 月，安理会设立第二期索马里行动，接替特遣队。第二期联索行动授权范围相当广泛，除了监测停火和人道主义援助之外，还包括防止暴乱复发、武器收缴、裁军、复员安置、扫雷、协助难民遣返、协助重建经济和基础设施、实现全国政治和解、重建政治体制等多项建和的任务。

本书统计了 1991 年之后联合国开展的所有 52 项维和行动，将建和的授权任务划分为 10 项，大致覆盖了联合国在这一领域所开展的活动。从下表中可以清晰看出，冷战结束以来，联合国的大多数维和行动包含数量不一的建和任务。某些行动如联柬权力机构（柬埔寨，1992）、第二期联索行动（索马里，1993）、东斯过渡当局（克罗地亚，1996）、科索沃特派团（科索沃，1999）、联塞特派团（塞拉利昂，1999）、东帝汶支助团（东帝汶，2002）、联海稳定团（海地，2004）、马里稳定团（马里，2013）、联中稳定团（中非，2014），安理会授权的建和任务都极其广泛，赋予的权力也相当大，对这些国家的政治发展产生了深远影响。

---

① 大会、安理会：《联合国和平行动问题小组的报告》，联合国文件 A/55/305 - S/2000/809，2000 年 8 月 21 日，第 28 段。

② 大会、安理会：《联合国和平行动问题小组的报告》，联合国文件 A/55/305 - S/2000/809，2000 年 8 月 21 日，第 39 段。

表　联合国维和行动中的建设和平任务（1991—2015）

和平行动	时间	稳定国内政治和安全形势	武器收缴、裁军、复员安置	难民和流离失所者回归安置	选举援助和民主化	强化市民社会	司法和安全部门改革	重建和经济发展方面的技术援助	监督和促进人权、法治	改善族际认同和推动国家和解	推进政治进程和执行和平协议	承担政权过渡时期行政职能	能力建设和制度建设
1. 伊科观察团（伊拉克/科威特）	1991.4—2003.10												
2. 第二期联安核查团（安哥拉）	1991.6—1995.2				√						√		
3. 西撒特派团（西撒哈拉）	1991.4—			√	√								
4. 联萨观察团（萨尔瓦多）	1991.7—1995.4		√		√		√		√		√		
5. 联柬先遣团（柬埔寨）	1991.10—1992.3												
6. 联柬权力机构（柬埔寨）	1992.3—1993.9	√	√	√	√		√		√		√	√	√
7. 联保部队（前南斯拉夫）	1992.2—1995.3	√											
8. 第一期联索行动（索马里）	1992.4—1993.3			√		√							

续表

和平行动	时间	稳定国内政治和安全形势	武器收缴、裁军、复员安置	难民和流离失所者回归安置	选举援助和民主化	强化市民社会	司法和安全部门改革	重建和经济发展方面的技术援助	监督和促进人权、法治	改善族际认同和推动国家和解	推进政治进程和执行和平协议	承担政权过渡时期行政职能	能力建设和制度建设
9. 联莫行动（莫桑比克）	1992.12—1994.12		√	√	√								
10. 第二期联索行动（索马里）	1993.3—1995.3	√	√	√	√		√	√	√	√			√
11. 乌卢观察团（乌干达/卢旺达）	1993.6—1994.9												
12. 联格观察团（格鲁吉亚）	1993.8—2009.6	√	√						√				
13. 联利观察团（利比里亚）	1993.9—1997.9		√		√				√				
14. 联海特派团（海地）	1993.9—1996.6	√			√		√		√				
15. 联卢援助团（卢旺达）	1993.10—1996.3	√	√	√			√			√			
16. 联奥观察组（乍得奥祖地带）	1994.5—1994.6												

续表

和平行动	时间	稳定国内政治和安全形势	武器收缴、裁军、复员安置	难民和流离失所者回归安置	选举援助和民主化	强化市民社会	司法和安全部门改革	重建和经济发展方面的技术援助	监督和促进人权、法治	改善族际认同和推动国家和解	推进政治进程和执行和平协议	承担政权过渡时期行政职能	能力建设和制度建设
17. 联塔观察团（塔吉克斯坦）	1994.12—2000.5		√	√	√				√	√			
18. 第三期联安核查团（安哥拉）	1995.2—1997.6	√	√					√	√	√			
19. 联恢行动（克罗地亚）	1995.3—1996.1		√	√				√	√				
20. 联合国预防性部署部队（马其顿）	1995.3—1999.2	√								√			
21. 波黑特派团（波斯尼亚/黑塞哥维那）	1995.12—2002.12			√	√	√	√	√	√				
22. 东斯过渡当局（克罗地亚）	1996.1—1998.1	√	√	√	√	√	√	√	√	√		√	√
23. 联普观察团（普雷维拉卡半岛）	1996.2—2002.12	√								√			

续表

和平行动	时间	稳定国内政治和安全形势	武器收缴、裁军、复员安置	难民和流离失所者回归安置	选举援助和民主化	强化市民社会	司法和安全部门改革	重建和经济发展方面的技术援助	监督和促进人权、法治	改善族际认同和推动国家和解	推进政治进程和执行和平协议	承担政权过渡时期行政职能	能力建设和制度建设
24. 联海支助团（海地）	1996.7—1997.7	√			√		√	√		√			
25. 联危核查团（危地马拉）	1997.1—1997.5		√		√				√	√			
26. 联安观察团（安哥拉）	1997.6—1999.2	√	√				√	√	√	√			
27. 联海过渡团（海地）	1997.8—1997.11						√	√		√			√
28. 联海民警团（海地）	1997.12—2000.3						√						
29. 警察支助组（克罗地亚）	1998.1—1998.10						√						
30. 中非特派团（中非）	1998.3—2000.2	√	√		√	√	√	√	√	√			
31. 联塞观察团（塞拉利昂）	1998.7—1999.10	√	√	√		√	√	√	√	√			

续表

和平行动	时间	稳定国内政治和安全形势	武器收缴、裁军、复员安置	难民和流离失所者回归安置	选举援助和民主化	强化市民社会	司法和安全部门改革	重建和经济发展方面的技术援助	监督和促进人权、法治	改善族际认同和推动国家和解	推进政治进程和执行和平协议	承担政权过渡时期行政职能	能力建设和制度建设
32. 科索沃特派团（科索沃）	1999.6—	√	√	√	√	√	√	√	√		√	√	√
33. 联塞特派团（塞拉利昂）	1999.10—2005.12	√	√	√	√	√	√	√	√	√	√		√
34. 东帝汶过渡当局（东帝汶）	1999.10—2002.5	√		√	√		√	√	√	√	√	√	√
35. 联刚特派团（民主刚果）	1999.11—2010.6		√	√		√	√	√	√	√			
36. 埃厄特派团（埃塞俄比亚/厄立特里亚）	2000.7—2008.7			√					√				
37. 东帝汶支助团（东帝汶）	2002.5—2005.5	√	√	√	√		√	√	√	√			√
38. 联利特派团（利比里亚）	2003.9—	√	√	√	√		√		√				

续表

和平行动	时间	稳定国内政治和安全形势	武器收缴、裁军、复员安置	难民和流离失所者回归安置	选举援助和民主化	强化市民社会	司法和安全部门改革	重建和经济发展方面的技术援助	监督和促进人权、法治	改善族际认同和推动国家和解	推进政治进程和执行和平协议	承担政权过渡时期行政职能	能力建设和制度建设
39. 联科行动（科特迪瓦）	2004. 4—	√	√	√	√	√	√		√	√			
40. 联海稳定团（海地）	2004. 4—	√	√	√	√		√	√	√	√	√		√
41. 联布行动（布隆迪）	2004. 6—2006. 12	√	√	√	√		√		√	√			√
42. 联苏特派团（苏丹）	2005. 3—2011. 7	√	√	√	√		√		√	√	√		
43. 东帝汶综合团（东帝汶）	2006. 8—2012. 12				√		√	√	√		√		√
44. 达尔富尔混合行动（苏丹）	2007. 7—	√	√	√	√		√		√		√		√
45. 中乍特派团（中非/乍得）	2007. 9—2010. 12								√				
46. 联刚特派团（民主刚果）	1999. 11—2010. 6								√	√			

续表

和平行动	时间	稳定国内政治和安全形势	武器收缴、裁军、复员安置	难民和流离失所者回归安置	选举援助和民主化	强化市民社会	司法和安全部门改革	重建和经济发展方面的技术援助	监督和促进人权、法治	改善族际认同和推动国家和解	推进政治进程和执行和平协议	承担政权过渡时期行政职能	能力建设和制度建设
47. 联刚稳定团（民主刚果）	2010.7—	√	√						√				√
48. 联阿安全部队（苏丹）	2011.6—								√				
49. 南苏丹特派团（南苏丹）	2011.7—	√		√			√		√	√			
50. 联叙监督团（叙利亚）	2012.4—2012.8												
51. 马里稳定团（马里）	2013.4—	√	√	√	√	√	√		√	√	√		
52. 联中稳定团（中非）	2014.4—	√	√	√	√		√		√	√	√	√	√

资料来源：作者根据联合国维和部资料整理，http：//www. un. org/zh/peacekeeping/resources/operationslist. shtml；参考了 Allen G. Sens，“From Peace - keeping to Peace - building：The United Nations and the Challenge of Intrastate War”，in Richard M. Price and Mark W. Zacher，eds.，*The United Nations and Global Security*，New York：Palgrave Macmillan，2004，pp. 154 - 157。

不过，尽管20世纪90年代联合国在建和领域大胆实践，比如联柬权力机构（柬埔寨，1992）、第二期联索行动（索马里，1993）、东斯过渡当局（克罗地亚，1996）、科索沃特派团（科索沃，1999），但部分会员国始终对联合国的可能干预存有戒心，因而联合国在这些地方所开展的活动并不因此成为可以随意扩展的先例。与此同时，建和领域的机制化严重滞后。2004年，"威胁、挑战和改革问题高级别小组"在报告中依然遗憾地指出这种体制上的"重大缺漏"："联合国系统中没有一个明确指定的部门来防止国家崩溃和陷入战争，或协助各国从战争过渡到和平。"① 20世纪90年代的建设和平任务都是分散在维和或政治特派团的任务当中，或者由开发署以国家治理的项目形式推进。

1998年，安理会在审议基础上曾通过一项主席声明，鼓励秘书长"探讨可否建立冲突后建设和平的结构，作为联合国系统持久和平解决冲突的一项努力，也为了确保从维持和平顺利过渡到建设和平和持久和平。"② 2000年的《普拉西米尔报告》曾建议在政治事务部下设立协调中心，2001年2月，秘书长召集联合国区域组织高级别会议，提出设立"建设和平股"以及专门的供资机制③，但随后这一协调职能又转交开发署。2004年，"威胁、挑战和改革问题高级别小组"提出，"在从早期预警到预防行动和冲突后建设和平的整个连续过程中，联合国必须能够采取连贯和有效的行动。"④ 报告建议安理会设立建设和平委员会，"专门处理建设和平问题，并有权监测和密切注意有风险的国家，确保捐助者、机构、方案和金

---

① 威胁、挑战和改革问题高级别小组的报告：《一个更安全的世界：我们的共同责任》，联合国文件A/59/565，2004年12月13日，第65页。

② 安理会：《安全理事会主席的声明》，联合国文件S/PRST/1998/38，1998年12月29日，第2页。

③ 安理会：《合作建设和平的框架：主席关于2001年2月6日和7日在纽约召开的第四次联合国区域组织高级别会议所提出各项提案的综述》，联合国文件S/2001/138，2001年2月14日，第2—3页。

④ 威胁、挑战和改革问题高级别小组的报告：《一个更安全的世界：我们的共同责任》，联合国文件A/59/565，2004年12月13日，第65页。

融机构采取协调行动，筹集资金来促进可持续和平。”[①]这一建议被2005年联合国召开的首脑峰会接受。峰会成果文件“确认需要有专门的体制机制负责应付刚摆脱冲突的国家走向复原、重新融合和重建方面的特殊需要，协助它们奠定可持续发展的基础，并确认联合国在这方面发挥关键的作用”，为此决定设立建设和平委员会、建设和平基金和建设和平支助办公室。[②] 2005年12月，安理会第1645（2005）号决议和大会第60/180号决议同时通过了这一建议，成立了这三个设在纽约的实体。

建和委员会设在秘书处，旨在履行政府间咨询职能，支持冲突后国家的和平进程。目前设置了6个国别议程：布隆迪（2006年设立）、塞拉利昂（2006）、几内亚比绍（2007）、中非共和国（2008）、利比里亚（2010）、几内亚（2011），都在非洲。委员会在三个方面发挥独特作用：协调相关行为体，包括国际捐助者、国家政府和维和部队派遣国；为行动筹资和调集资源；就冲突后的建和与恢复战略提出咨询和建议。委员会内设支助办公室，为其提供协助和日常管理。建和基金也由秘书长管理，通过自愿捐款供资，在缺乏其他供资机制时，该基金为摆脱冲突国家提供紧急援助。

第二节 联合国选举援助及其研究意义

建设和平行动覆盖整个冲突进程，而选举援助则是走出冲突、开启和平进程的标志，因而在各项建和任务中，选举援助非常特别。联合国的参与大致可以分为两个阶段：第一阶段聚焦于达成和平，第二阶段着力巩固和平，选举通常意味着两个阶段之间的转换和过渡。与此同时，维和行动并非无期限，对绝大多数维和行动来说，协助对象国成功举行大选，也就

① 威胁、挑战和改革问题高级别小组的报告：《一个更安全的世界：我们的共同责任》，联合国文件A/59/565，2004年12月13日，第58页。

② 联合国第60届大会：《2005年世界首脑会议成果》，联合国大会文件A/60/L.1，2005年9月20日，第20—21页。

意味着该行动已获成功，并可以考虑抽身退出。①

部分源于此，随着联合国在维护世界和平与安全、强化全球治理架构等方面的作用日益凸显，向独立主权国家提供选举事务方面的援助也成为联合国拓展其职权的又一新领域。

1992 年，加利秘书长在报告中使用的只是范围很小的“监督选举”一词，而 2000 年，这一字眼已被内涵更为宽泛的“选举援助”取代。选举援助的地位提升，与武装人员复员、加强法治（例如通过当地警察的训练和改组，司法和刑法改革）、人权保护，以及促进冲突解决与和解的技巧等一系列与建和相关的政治、军事和民事举措一起，被纳入到联合国的行动当中。②

所谓选举援助，指的是在选举事务方面具有一定专长的外部行为体根据一国或地区的要求，专门为其提供选举或投票事务方面的各种支助，其目的意在协助受援国或地区顺利推进自己的选举或投票进程，并建立或完善相关的选举制度，发展其独立举办选举的能力。选举援助的提供者包括众多国家机构如美国开发署、加拿大选举委员会，各类跨政府组织如欧盟、非盟，以及在选举事务当中活跃的非政府组织。在这些行为体构成的庞大选举援助网络当中，联合国是最主要的援助组织，其援助的历史最为悠久、提供援助的形式最为丰富，也被最多的国家或地区所接受和认可。

“国内选举现在成了一种国际事件”。③这句话看似悖论，却隐然揭示出国内大选与外部行为体之间日趋复杂的关系。1989 年之前，选举事务还普遍被视为一国不容外部染指的敏感领域，零星的外部援助局限于由开发署等机构所提供的技术指导和财政资助。冷战结束之后，不仅提供选举援助的组织和机构大量涌现，援助方与受援方内部的政治互动进程也越来越频

① Carlos Santiso, “Promoting Democratic Governance and Preventing the Recurrence of Conflict: The Role of the United Nations Development Programme in Post - Conflict Peace - Building”, *J. Lat. Amer. Stud.*, Vol. 34, 2002, pp. 557 - 558.

② 大会、安理会：《联合国和平行动问题小组的报告》，联合国文件 A/55/305 - S/2000/809，2000 年 8 月 21 日，第 10—13 段。

③ Arturo Santa - Cruz, *International Election Monitoring, Sovereignty, and the Western Hemisphere Idea: The Emergence of an International Norm*, New York: Routledge, 2005, p. 1.

繁和密切起来。

1989 年以来，联合国以组织维和或政治特派团等各种形式，广泛参与了纳米比亚、尼加拉瓜、安哥拉、萨尔瓦多、南非、海地、伊拉克、巴勒斯坦等国家举行的选举和投票活动，范围辐射世界各个地区。在 1991—1993 年的柬埔寨以及 1999—2003 年的东帝汶，联合国直接负责其大选的组织和操办；在 2003—2005 年阿富汗的战后首次总统和议会选举中，联合国从选前的选民登记到大选结果的宣布，整个过程全程参与，并从各个方面提供支助；在有些情况下，联合国则根据会员国如阿根廷、乍得、肯尼亚等国家的特殊要求，派出专门人员，就选举方面的技术问题提供专业咨询和技术协助。

过去的 20 多年里，联合国以组织、筹办、核查、监督、观察、技术援助等各种形式，参与协助了 104 个会员国和 4 个地区的选举事务，收到选举援助的请求次数多达 500 余项。选举援助已成为联合国维持和平、建设和平过程中的重要组成部分。

一、研究问题的提出

顾名思义，选举援助是援助的类型之一，也是外部行为体围绕受援国或地区的特定需求及特定问题所产生的跨国互动行为。不过，作为冷战后兴起的一种新型援助活动，选举援助又非常特殊，具体说来，它具有以下几方面的特征。

其一，这种援助围绕选举、投票及相关领域展开。由于选举或投票涉及不同派别、族群之间的重大权力和利益分配问题，因而援助具有高度的政治关联性。这一特性表明选举援助既难以脱离受援国或地区内部的政治权争，也表明它可能会在其政治进程中发挥重要的、直接的作用。在这一跨国的互动进程中，受援国或地区的选举事务乃至更为广泛的政治事务，或多或少会受到外部的影响而“国际化”。就此而言，选举援助有如罗斯瑙（James Rosenau）所谓的“沟通行为体”（linkage agent），它将国内和国际这两个不同进程联结在一起。①

其二，选举援助在满足受援国或地区的特定需求的同时，也在积极推动传播着民主选举的价值观，从而便利了西方的权势和意识形态扩张，这赋予了选举援助规范建构的一面，因而不少人将其视为民主援助的一种形式。② 不过，民主援助鲜明的价值取向——即明确以促进民主化为宗旨——可能会误导选举援助在国家建设方面的积极功用。选举援助发端于西方国家所推动的民主化潮流，同时也是受援国或地区内部治理需求或危机的产物，是国际社会协助其国家建设的一种方式。在这方面，它与民主援助存在差别，更有别于以道德理念和价值观为核心的人权、妇女、环境等跨国规范倡导网络。③ 后者试图通过直接或间接施压，约束政府自主行为，增强社会对抗暴虐国家侵害的能力；选举援助却旨在增强国家整合社会、治理社会的能力。后者关注的是个体的人；选举援助则偏向于国家，聚焦如何提升和完善其国家层面成功举行选举的能力和制度。

其三，选举援助既着眼于国家层面的建设，也强调政权的社会支持基础。由于选举活动是连接社会和国家的制度化纽带，是普通民众每隔几年通过选票对国家政权的重新赋权，因而选举援助在偏重国家层面的制度和能力建设的同时，无法忽视对受援国社会层面的关注。在这方面，选举援助的领域既包括公民和选民教育以及促进妇女参与这样的权利型活动，也包括诸如支持国内观察者、协助政党参与大选、强化媒介公正报道这类能力型活动。选举援助旨在通过推动整个选举进程及其制度、能力建设，从而促进对象国国家—社会关系的有效融合，引导国家建设进程。

概而言之，选举援助具有高度的政治敏感性，它既介入国家内部，侵

---

① 按照罗斯瑙的定义，"沟通行为体"是指那些为特定政治目标而沟通国际与国内的政治环境的群体，使得商品、服务、政策、价值规范等能在国际和国内之间流动。James Rosenau，"Toward the Study of National - International Linkage"，in James Rosenau，ed.，*Linkage Politics*，New York：The Free Press，1969，p. 45。

② 例如卡罗塞斯在关于美国对外民主援助的研究专著中，就将选举援助与政党援助一并归结为民主援助中一类较为基础性的援助形式。参见 Thomas Carothers，*Aiding Democracy Abroad：The Learning Curve*，Washington，DC：Carnegie Endowment for International Peace，1999。

③ 玛格丽特·E. 凯特、凯瑟琳·辛金克著，韩召颖、孙英丽译：《超越国界的活动家：国际政治中的倡议网络》，北京大学出版社 2005 年版。

蚀了传统意义上的主权，又是国家能力的积极建构者；在提升国家能力的同时，它又关注作为个体的人以及全球规范网络的影响。而作为这种新型援助的主要提供者，联合国一方面是当前国际社会最主要的多边国际组织，在维持和平、促进发展以及推动全球问题的解决当中发挥着核心作用；但另一方面，由于建基于主权国家之上，联合国的权限又受到宪章和会员国的严格拘束。一些区域组织如欧盟可以采取惩罚措施或将民主选举视为硬性的门槛条件①，联合国显然无法这样做；它也无法像非政府组织那样灵活地介入国家内部的选举事务。② 这种有限或者说较为谨慎的角色使其援助体现出独有的特色。

这样一种独特的跨国行为即是本书的研究对象。本书试图回答以下问题：联合国是怎样一步步进入这一援助领域的？介入选举领域是否与其对会员国主权的尊重相背离？它与受援国之间如何互动？具体来说，这种援助如何提供？它对受援国的国家建设又能起到何种作用？本书以下章节将主要围绕这些问题展开安排。

特别需要指出的是，笔者将选举援助作为研究对象，认为联合国的这种援助一定程度上可以对国家建设发挥积极作用，并不意味着笔者将所谓的西方民主选举视为唯一依归。民主选举有其价值所在，但无论民主制度还是选举制度，其模式都并非单一、普世性的——即便欧美国家之间也各有差异。更重要的是，选举并不是孤立的技术活动，而是更宏大政治架构的一部分。各国政治制度都是在当地文化、传统、政治模式等此类特定环

---

① 比如欧盟可以透过成员身份对会员国或申请加入国家施加约束和影响，参见 Jon C. Pevehouse, “Democracy from the Outside - In? International Organizations and Democratization”, *International Organization*, Vol. 56, No. 3, Summer 2002, pp. 515 - 549; Jon C. Pevehouse, “With a Little Help from My Friends? Regional Organizations and the Consolidation of Democracy”, *American Journal of Political Science*, Vol. 46, No. 3, 2002, pp. 611 - 626; Daniela Donno, “Who Is Punished? Regional Intergovernmental Organizations and the Enforcement of Democratic Norms”, *International Organization*, Vol. 64, No. 4, 2010, pp. 593 - 625。对区域外国家则威逼利诱，如威胁津巴布韦政府，要求 2000 年大选时允许欧盟入驻观察团，否则对其施加制裁。参见 Liisa Laakso, “The Politics of International Election Observation: The Case of Zimbabwe in 2000”, *The Journal of Modern African Studies*, Vol. 40, No. 3, Sep., 2002, pp. 437 - 464。

② Vikram K. Chand, “Democratisation from the Outside in: NGO and International Efforts to Promote Open Elections”, *Third World Quarterly*, Vol. 18, No. 3, 1997, pp. 543 - 562.

境下孕育与长期演化的结果，因而必将而且理应呈现多元色彩。[①] 与这种宏大的政治制度相比，选举只是决定政治权力重组和分配的一种模式而已，它既不能够确保好政府的出现，更难以保证社会治理的“良性化”。民主选举解决的只是权力的合法性问题，而非权力的有效性问题。考尔将“弱国家”的问题归为三个层面：能力短板（capacity gaps）、安全短板（security gaps）和合法性短板（legitimacy gaps），不同国家在不同方面存在赤字，因而需要采取不同的应对策略。[②]不过民主的支持者更感兴趣的是“控制政府，而不是使政府更具活力。”这样往往事与愿违，导致更糟糕的结局。

两者之间的关系正如潘基文秘书长在2013年有关选举援助的报告总结中所指出的，“单凭一次良好的选举很少且不足以产生善治；但善治却往往能产生良好的选举。”[③] 2000年的卜拉希米报告也曾指出，“自由和公正”的选举只应被视为强化治理能力的组成部分。“否则，选举只是认可多数暴政，或在一项和平行动结束之后，通过武力推翻选举的结果。”[④] 中国的政治制度即强调“治国理政”的重要性，由此不但维持了中国长达30余年的高速经济增长和稳定局面，还对世界做出了卓越贡献。

选举援助的价值则在于，在受援国或地区还未有足够能力独立举行选举的时候，提供及时、有效的外部援助，以弥补其制度和能力上的不足和缺陷。（当然，这一援助也便利了欧美国家的权势和意识形态扩张，甚至可能在某些情况下起负面作用，这点此后还要论及。）外部援助并未改变国家建设本质上仍属于国内政治进程、只能由该国政治精英和民众来主导

---

① 在这里，笔者比较赞同哈耶克的所谓“自生自发秩序”，他的这一观点与伯克有关社会秩序的保守主义观点相互辉映，参见哈耶克著、邓正来译：《自由秩序原理》，三联书店1997年版。

② Charles T. Call, “Beyond the ‘Failed State’: Toward Conceptual Alternatives”, *European Journal of International Relations*, Vol. 17, No. 2, 2011, pp. 303 – 326.

③ 秘书长大会报告：《加强联合国在提高定期真正选举原则的有效性和促进民主化中的作用》，联合国文件A/68/301，2013年8月9日，第12页。（部分文献中文版中表述存在差异，如effetiveness一词在这里译为“有效性”，在下文引用的某些文件里又译为“效力”或“效率”，为尊重原文，本书不做调整。）

④ 大会、安理会：《联合国和平行动问题小组的报告》，联合国文件A/55/305 – S/2000/809，2000年8月21日，第38段。

这一本质特征，但外部行为体的参与可以发挥必要的辅助性和矫正性的作用，而且这一作用将越来越难以忽视。探究这一外部行为体的活动及其影响，正是本研究的价值所在。

二、学术价值与现实意义

从学术意义上来看，本书的研究价值主要在于如下方面。

其一，跨国行为规模和效应的不断拓展，以及全球治理的需求压力，将导致越来越多笔者所称的“全球议题治理网络”的出现。这种网络的特点是：无中心化，全球多个机构和组织共同参与，相互联成网络结构；议题导向性，治理网络围绕着某一特定问题领域如气候变化、贸易壁垒、核扩散风险等形成；行为的跨国性，无论其参与主体还是行为的影响都超越了国家边界。当然在很多情况下，这类网络都需要寻求国家的合作。选举援助就是这样一种网络，通过对这一活动的详细剖析，可以从一个微观角度，探讨全球政治演进的背景下，由国际和地区组织及各种机构交叠构成的全球治理网络的发展，以及它们是如何影响一国内部的政治进程的。

其二，有关政治及社会变迁的论述基本都将这一动因归结为内部因素，从其社会内部的进程当中去寻找。①尽管这种观点没有错，不过民族国家之外的因素——如世界经济的运行、跨国关系的加强，国际法和国际制度的发展等——却乏人关注或刻意被忽视掉，则明显不符合当前全球政治发展的现实。在有关政治变迁的研究中，有必要考虑更广泛的“体系”因素。寻找比较政治和国际关系之间的结合，探讨内外机制之间的互动，是本书做出的尝试性努力。

其三，在国内，联合国研究还处于起步阶段，无论资料的整理还是理论的挖掘，都有待深入。本书大量利用了联合国系统内部的原始资料，包

---

① 安东尼·吉登斯著，胡宗泽、赵力涛译：《民族—国家与暴力》，生活·读书·新知三联书店 1998 年版；迈克尔·曼著，刘北成、李少军译：《社会权力的来源》（第一卷），上海人民出版社 2002 年版。

括大会和安理会决议、秘书长报告、特派团报告、开发署等内部的评估文件及援助手册、与援助相关的机构出台的研究报告等各种文献，对它们进行了细致的归并处理，为进一步的相关研究提供了重要基础。

从现实层面上来看，这一议题的研究意义如下。

其一，正如选举援助这一案例所体现的，联合国在冷战后期功能领域已经大大拓展，广泛辐射到全球各个领域。在选举援助这一事务领域，整个冷战40余年间联合国所提供的选举援助次数只有30余次。冷战之后，尤其1992年后，要求其提供援助的次数每年都在10次以上，最近这些年扩大到20次以上。如何评估联合国功能及其拓展，它的功效如何，这些问题有待透过某一个功能领域的深入研究来解答。

其二，从20世纪90年代的波黑危机、索马里冲突、2001年的“9·11”事件直至2011年的利比亚冲突以及至今困扰国际社会的索马里海盗，大量由国家内部治理导致的地区和国际安全问题相当突出；与此同时，2011年以来中东北非的政治变局，再明显不过地显示出国际和地区因素对一国内部事务的冲击力度及其对地区和国际事务的影响。在内外因素交相叠加的双重背景下，如何通过外部援助来改进其境况，并弱化来自外部的负面影响，这一课题变得十分必要。

其三，选举或者更宽泛意义上的民主援助是在西方语境下产生的，中国对外援助长期关注的是受援国的经济和社会发展，倡导“民生导向”的援助模式。不过，一方面由于中国是安理会常任理事国之一，一方面随着海外利益的大幅拓展及在国家政治舞台上地位和角色的迅速成长，中国有必要对联合国所开展的这一活动加以研究，并从理念和实践层面输入中国的元素。

第三节　相关文献的回顾

有关援助方面的国内外文献非常丰富。以中国知网收录数据为例，2007—2012年五年间，国内以“援助”命名、并与国际关系相关的博士论文多达20余篇。从研究对象来看，这些论文绝大多数聚焦于经济领域的援助，而且偏重于欧、美等传统大国对外的双边援助形式，对联合国和选举这一特定领域的援助，则基本没人关注。中文文献几乎鲜有触及，英文文献也多以联合国系统的原始文献出现，很难搜索到与本选题完全相切合的深入研究成果。为了研究的方便，本书将评述与选题相关的一些文献。

大致说来，与本选题相关的文献可以归结为四类：一是民主援助（Democracy Assistance），这类文献将选举援助视为民主援助的一种类型；二是选举监督和观察方面的文献，这方面研究的范围虽然有些窄，不过最近几年成长较快，形成了一批重要成果；三是外部援助与国家建设方面的文献，这类文献聚焦于国家建设进程中的外部动力；四是由联合国大会、安理会、秘书处等机构出台的决议、报告等构成的原始文献，以及由联合国开发署、欧盟等援助机构所出版的各类援助手册和研究报告。第四类文献由于在文中经常引用，故不专门在这里列出。这些文献各有侧重点，它们为本书提供了重要的思路和研究基础。以下分述之。

一、民主援助相关文献评述

民主援助或民主推广（Democracy Promotion）活动在 20 世纪 60 年代肯尼迪政府时期即广泛开展，在与苏东阵营的制度和意识形态竞争中，推动民主成了美欧国家对外政策的一部分。[①]两极格局崩溃后，越来越多的美欧之外国家、地区组织、非政府组织加入这一跨国活动当中。由于历时较长、无论参与群体还是受援国或地区都较普遍，因而围绕这一领域形成了大量文献，尤其是美国在海外的民主推广活动。卡罗瑟斯（Thomas Carothers）的《海外民主援助：学习曲线》、戴尔蒙德（Larry Diamond）的《1990 年代的民主推广：行为体与工具、议题与规则》、卡维尔（Colin S. Cavell）的《输出“美式民主”：全国民主基金会与美国外交政策》以及考克斯（Michael Cox）等人所编的《美国的民主推广：动机、战略与影

① Thomas Carothers, *Aiding Democracy Abroad: The Learning Curve*, Washington: Carnegie Endowment for International Peace, 1999.

响》等作品都是这一领域的代表作。[①] 它们对美国这一海外活动从动机、参与群体、政策工具、效果与政策影响、最佳做法等各个维度进行了深入分析。扬思（Richard Youngs）等人则分析了欧盟国家的民主推广活动。[②]

无论资源还是能力，大国或地区组织在民主援助方面都居于主导地位。与此同时，非政府组织的角色和地位也吸引了学界越来越多的注意，这方面的代表作如门德尔森（Sarah Elizabeth Mendelson）等人的《NGO 的权力和限度：东欧和欧亚地区民主建设的批判性审视》、沃塔维（Marina Ottaway）和卡罗瑟斯（Thomas Carothers）的《资助公益：公民社会援助和民主推广》等。[③] 一些人认为这样的网络与作为全球规范框架的个体安

---

① 这些著作分别是：Thomas Carothers, *Aiding Democracy Abroad*: *The Learning Curve*, Washington: Carnegie Endowmentfor International Peace, 1999; Larry Diamond, *Promoting Democracy in the 1990s*: *Actors and Instruments*, *Issues and Imperatives*, New York: Carnegie Corporation of New York, 1995; Colin S. Cavell, *Exporting 'Made in America' Democracy*: *The National Endowment for Democracy & U. S. Foreign Policy*, University Press Of America, 2002; Michael Cox, John Ikenberry and Takashi Inoguchi, eds., *American Democracy Promotion*: *Impulses*, *Strategies*, *and Impacts*, Oxford, 2000. 其他相关讨论还可见：Peter Burnell, ed., *Democracy Assistance*: *International Cooperation for Democratization*, London: Frank Cass, 2000; Richard Youngs, *International Democracy and the West*: *The Role of Governments*, *Civil Society*, *and Multinational Business*, Oxford, 2004; Peter J. Schraeder, *Exporting Democracy*: *Rhetoric vs. Reality*, Lynne Rienner Pub, 2002; Steven E. Finkel, Aníbal Pérez - Liñán, and Mitchell A. Seligson, "The Effects of US Foreign Assistance on Democracy Building, 1990 - 2003", *World Politics*, Vol. 59, No. 3, 2007, pp. 404 - 439; Steven W. Hook, "Building Democracy through Foreign Aid: The Limitations of United States Political Conditionalities, 1992 - 1996", *Democratization*, Vol. 5, No. 3, 1998, pp. 156 - 180。

② Milada Anna Vachudova, *Europe Undivided*: *Democracy*, *Leverage*, *and Integration after Communism*, Oxford, 2005; Richard Youngs, *Democracy Promotion*: *The Case of European Union Strategy*, Centre for European Policy Studies, 2001; Gorm Rye Olsen, "Promotion of Democracy as a Foreign Policy Instrument of 'Europe': Limits to International Idealism", *Democratization*, Vol. 7, No. 2, 2000, pp. 142 - 167.

③ Sarah Elizabeth Mendelson, and John K. Glenn, *The Power and Limits of NGOs*: *A Critical Look at Building Democracy in Eastern Europe and Eurasia*, Columbia University Press, 2002; Marina Ottaway, and Thomas Carothers, *Funding Virtue*: *Civil Society Aid and Democracy Promotion*, Washington: Carnegie Endowment for International Peace, 2000; Kees Biekart, *The Politics of Civil Society Building*: *European Private Aid Agencies and Democratic Transitions in Central America*, Utrecht: International Books, 1999; Annette Jünemann, "From the Bottom to the Top: Civil Society and Transnational Non - governmental Organizations in the Euro - Mediterranean Partnership", *Democratization*, Vol. 9, No. 1, 2002, pp. 87 - 105; Vikram K. Chand, "Democratisation from the Outside in: NGO and International Efforts to Promote open Elections", *Third World Quarterly*, Vol. 18, No. 3, 1997, pp. 543 - 562. 玛格丽特·E. 凯特、凯瑟琳·辛金克著，韩召颖、孙英丽译：《超越国界的活动家：国际政治中的倡议网络》，北京大学出版社 2005 年版。

全的出现有关，这类安全与国家安全不同。① 一些人则强调治理真空刺激了他们在全球政治当中的角色崛起。② 相对于国家与地区组织，非政府组织的援助活动更多指向公民社会领域的建设。③

这些研究尽管侧重不同，但大抵都可归为援助方的视角。在冷战期间和冷战结束之后，围绕中东欧地区的民主化，形成了一些个案研究。④ 这些研究偏向于对象国或地区的视角，其内部的政治进程由此被纳入研究对象。这种将国内与国际两个维度联结起来的跨国互动研究思路，打通了比较政治学研究与国际关系研究的相互隔绝状况。前者过于偏重内部进程而忽略了外部动因，而此前民主援助研究则存在将国内政治简单化处理或“黑箱”化操作的弊端。⑤

在跨国互动视角下，外部的援助如何影响其内部的政治进程？这又可以大致区分为两方面的文献，一类是从民主化的视角，一类是从规范的角度。前者如派维豪斯（Jon C. Pevehouse）的博士论文《地区组织与民主化》、怀特海德（Laurence Whitehead）的《民主化的国际维度》等作品。派维豪斯对1950—1992年间所有民主化国家进行数据分析，发现在地区组织和民主转型或巩固之间存在相关关系。地区组织通过操控民主的成本收益影响其国内精英群体，而国内精英也会利用成员身份或加入组织契机推

---

① Gerd Oberleitner，“Human Security：A Challenge to International Law?”，*Global Governance*，Vol. 11，No. 2，2005，pp. 185 – 204.

② Wolfgan Reinicke，Francis Deng，Jan Martin Witte，Thorsten Benner，Beth Whitaker and JohnGershman，*Critical Choices：The United Nations，Networks，and the Future of Global Governance*，Ottawa：IDRD，2000.

③ 有关这方面的评述可参见 Claire Mercer，“NGOs，Civil Society and Democratization：a Critical Review of the Literature”，*Progress in Development Studies*，Vol. 2，No. 1，2002，pp. 5 – 22。

④ 这方面的文献有：Thomas Carothers，*Assessing Democracy Assistance：The Case of Romania*，Carnegie Endowment for International Peace，1996；Kevin F. Quigley，*For Democracy's Sake：Foundations and Democracy Assistance in Central Europe*，Woodrow Wilson Center Press，1997；Kateryna Pishchikova，*Lost in Translation：USAID Assistance to Democracy Building in Post – communist Ukraine*，Rozenberg Publishers，2006；Sarah E. Mendelson，“Democracy Assistance and Political Transition in Russia：Between Success and Failure”，*International Security*，Vol. 25，No. 4，2001，pp. 68 – 106。

⑤ Jon C. Pevehouse，*Democracy from Above? Regional Organizations and Democratization*（PH. D Dissertation），The Ohio State University，2000；王菲易：《国际因素与民主化：转型学研究的新领域》，载于《社会科学》2011年第2期，第31—38页。

动其民主化。[①] 怀特海德则认为民主化存在三方面的国际动因："滚雪球"效应或者说国家之间的交叉传染；地区或国际主导大国的政策引导与控制；与国内精英群体的互动。[②]

从20世纪80年代中期开始，对民主的规范扩散研究渐次趋于深入。有关规范的研究存在三种路径：早期研究集中于国际或地区机构或组织对国家的"教化"、"劝服"上，这一研究路径将国际社会中的国家设定为被动角色，遵循一种宏观的"结构—功能"模式，代表人物如费丽莫（Martha Finnemore）；[③] 第二种研究路径开始注重国内社会因素，比如加入国家—社会结构，重视"文化匹配"以及精英的主动学习，将目光从精英转向社会层次则是这一路径的新方向，学者有里斯—卡彭（Risse - Kappen）、切克尔（Jeffrey T. Checkel）、阿查亚（Amitav Achaya）等；[④] 第三种研究

---

① Jon C. Pevehouse, *Democracy from Above? Regional Organizations and Democratization* (PH. D Dissertation), The Ohio State University, 2000. 派维豪斯持有类似观点的作品还有：Jon C. Pevehouse, "Democracy from the Outside - In? International Organizations and Democratization", *International Organization*, Vol. 56, No. 3, Summer, 2002, pp. 515 - 549; Edward D. Mansfield, and Jon C. Pevehouse, "Democratization and International Organizations", *International Organization*, Vol. 60, No. 1, 2006, pp. 137 - 167; Jon C. Pevehouse, "With a Little Help from My Friends? Regional Organizations and the Consolidation of Democracy", *American Journal of Political Science*, Vol. 46, No. 3, 2002, pp. 611 - 626.

② Laurence Whitehead, ed., *The International Dimensions of Democratization*, Oxford: Oxford University Press, 1996.

③ Martha Finnemore, and Kathryn Sikkink, "International Norm Dynamics and Political Change", *International Organization*, Vol. 52, 1998, pp. 887 - 917; 玛莎·芬尼莫尔著，袁正清译：《国际社会中的国家利益》，浙江人民出版社2001年版；朱迪斯·戈尔茨坦、罗伯特·基欧汉主编，刘东国、于军译：《观念与外交政策：信念、制度与政治变迁》，北京大学出版社2005年版。

④ 这方面的主要文献有：Thomas Risse - Kappen, "Ideas do not Float Freely: Transnational Coalitions, Domestic Structures, and the End of the Cold War", *International Organization*, Vol. 48, No. 2, Spring, 1994, pp. 185 - 214; Amitav Achaya, "How Ideas Spread: Whose Norms Matter? Norm Localization and Institutional Change in Asia Regionalism", *International Organization*, Vol. 58, No. 2, 2004, pp. 239 - 275; Thomas Risse - Kappen, "Ideas do not Float Freely: Transnational Coalitions, Domestic Structures, and the End of the Cold War", *International Organization*, Vol. 48, No. 2, Spring, 1994, pp. 185 - 214; Jeffrey T. Checkel, "Norms, Institutions, and National Identity in Contemporary Europe", *International Studies Quarterly*, Vol. 43, No. 1, Mar., 1999, pp. 83 - 114; Jeffrey T. Checkel, "International Institutions and Socialization in Europe: Introduction and Framework", *International Organization*, Vol. 59, No. 4, Autumn, 2005, pp. 801 - 826; Martha Finnemore, *The Purpose of Intervention: Changing Beliefs about the Use of Force*, Ithaca: Cornell University Press, 2003; Sonia Cardenas, "Norm Collision: Explaining the Effects of International Human Rights Pressure on StateBehavior", *International Studies Review*, Vol. 6, No. 2, Jun., 2004, pp. 213 - 231。

路径则是国际—国内的规范互动，注重非国家行为体比如跨国“倡议网络”的作用，比如辛金克（Kathryn Sikkink）的研究。[①]在《超越国界的活动家：国际政治中的倡议网络》一书中，凯特和辛金克将以“道德理念和价值观为核心”的活动家（activists）网络称为跨国倡议网络（transnational advocacy network）。它们通过四种手段对国内政治进程发挥影响：信息政治（即能够迅速、可靠地提供政治上的可用信息，并使其发挥最大影响作用）、象征政治（即利用符号、行动或故事让通常生活在边远地区的民众了解情况）、杠杆政治（即利用强大行为体发挥影响力）以及责任政治。[②]

作为民主援助活动中的行为体之一，联合国的角色也引起了一些人的关注。纽曼（Edward Newman）等人所编的《民主推广中的联合国角色：在理想与现实之间》一书，从理念、联合国在民主援助中的相对优势和限制、开发署在中长期民主援助中的经验等各个角度考察了联合国在这一领域的活动；哈克（Kirsten Haack）的《联合国民主议程：观念史》从文明、选举、治理和发展民主四个维度分析了联合国民主观念的演化；威尔森（Zoë Wilson）的《联合国与非洲民主：合法性的窘境》则考察了联合国在非洲民主推广活动中的尴尬角色。[③]相对而言，以联合国为研究对象的著述还不太多见，许多文献是以联合国系统的文件和报告的形式出现的。

---

① 玛格丽特·E. 凯特、凯瑟琳·辛金克著，韩召颖、孙英丽译：《超越国界的活动家：国际政治中的倡议网络》，北京大学出版社 2005 年版。

② 玛格丽特·E. 凯特、凯瑟琳·辛金克著，韩召颖、孙英丽译：《超越国界的活动家：国际政治中的倡议网络》，北京大学出版社 2005 年版。

③ Edward Newman and Roland Rich, eds., *The UN Role in Promoting Democracy: Between Ideals and Reality*, New York: United Nations University Press, 2004; Zoë Wilson, *The United Nations And Democracy in Africa: Labyrinths of Legitmacy*, Routledge, 2007; Kirsten Haack, *The United Nations Democracy Agenda: A Conceptual History*, Manchester University Press, 2011; Richard Ponzio, "UNDP Experience in Long – term Democracy Assistance", New York: UNDP, 2009; Laura Zanotti, "Taming Chaos: A Foucauldian View of UN Peacekeeping, Democracy and Normalization", *International Peacekeeping*, Vol. 13, No. 2, 2006, pp. 150 – 167; Christopher C. Joyner, "The United Nations and Democracy", *Global Governance*, 1999, pp. 333 – 357; UNDP, *Human Development Report 2002: Deepening Democracy in a Fragmented World*, New York: UNDP, 2002.

有关民主推广方面的活动引起了部分中国学者的注意，不过由于制度和意识形态方面的差异，这方面的中文成果还非常有限。其中有代表性的作品如刘国柱的《美国文化的新边疆——冷战时期的和平队研究》、刘国平的《美国民主制度输出》及罗艳华等人的《美国输出民主的历史与现实》等几本著作。[①] 这些著述分析了美国的民主输出与其全球权力、利益和意识形态扩张间的关联。其中，浙江大学刘国柱教授的研究最为引人注目。在《美国文化的新边疆——冷战时期的和平队研究》一书中，他详细地分析了肯尼迪时期建立的和平队在第三世界国家的活动和文化输出，以及派遣和平队与美国文化及外交战略之间的关系。[②]

二、选举监督和观察相关文献评述

作为选举援助的一种类型，国际选举观察（Election Observation）或监督（Election Monitoring）活动吸引了越来越多的学者关注。究其原因，一是这类活动在最近的20多年间增长速度非常快，冷战之前，只有少数国家邀请国外观察团，2006年，却有80%以上的选举是在国际社会的观察或监督下举行的。[③] 二是相对于选举援助的其他形式，这类活动最容易通过技术操作得到规范的研究。

这一领域较早产生的成果是贝格拜德（Yves Beigbeder）的《全民表决、公决和国家选举的国际监督：自决与民主转型》，作者对冷战前国际

① 刘国柱：《美国文化的新边疆——冷战时期的和平队研究》，社会科学文献出版社2005年版；刘国平：《美国民主制度输出》，社会科学文献出版社2006年版；罗艳华等：《美国输出民主的历史与现实》，世界知识出版社2009年版。期刊文章有这样几篇，刘国柱：《当代美国民主援助解析》，载于《美国研究》2010年第3期，第24—38页；刘国柱：《全国民主基金会与美国民主援助》，载于《浙江大学学报（人文社会科学版）》2010年第5期，第40—48页；郎友兴：《外国非政府组织与中国村民选举》，载于《浙江学刊》2004年第4期，第145—146页；赵绪生：《试析民主援助》，载于《现代国际关系》2008年第3期，第27—33页。

② 刘国柱：《美国文化的新边疆——冷战时期的和平队研究》，社会科学文献出版社2005年版。

③ Susan D. Hyde, *The Pseudo-democrat's Dilemma: Why Election Observation Became an International Norm*, Cornell University Press, 2011, pp. 2-3.

选举监督活动的发展演变以及冷战后联合国主导的几次监督或观察活动做了较为详尽的考察，不过全书偏重于描述和诠释。① 在此基础上，埃宾克（Jon Abbink）与海瑟林（Gerti Hesseling）所编的《选举观察与非洲的民主化》、伯恩兰德（Eric Bjornlund）的《超越自由与公正：监督选举与建立民主》两本书将理论阐释与案例研究相结合，较为深入地探讨了20世纪80年代以来的选举观察或监督活动。前者以非洲国家为主要研究对象，研究选举监督对其民主化进程产生何种效应；后者则对国际选举监督和国内选举监督活动对推动民主进程和民主变迁的价值做了分析。② 两者都对选举观察或监督活动持谨慎乐观，伯恩兰德即指出，"选举监督对民主化有积极意义，但也可能产生负面效应。不理智的预期加重了转型和后冲突选举的负担，……增加了民族主义反应的风险。"③

最近的三部著作在选举观察与监督活动的研究方面具有较大影响力。一本是拉美学者圣妲—克鲁兹（Arturo Santa - Cruz）的《国际选举监督、主权与西半球观念：一种国际规范的出现》，在这本书中，作者以建构主义的视角，考察了1988年智利全民表决、1990年尼加拉瓜选举、1994年墨西哥选举以及秘鲁2000年选举，认为"西半球观念"（the Western Hemisphere Idea）引发了国际选举监督活动在拉美的率先出现，这种"建构性介入"一步步重塑了这一地区的国家主权观念。④ 与之类似，耶鲁大学的海德（Susan D. Hyde）也将选举观察活动的大幅增长视为一种规范的扩散现象，不过她的出发点却是现实主义的。在其2011年出版的《伪民主的

① Yves Beigbeder, *International Monitoring of Plebiscites, Referenda and National Elections: Self - determination and Transition to Democracy*, Boston: M. Nijhoff, 1994.

② Jon Abbink and Gerti Hesseling, eds., *Election Observation and Democratization in Africa*, New York: St. Martin's Press, 2000; Eric Bjornlund, *Beyond Free and Fair: Monitoring Elections and Building Democracy*, Baltimore: John Hopkins University Press, 2004.

③ Eric Bjornlund, *Beyond Free and Fair: Monitoring Elections and Building Democracy*, Baltimore: John Hopkins University Press, 2004, p. 14.

④ Arturo Santa - Cruz, *International Election Monitoring, Sovereignty, and the Western Hemisphere Idea: The Emergence of an International Norm*, New York: Routledge, 2005. 相关内容还可参见圣妲—克鲁兹以下论文，Arturo Santa - Cruz, "Constitutional Structures, Sovereignty, and the Emergence of Norms: The Case of International Election Monitoring", *International Organization*, Vol. 59, No. 3, 2005, pp. 663 - 693。

困境：选举观察为何变成一种国际规范》一书中，她探讨的是这样一种困境：为何一些并不准备举行公正选举的国家依然邀请国际观察团。笔者认为，国际规范内生于国际行为体之间的战略互动进程，当国家认为这样做可以增加其国外援助、经济投资、合法性、威望、成员身份等国际收益时，他们就有动机对外发出可靠信号，以证实其具备某些特征。[①] 杜克大学的凯莉（Judith Green Kelley）在其新作《监督民主：国际选举观察何时有效，为何经常失败?》一书中，则聚焦这样两个问题：监督团对选举的评估是否客观、准确？监督活动是否有助于选举质量的提升？凯莉认为国际选举观察透过规范与刺激的某种结合可以发挥一定的作用，她并不认同国际努力无法约束政府行为从而民主化完全是一个国内进程的观点。但她同时指出，民主推动活动存有缺陷，外部行为体的努力有时可能适得其反。[②] 除了上述两本著作以外，海德和凯莉还发表了许多其他有关选举观察和监督活动方面的高质量论文。[③]

从案例选择来看，这一领域的研究对象集中于三个区域：拉美、欧洲

① Susan D. Hyde, *The Pseudo - democrat's Dilemma*: *Why Election Observation Became an International Norm*, Cornell University Press, 2011, pp. 1 - 4.

② Judith Green Kelley, *Monitoring Democracy*: *When International Election Observation Works*, *and Why it often Fails*, Princeton University Press, 2012.

③ 海德的文章有：Susan D. Hyde, "The Observer Effect in International Politics: Evidence from a Natural Experiment", *World Politics*, Vol. 60, No. 1, 2007, pp. 37 - 63; Susan D. Hyde, "Catch us if you can: Election Monitoring and International Norm Diffusion", *American Journal of Political Science*, Vol. 55, No. 2, 2011, pp. 356 - 369; Emily Beaulieu, and Susan D. Hyde, "In the Shadow of Democracy Promotion: Strategic Manipulation, International Observers, and Election Boycotts", *Comparative Political Studies*, Vol. 42, No. 3, 2009, pp. 392 - 415; Susan D. Hyde, *Observing Norms*: *Explaining the Causes and Consequences of Internationally Monitored Elections* (Ph. D. diss.), University of California at San Diego, 2006. 凯莉的相关作品还有：Judith Kelley, "Election Observers and Their Biases", *Journal of Democracy*, Vol. 21, No. 3, 2010, pp. 158 - 172; Judith Kelley, "Assessing the Complex Evolution of Norms: the Rise of International Election Monitoring", *International Organization*, Vol. 62, No. 2, 2008, pp. 221 - 255; Judith Kelley, "Do International Election Monitors Increase or Decrease Opposition Boycotts?", *Comparative Political Studies*, Vol. 44, No. 11, 2011, pp. 1527 - 1556; Judith Kelley, "D - minus Elections: The Politics and Norms of International Election Observation", *International Organization*, Vol. 63, No. 4, 2009, pp. 765 - 787; Judith Kelley, "The More the Merrier? The Effects of Having Multiple International Election Monitoring Organizations", *Perspectives on Politics*, Vol. 7, No. 1, March 2009, pp. 59 - 64。

和非洲。拉美是选举观察活动较早开展的地区；① 欧盟及欧洲各类非政府组织在选举监督和观察方面一直比较活跃；② 而非洲则是目前这方面活动开展得较为密集的地区，其成果也显得尤为丰富。③ 不过，多数文献的问题是基于选举民主这样一种正面的价值预判，并在选举观察与监督活动和民主扩展、民主化进程之间建立简单的线性关联，探讨这类活动对选举舞弊、政权合法性等的影响。非洲地区的不少学者偏向于从负面角度考察选举观察和监督的局限，提供了一些宝贵的对照和启示。

国内相关的成果非常罕见，只能查阅到两篇有关选举观察方面的论文，而且局限于描述性的研究阶段，有待深入。④

---

① Arturo Santa - Cruz, *International Election Monitoring, Sovereignty, and the Western Hemisphere Idea: The Emergence of an International Norm*, New York: Routledge, 2005.

② Rick Fawn, "Battle Over the Box: International Election Observation Missions, Political Competition and Retrenchment in the Post - Soviet Space", *International Affairs*, Vol. 82, No. 6, 2006, pp. 1133 - 1153; Amanda Sives, "A Review of Commonwealth Election Observation", *Commonwealth and Comparative Politics*, Vol. 39, No. 3, 2001, pp. 132 - 149.

③ 以非洲地区或国家为研究案例的成果比较丰富，代表性作品如：Khabele Matlosa, "Election Monitoring and Observation in Zimbabwe: Hegemony versus Sovereignty", *African Journal of Political Science*, Vol. 7, No. 1, 2002, pp. 129 - 154; Gisela Geisler, "Fair? What Has Fairness Got to Do with it? Vagaries of Election Observations and Democratic Standards", *The Journal of Modern African Studies*, Vol. 31, No. 04, 1993, pp. 613 - 637; Paul J. Kaiser, "Power, Sovereignty, and International Election Observers: The Case of Zanzibar", *Africa Today*, Vol. 46, No. 1, 1999, pp. 29 - 46; Susan Booysen, "In the Crossfire of Wars of Political Survival: The Politics of Election Observation in Zimbabwe, 2000 - 2002", *Africa Insight*, Vol. 32, No. 3, 2004, pp. 3 - 10; Ursula E. Daxecker, "The Cost of Exposing Cheating International Election Monitoring, Fraud, and Post - election Violence in Africa", *Journal of Peace Research*, Vol. 49, No. 4, 2012, pp. 503 - 516; Douglas G. Anglin, "International Monitoring of the Transition to Democracy in South Africa, 1992 - 1994", *African Affairs*, Vol. 94, 1995, pp. 519 - 543; Liisa Laakso, "The Politics of International Election Observation: the Case of Zimbabwe in 2000", *The Journal of Modern African Studies*, Vol. 40, No. 3, 2002, pp. 437 - 464; Douglas G. Anglin, "International Election Monitoring: The African Experience", *African Affairs*, Vol. 97, 1998, pp. 471 - 495。

④ 仇朝兵：《选举援助与民主发展：美国的选举援助对印度尼西亚民主化进程的影响》，载于《哈尔滨工业大学学报（社会科学版）》2010 年第 6 期，第 40—49 页；贺双荣：《国际选举观察：美洲国家组织在拉美的实践》，载于《拉丁美洲研究》2006 年第 6 期，第 35—39 页。

三、外部援助的效用相关文献评述

一些学者不仅赞同必要的外部援助，甚至要求对一些国家采取必要的外部管治。福山即怀疑，面对国家的慢性衰败（chronic state failures），“在国际社会和受援国之间除了半常设的准殖民关系之外，是否还有其他真实的可行选择?”[①] 克拉斯纳（Steven Krasner）也赞同，“治理失败和治理不足不仅直接影响一国社会，同时也会外溢到周边。”“在坏治、失败及被占国家内部的良治，需要超越已被广泛接受的规则，包括在某些特定领域创建共享主权（shared sovereignty）”。[②] 基欧汉认为主权应该有等级；[③] 赫尔曼（Gerald B. Helman）和拉特纳（Steven R. Ratner）指出三种可划归“监管”（guardianship）的模式：政府援助（governance assistance）、主权代理（the delegation of government authority）以及托管（trusteeship）。[④] 福克森（Niall Fergusson）则认为失败国家不会自我修正，需要外部力量的干预。[⑤]

不过，从达尔（Robert Dahl）到杰克逊（Robert Jackson），比较政治学者倾向于认为外部力量只能对其他国家的国内发展起到微弱作用。[⑥] 昆恩（Florian P. Kühn）因此要求国际社会保持一种善意的忽视（keeping a

---

① Francis Fukuyama, *State－Building: Governance and World Order in the 21st Century*, Ithaca, N. Y.: Cornell University Press, 2004, p. 104.

② Stephen D. Krasner, “Sharing Sovereignty New Institutions for Collapsed and Failed States”, *International Security*, Volume 29, Number 2, Fall 2004, pp. 85－120.

③ Robert O. Keohane, “Political Authority after Intervention: Gradations in Sovereignty,” in J. L. Holzgrefe and Keohane, eds., *Humanitarian Intervention: Ethical, Legal, and Political Dilemmas*, Cambridge: Cambridge University Press, 2003, pp. 276－277.

④ Gerald B. Helman and Steven R. Ratner, “Saving Failed States,” *Foreign Policy*, No. 89, Winter 1993, pp. 3－21.

⑤ Niall Ferguson, *Colossus: The Price of America's Empire*, New York: Penguin Press, 2004, p. 24.

⑥ 罗伯特·达尔著，谭君久译：《多头政体：参与和反对》，商务印书馆 2003 年版；Robert H. Jackson, *Quasi－states: Sovereignty, International Relations, and the Third World*, New York: Cambridge University Press, 1990。

benign neglect)，只在需要的地方和被要求时才提供帮助。因为援助会改变受援国的内部关系，打破原有的权力和利益格局，赋予一个群体高于另一个群体的权力，或者使不同群体间的角色失衡，从而导致更多的非意图后果。① 在后冲突国家，由于全球政策网络经常内嵌于充满了族际紧张、精英和大众间的断裂等高度分裂的社会之中，② 一些人甚至认为外部的干预增加了国家失败的可能性。③ 很多人还强调了援助依赖（aid dependency）等道德风险问题。④ 不过，在一些人看来，对援助依赖的担忧忽视了改革的内部动力（国内的出口企业、恶化的经济形势、具有改革观念的政治家），低估了观念的力量（对外援助提供的不仅是资金，还有技术、新的观念、思维和思想）以及实施援助的人员（很多工作人员是当地人）的作用。⑤

一些研究强调了适当援助的重要性。OECD 发展援助委员会的报告通过案例研究，指出五个国家建设的关键领域：包容性的政治进程；国家合法性；建设性的国家—社会关系；现实的并足以推动国家的社会预期；发展可持续能力以履行国家职能。⑥ 为何索马里的国家建设努力经常失败？门克豪斯（Ken Menkhaus）认为问题应归因于长期以来国内和国际社会共同寻求建设的国家类型。笔者认为，索马里需要发展成一种协调性国家，中央政府拥有有限权力，而由地方政府去执行一些政府的关键职能。⑦ 乔

---

① Florian P. Kühn, "Less is More: International Intervention and the Limits of External Stabilization", *Canadian Foreign Policy Journal*, Vol. 17, No. 1, 2011, pp. 62 – 74.

② Anna Ohanyan, "The Effects of Global Policy Networks on Peacebuilding: Framework of Evaluation", *Global Society*, Vol. 24, No. 4, 2010, pp. 529 – 552.

③ A. Lieven, "Do No Harm: Sometimes our Procedures Do more Harm than Good", *NATIONAL INTEREST*, Vol. 94, 2008, pp. 16 – 20.

④ G. A. Davis, "Learning to Love the Dutch Disease: Evidence from the Mineral Economies", *World Development*, Vol. 23, No. 10, 1995, pp. 1765 – 1779; S. Knack, "Aid Dependence and the Quality of Governance: a Cross – country Empirical Analysis", World Bank Working Paper, No. 2396, 2000.

⑤ Arthur A. Goldsmith, "Foreign Aid and Statehood in Africa", *International Organization*, Vol. 55, No. 1, Winter, 2001, pp. 123 – 148.

⑥ OECD, "Do No Harm: International Support for Statebuilding", Paris: OECD, 2010.

⑦ Ken Menkhaus, "Governance without Government in Somalia: Spoilers, State Building, and the Politics of Coping", *International Security*, Vol. 31, No. 3, 2007, pp. 74 – 106.

普拉（Jarat Chopra）评述了由联合国在东帝汶所实施的治理模式，强调这种国际行政的总体模式所带来的问题，建议采用一种旨在发展当地人自主能力的“参与式干预”。①

第四节 结构安排

本书并不寻求建构任何理论框架，只是试图对选举援助这一特殊跨国活动进行系统的、精细的梳理和分析，旨在透过这一领域的活动，探求联合国在建设和平领域的角色和作用。为使研究更接近于实际状况，笔者使用大量联合国的原始文献，包括决议、会议记录、声明、各类报告等。全书除导论外，共分五章。

第一章主要考察选举援助是如何被纳入联合国的行动框架的。具体内容包括：冷战期间的一系列活动如何促成了权力有限、地位尴尬的联合国对这一敏感领域的参与，其具体内容和表现如何；1989—1991 年间特殊国际情势又导致联合国选举援助发生了怎样的转型；1991 年底，当大会正式决定将提供选举援助列为其职权并设立专门负责机构时，联合国内部出现了分歧和争议，一些会员国尤其担心此举会损害主权原则，这一分歧是如何发展的，它对选举援助活动的开展产生了何种影响。本章最后一节还将详尽分析过去 20 多年里联合国选举援助的受援国和地区的分布及其变化。

第二章分析联合国选举援助的运作机制，内容涉及四个方面：联合国内部有哪些机构和部门参与，它们之间怎样分工，又是如何协调相互行动的；援助如何展开，遵循怎样的操作程序；援助的资金来源有哪些；援助的具体形式有哪些，相互间如何区别。这四个方面尽管不能完全但至少部分呈现出联合国选举援助的微观运作机制和操作框架。

在此基础上，本书第三章转向联合国选举援助对受援国国家建设进程

---

① Jarat Chopra, “Building State Failure in East Timor”, *Development and Change*, Vol. 33, No. 5, 2002, pp. 979 - 1000.

的探讨。从援助时长来看，联合国选举援助可以区分为即时性和中长期的援助，两者针对受援国的不同需求，其作用也存在差异，所以这一部分将分别考察，在此之前，这一部分还将阐述发展中国家不同的国家建设环境以及外部援助可能发挥的作用。

第四章选取阿富汗作为例子，从选举制度的建立和完善入手，分析联合国在阿富汗 2004 年的总统选举与 2005 年的议会选举过程中的角色和作用，探讨联合国的这种外部援助是通过什么样的方式在哪些方面影响阿富汗的选举进程，并进而对其国家能力的建设产生效应。

最后一章简要分析联合国选举援助存在的缺陷和未来发展趋向，顺便论及中国在这一领域的观点立场和未来可能做出的贡献。

第一章　从非自治领土到主权国家：联合国选举援助的源起与演变

作为跨国行为，参与一国内部的选举事务很容易被视为对其内政的干预，建立于主权国家之上并将尊重主权视为其核心原则的联合国是怎样或在何种情势下涉入这一敏感和新兴领域的？这中间经历了怎样的发展历程？本章拟分四个部分：第一部分考察其源起，探究冷战期间的一系列活动如何促成了联合国对这一领域的参与，其具体内容和表现如何；第二部分阐述 1989—1991 年间特殊国际情势下联合国选举援助的转型，以纳米比亚、尼加拉瓜和海地为案例分析，解释联合国是如何涉入其会员国的选举事务进程的；第三部分论述联合国决定向主权国家提供选举援助的过程及由此引发的争论、此后会员国的立场变化；第四部分则分析联合国选举援助的数量变化及其地理分布。四个部分描画出联合国从参与托管和非自治领土的选举事务到向主权国家提供选举援助的具体变化轨迹，并试图给予解释。

第一节　联合国选举援助的出现

宪章并未专门赋予联合国参与选举事务方面的权力，选举援助只是特殊情势下的产物。联合国参与选举事务的最早案例可以追溯到 1947 年的朝鲜。不过，此次的介入主要源于政治力量失衡的结果，由于缺乏足够的合法性和自主性，这一行动大大损伤了联合国自身的声誉。此后由于对托管和非自治领土负有的特殊职责，在这些领土上所开展的大量选举监督和观察活动才逐渐奠定了联合国在这一领域的坚实基础。在这一时期，派员监督、观察和核查选举是联合国提供的选举援助的最主要方式，与此同时，其活动仅限于托管和非自治领土，还未成功介入过会员国内部的选举事务。

一、联合国在朝鲜的选举监督

1945 年 8 月，日本战败后，被其殖民统治了 38 年的朝鲜由美、苏两国军队分区占领。以北纬 38 度纬线为界，美军据其南部，苏联则占其北部。由于在朝鲜统一方式以及政治模式的选择上美、苏两大国陷入对峙僵局，1947 年美国将朝鲜议题提交西方国家占绝对优势的联合国大会审议。苏联虽极力反对，认为这一议题根源于战争，理应由战胜的盟国内部协商解决，而不宜交付联合国大会讨论，但由于所能动用的支持票数有限，无力阻止，加之当时苏联正由于中国代表问题抵制联合国，没有参加大会辩论和投票。11 月 14 日，大会以 43 票赞成、0 票反对、6 票弃权的表决结果通过了一一二（二）号决议。决议“承认朝鲜人民迫切与合理之独立要求”，建议于次年 3 月底之前举行国民大会代表选举。[①] “为监察朝鲜代表确系经朝鲜人民公选而非只系由驻朝鲜军事当局所指派，特于朝鲜当地设立一联合国临时委员会（UN Temporary Commission on Korea）”，“以便协助及促成朝鲜民选代表参与大事”。[②] 该委员会成员由“澳大利亚、加拿大、中国、萨尔瓦多、法国、印度、菲律宾、叙利亚及乌克兰苏维埃社会主义共和国代表组成之”。[③]

不过，当时的政治形势很难让委员会完成决议赋予的职权：在南朝

① 大会第二届会议，《朝鲜独立问题》，联合国文件 A/RES/112（Ⅱ），1947 年 11 月 14 日，（乙）前言及执行部分第二段。

② 大会第二届会议，《朝鲜独立问题》，联合国文件 A/RES/112（Ⅱ），1947 年 11 月 14 日，（甲）执行部分第二段。

③ 大会第二届会议，《朝鲜独立问题》，联合国文件 A/RES/112（Ⅱ），1947 年 11 月 14 日，（乙）执行部分第一段。

鲜，委员会能够在美国军事占领当局和当地政府合作下工作，但对选民登记、政党竞选等选举进程无法产生实质的影响力。在朝鲜北部，委员会受到了全盘抵制，根本无法进入。鉴于此，1948 年 2 月 26 日，在美国的操纵下，联合国大会临时委员会（Interim Committee，即“小型联大”）决定支持美国的建议，要求委员会在“朝鲜境内视察访询所及之部分”执行大会一一二（二）号决议。这等于默认南朝鲜单独举行选举并建立分裂政权。

南朝鲜的国民大会选举在 5 月 10 日举行。临时委员会 9 国代表中，乌克兰拒绝参与，两个国家代表反对单独观察在南朝鲜的选举，另有代表弃权。整个临时委员会的工作人员和代表人数总共不超过 60 人，参与选举观察的人员高峰时不超过 30 人，却要在近 10 万平方公里、2000 万人口中执行选举监督任务，委员会所能发挥的作用可想而知。①

5 月 10 日的选举从此将刚刚摆脱日本殖民统治的朝鲜半岛又推向了危险的分裂对峙。3 个月后，“大韩民国”在汉城成立。8 月 25 日，另一边的北朝鲜也举行了最高人民会议的选举，并于 9 月 9 日宣告朝鲜民主主义人民共和国成立。对此，联大并未为半岛局势的恶化承担责任，反而在 12 月 12 日的第 187 次全体会议上通过了第一九五（三）号决议，进一步为美国的分裂行为辩护并将南韩政权合法化。决议辩称，“临时委员会在朝鲜境内视察访询所及之部分，其居民占全朝鲜人民之大多数者，已建立合法政府（朝鲜共和国政府），确实行使管制与辖制该部分朝鲜之权；该政府乃经该部分朝鲜之选民依法自由表示意志，且在临时委员会之监视下选出者；又该政府为朝鲜境内唯一依法选举之政府”。② 临时委员会的无条件背书使其沦为半岛分裂行为的政治工具。

1948 年的一九五（三）号决议同时决定“设立朝鲜问题委员会（UN Commission on Korea）”，“代替 1947 年 11 月 14 日决议案所设临时委员会”，继续“对于根据人民自由意志而产生之代议政治之将来发展，允予

---

① Yves Beigbeder, *International Monitoring of Plebiscites, Referenda and National Elections: Self-determination and Transition to Democracy*, Martinus Nijhoff Publishers, 1994, p. 123.

② 大会第三届会议，《朝鲜独立问题》，联合国文件 A/RES/195（Ⅲ），1948 年 12 月 12 日。

监视，并备咨询”。[①] 1949 年 10 月 21 日通过的二九三（四）号决议，授权“联合国朝鲜问题委员会应继续存在”，要求其“在朝鲜境内随地视察提供谘商，以求代议政府依据全国选举中自由表示之人民意志，继续发展”。[②] 1950 年 10 月 7 日，朝鲜战争爆发后，大会又通过三七六（五）号决议，设立“朝鲜统一暨善后委员会”，继续执行“朝鲜问题委员会原有之各种职责”，“代表联合国促成朝鲜全境内统一独立及民主政府之成立”。[③] 由三份决议授权成立的“朝鲜问题委员会”和“朝鲜统一暨善后委员会”，此后又监督了南韩举行的系列选举，并为其提供了合法化的依据。

在朝鲜半岛的选举监督是联合国成立后首次提供的选举援助。由于决议通过时，美、苏已经走向全面“冷战”，在此严苛的两极对峙格局下，委员会想在“冷战”对峙最前沿的朝鲜完成联大决议赋予的职权，本身即不太可能。

更重要的是，此次行动有两个致命缺陷。

其一，对象国即朝鲜本身并未向联合国秘书长发出选举监督请求，而是由占领国美国利用席位优势强行在联大通过决议授权行动。此举不仅不符合联合国程序，而且明显侵犯了“国家之领土完整或政治独立”，“干涉在本质上属于任何国家国内管辖之事件”。[④] 得到授权的委员会，不仅在半岛北方受到抵制，由于职权广泛，在朝鲜南部也饱受质疑。

其二，负责选举监督的委员会被赋予了选举事务之外的广泛的政治职权，如一一二（二）号决议不仅要求“选举应在该委员会监视下举行”，在选举期间委员会“享有在朝鲜全境旅行、视察及访询之权”；而且要求在选举产生的国民大会组成和政府成立之后，“应立即与委员会磋商下列各事：组织本身之国家保安军；自北朝鲜及南朝鲜军政当局接收政府职权

---

① 大会第三届会议，《朝鲜独立问题》，联合国文件 A/RES/195（Ⅲ），1948 年 12 月 12 日。

② 大会第四届会议，《朝鲜独立问题》，联合国文件 A/RES/293（Ⅳ），1949 年 10 月 21 日。

③ 大会第五届会议，《朝鲜独立问题》，联合国文件 A/RES/376（Ⅴ），1950 年 10 月 7 日，执行部分第二段。

④ 《联合国宪章》第二条第四和第七款，参见 http：//www. un. org/zh/documents/charter/chapter1. shtml。

及与各占领国洽谈办法，于最短可行期内自朝鲜境内完全撤退各该军队。”① 此后的一九五（三）号决议与三七六（五）号决议也赋予委员会类似的政治职能。与此同时，委员会的成员是由几国分派“政治代表”组成，② 而非具有中立和专业技术性质的选举监督团队。

由于鲜明的政治倾向性以及不适当的角色身份，在朝鲜的选举监督不仅损害了联合国的公正和中立，也进一步恶化了半岛局势。南北各自独立后，双方均制定了武力统一计划，不到两年，双方即由零星交火发展到小规模武装冲突，最终演化为全面战争，并很快扩散到周边。③

二、联合国在托管和非自治领土上的监督行动

与在朝鲜不得人心、饱受争议的选举监督相比，联合国派团监督（supervision）或观察（observation）在一些托管领土（trusteeship territory）和非自治领土（non - self - governing territory）上的自决（self - determination）行动则广受赞誉。这些领土此前处于联合国的托管制度（trusteeship system）之下或者大国的直接管理之下，并未取得自治权，自决行动成为它们迈向自治和独立的重要进程。自决行动的方式主要有三种，或者是直接就其是否独立或与其他国家自由结合或合并举行全民公决（plebiscite），或就一重要政治进程如草拟的宪法进行公投（referendum），或者是在内部不同派别之间协商的基础上通过代议机构或制宪机构的选举（election）来实现独立。

1945 年联合国初创时，全球超过 1/3、多达 7.5 亿的人口处于或非自

---

① 大会第二届会议，《朝鲜独立问题》，联合国文件 A/RES/112（Ⅱ），1947 年 11 月 14 日，（乙）执行部分第二段及第四段。

② “临时委员会”由澳大利亚、加拿大、中国、萨尔瓦多、法国、印度、菲律宾、叙利亚及乌克兰苏维埃社会主义共和国九国代表组成，“朝鲜问题委员会”由澳大利亚、中国、萨尔瓦多、法国、印度、菲律宾、叙利亚七国代表组成，此后叙利亚代表被换成土耳其代表；“朝鲜统一暨善后委员会”由澳大利亚、智利、荷兰、巴基斯坦、菲律宾、泰国和土耳其七国代表组成。参见联合国文件 A/RES/112（Ⅱ）、联合国文件 A/RES/195（Ⅲ）、联合国文件 A/RES/293（Ⅳ）、联合国文件 A/RES/376（Ⅴ）。

③ 张民：《论朝鲜战争的起因和结局》，载于《党的文献》2001 年第 2 期，第 66—69 页。

治或托管或大国殖民统治之下。鉴于此，联合国成立专门的托管理事会，管理被定义为“托管”的 11 块特定领土。[①] 它们或者由之前的国际联盟委任统治（mandate），或者因二战从战败国中分离，或者由之前的殖民状态转为托管状态。

1956 年 5 月 9 日，在英国托管下的多哥兰（Togoland）[②]，联合国监督了自其创立以来的首场全民表决，英管多哥兰人民就其是否愿意加入独立的黄金海岸或继续暂时留在托管制度下进行表决。联合国秘书长任命了公投专员和工作人员，全程监督了公投，并就其投票结果及最后结论向托管理事会和大会报告。从 1956—1990 年，联合国共在托管或非自治领土上“监督”或“观察”了 30 场不同方式的自决行动（见表 1—1），以各种形式见证和参与了这些重要进程。这些领土主要集中在非洲和太平洋地区。

表 1—1　冷战期间联合国在托管和非自治领土上的监督或观察活动（1956—1990）[③]

年份	领土	参与形式
1956	英国管理下的多哥兰	监督全民公决
1958	法国管理下的多哥兰	监督选举

① 这些托管领土分别是：英国托管的多哥兰（Togoland）、喀麦隆（Cameroons）和坦噶尼喀（Tanganyika），法国托管的多哥兰（Togoland）和喀麦隆（Cameroons），意大利托管的索马里兰（Somaliland），比利时托管的卢安达—乌隆迪（Ruanda - Urundi），新西兰托管的西萨摩亚（Western Samoa），澳大利亚托管的瑙鲁（Nauru）和新几内亚（New Guinea），美国托管的太平洋岛屿（包括密克罗尼西亚联邦、马绍尔群岛、北马里亚纳群岛和帕劳）。参见 http：//www. un. org/zh/decolonization/selfdet. shtml。

② 多哥兰（Togoland）原属德国的保护国。一战之后，被英、法两国瓜分。1920 年，国际联盟把两个多哥兰列为委任统治地，由英、法分别管治。此后，英国将自己管理的那块与其殖民地黄金海岸（Gold Coast）合在一起。1956 年 12 月，英管多哥兰全民公决，决定加入先前独立的黄金海岸，组成新国家加纳（Ghana）。法管多哥兰则于 1960 年独立，取名多哥共和国。参见 http：//zh. wikipedia. org/wiki/%E5%A4%9A%E5%93%A5%E8%98%AD。

③ 截至目前，仍有 16 块领土处于非自治状态，因而冷战后联合国在一些地区仍存在监督或观察行动，而托管理事会则随着 1994 年最后一块托管领土帕劳的独立而终止了运作。参见 http：//www. un. org/zh/decolonization/nonselfgovterritories. shtml。

续表

年份	领土	参与形式
1959	英属喀麦隆（北部）	监督全民公决
1961	英管喀麦隆（南部和北部）	监督全民公决
1961	西萨摩亚	监督全民公决
1961—1962	卢安达—乌隆迪	监督选举
1963	马来西亚	就建立联邦调查领土居民意愿
1965	库克群岛	监督选举
1967	亚丁	监督选举
1968	赤道几内亚	监督公投/选举
1969	西依里安	自决行动
1970	巴林	选举调查
1972	巴布亚新几内亚	监督选举
1974	纽埃	观察公投
1974	吉尔伯特和埃利斯群岛	观察公投
1975	马里亚纳群岛（太平洋岛屿托管领土）	观察全民公决
1977	法属索马里兰	观察公投/选举
1978	太平洋岛屿托管领土	公投
1979	马绍尔群岛（太平洋岛屿托管领土）	公投
1979	帕劳（太平洋岛屿托管领土）	公投
1979	新赫布里底群岛	观察选举
1980	特克斯和凯科斯群岛	观察选举
1983	帕劳（太平洋岛屿托管领土）	观察全民公决
1983	密克罗尼西亚联邦（太平洋岛屿托管领土）	观察全民公决
1983	马绍尔群岛（太平洋岛屿托管领土）	观察全民公决
1984	科科斯（基灵）群岛	公决行动
1986	帕劳（太平洋岛屿托管领土）	观察全民公决（2 月和 12 月）
1987	帕劳（太平洋岛屿托管领土）	观察全民公决（6 月和 8 月）
1989	纳米比亚	监督和控制选举
1990	帕劳（太平洋岛屿托管领土）	观察全民公决

资料来源：联合国文件 A/46/609。

“观察”通常介入的程度不深。由会员国的代表组成小型特派团，托管理事会或特别委员会任命的主席担任团长，在公决、公投或选举当天，观察所在领土各处民众的投票情况，包括法律秩序的维护、组织投票和选票的计数等是否自由公正，是否存有违法现象。当然，观察团也会在投票之前视察该领土，了解领土内各派别及其与管理国之间的民主协商以及投票的时间安排和准备情况。整个过程持续时间不长，有的只有几天。最后观察团就各个阶段的观察结果及自己的结论和建议以报告形式向联合国相关机构汇报。派往太平洋岛屿托管领土及 1977 年法属索马里兰的特派团就属此类。有些“观察”带有“核查（verification）”任务。例如在纳米比亚，秘书长的特别代表不仅需要核实选举的结果，而且需要核查选举进程前后的所有步骤，以证明导致这一结果的程序和规则的有效性。

比“核查”涉入更深的是“监督”。在两个多哥兰、喀麦隆、卢安达—乌隆迪[①]、库克群岛、赤道几内亚等地，联合国不仅任命了监督专员或观察团，而且参与了领土内不同派别之间以及和管理国之间就权力分配、自治后政权架构、投票方式和时间安排等问题展开的部分政治协商过程。

不过，联合国的“监督”或“观察”并非这些领土走向自治和独立的先决条件。1960 年意大利托管下的索马里兰与英属索马里兰保护国合并成为索马里、法国托管下的喀麦隆宣布独立，1961 年英国托管的坦噶尼喀（Tanganyika）独立[②]，1968 年澳大利亚托管下的瑙鲁独立，这些领土上的表决进程都没有经过联合国的监督或观察。更多的非自治领土也不含有这样的程序，如印度和巴基斯坦 1947 年的分治，比利时属刚果 1960 年的独立等等。

整个冷战期间，独立出来的国家有 80 多个，而且联合国的 30 场“监

---

① 卢旺达在 1890 年被德国占领后，连同布隆迪（乌隆迪）合并组成卢安达—乌隆迪（Ruanda - Urundi）殖民地，成为德属东非的一部分；1916—1924 年间是比利时的附庸国；1924—1945 年间则为国际联盟的托管地；二战后又成为联合国的托管地至 1962 年卢旺达和布隆迪同时独立为止。参见 http：//zh. wikipedia. org/wiki/卢旺达。

② 1964 年，坦噶尼喀与此前一年独立的前桑给巴尔保护国合并为坦桑尼亚联合共和国（the United Republic of Tanzania）。参见 http：//zh. wikipedia. org/wiki/坦噶尼喀。

督”或“观察”行动不少出现在同一块领土上。因而可以说联合国的监督和观察只是一种特例而绝非惯例。根据《联合国宪章》第一条第二款及第七十六条（丑）款的规定，联合国只是暗含有引导这些领土走向基于平等权利的“自决”和“自治”的特殊职责。① 由于缺乏明确的法理支撑，联合国这项权力的拓展遭遇到一些有特殊利益的国家的抵制。比如，根据分治计划和1947年的印度独立法案，查谟和克什米尔可以自由选择归属印度或巴基斯坦。印巴双方一开始都同意通过所在领土全民公决的形式来决定归属权，联合国也专门成立了印巴委员会，但随着接管克什米尔进程的加快，印度1957年宣布不再接受公决。

20世纪50年代末，尤其在1960年以后，非殖民化进程加快，联合国大会成了推进这一进程的最重要舞台。这一年17个原处于殖民统治下的国家独立出来，加入了联合国，支持非殖民化的会员国也从头两届（1945—1946年）的38.6%猛增到1960—1961年的79.8%。② 也是在这一年，联合国大会通过著名的题为“给予殖民地国家和人民独立宣言”的第1514（XV）号决议，宣布“需要迅速和无条件地结束一切形式和表现的殖民主义”，“所有的人民都有自决权”，要求“在托管领地和非自治领地以及还没有取得独立的一切其他领地内立即采取步骤”。③与1514（XV）号决议同一天通过的1541（XV）号决议进一步指出“联合国认为必要时可监

---

① 《联合国宪章》第一条第二款的内容是：（联合国之宗旨为）“发展国际间以尊重人民平等权利及自决原则为根据之友好关系，并采取其他适当办法，以增强普遍和平。”第七十六条（丑）款的内容是：（托管制度之基本目的应为）“增进托管领土居民之政治、经济、社会及教育之进展；并以适合各领土及其人民之特殊情形及关系人民自由表示之愿望为原则，且按照各托管协定之条款，增进其趋向自治或独立之逐渐发展。”参见 http：//www. un. org/zh/documents/charter/。

② Rupert Emerson，“Colonialism，Political Development，and the UN”，*International Organization*，Vol. 19，No. 3，1965，pp. 484 –503.

③ 大会第十五届会议：《给予殖民地国家和人民独立宣言》，联合国文件 A/RES/1514（XV），1960年12月14日，执行部分第二段和第五段。

督”一非自治领土与一国合并的投票过程。[①]

由于托管的特殊职责，尤其是受汹涌的非殖民化进程的推动，联合国得以成功卷入并扩大对这一领域事务的参与。联合国对托管和非自治领土上的投票进程进行监督和观察时，其目的不止是确保所在领土民众意愿的自由表达、整个进程的公正和严肃，并以此赋予其合法性；更重要的是，联合国是以国际社会代言人的身份出现的，它的在场有利于建立所在领土民众走向自治的信心，有力抵制了一些殖民大国试图阻碍自治和独立、继续控制该领土的企图。因而这种监督和观察本身即是非殖民化努力的一个部分，是这一进程中的一种特殊产物。

由于这一原因，一些殖民大国非常不希望联合国的参与。1956 年，英国托管的多哥兰通过联合国监督下的公决，与先前独立的黄金海岸（Gold Coast）合并成为加纳（Ghana）时，法国还试图通过扩大自治权将自己托管的另一部分多哥兰留在联邦之内。在努力失败后，又通过自己控制下的多哥兰议会选举将亲法派别推上执政舞台。托管理事会则批评这种选举并非真正出于民众意愿，因而理事会建议基于直接、普遍的公民投票重新选举。这一建议被先前产生的多哥兰执政机构接受，它也同时向大会发出监督议会选举的邀请。大会随后任命了选举专员，由 11 名工作人员和 21 名秘书处工作人员组成的观察员队伍协助，监督了定于 1958 年 4 月 27 日举行的议会选举。最后倾向独立的民族主义政党获胜，完全改变了先前法国主导的选举。[②]

与法国一样，西班牙也试图将斐南多波和木尼河（Fernando Póo and

---

① 该决议附件原则九（b）内容是：“（合并之实现应有下列情形），合并应为领土人民于充分明了其地位之变更之情形下自由表示意愿之结果，其意愿之表达系经由公正主持之周知及民主程序，并基于成年人普选制度，联合国认为必要时可监督此种程序。”参见大会第十五届会议：《会员国为确定是否负有义务递送联合国宪章第七十三条款规定之情报所应遵循之原则》（附件），联合国文件 A/RES/1541（XV），1960 年 12 月 14 日，原则九（b）。

② See Yves Beigbeder, *International Monitoring of Plebiscites, Referenda and National Elections: Self-determination and Transition to Democracy*, Martinus Nijhoff Publishers, 1994, pp. 131 – 133.

Rio Muni）并入其版图。[①] 不过衰落的殖民强权遭遇到风头正盛的非殖民化潮流的强劲反弹，联合国大会1965年通过的第2067（XX）决议“重申赤道几内亚人民享有自决与独立不可转让权利”，要求西班牙“定尽早可能之独立日期”。[②] 1966年通过的第2230（XXI）决议，要求西班牙“撤出一切对于政治活动之限制，……举行全领土普选，将实际权利移交此项选举所产生之政府”，并要求“选举之筹备及举行期间均有联合国人员在场监督”。[③] 在民族独立运动和联合国的双重压力下，西班牙同意放权。1968年8月，秘书长设立了“赤道几内亚公投和选举监督特派团”，由尼日尔、智利、伊朗、叙利亚和坦桑尼亚五国代表组成委员会，20名秘书处工作人员提供协助，13名秘书处抽调的工作人员任观察员，监督了8月11日的宪法公投以及9月22—29日的选举，包括选举前的竞选情况。11月12日，大会接纳新独立的赤道几内亚为会员国。[④]

在这中间，法国和西班牙两个国家依据联合国宪章第二条第一和第七款，极力指责联合国违反了主权原则。[⑤] 不过，这一指责并未得到多少同情和支持。道理不难理解，由于这些领土最终的目标是迈向“充分自治程

---

① 15世纪末西班牙开始进入这两个地方，1900年其殖民特权得到承认，1936年两个地方被合并成一块殖民地，由西班牙总督统治。1959年，被划为西班牙的两个海外省。1964年1月，两省取得内部自治地位。1968年10月12日，西属几内亚宣告独立，改国名为赤道几内亚共和国。参见 http：//zh. wikipedia. org/wiki/% E8% B5% A4% E9% 81% 93% E5% 87% A0% E5% 86% 85% E4% BA% 9A。

② 大会第二十届会议：《赤道几内亚问题》，联合国文件 A/RES/2067（XX），1965年12月16日，执行部分第一、第二段。

③ 大会第二十一届会议：《赤道几内亚问题》，联合国文件 A/RES/2230（XXI），1966年12月20日，执行部分第四、第九段。

④ 大会第二十三届会议：《准许赤道几内亚共和国加入联合国为会员国》，联合国文件 A/RES/2384（XXIII），1968年11月12日。

⑤ 宪章第二条第一款内容是：“本组织系基于各会员国主权平等之原则”，第七款相关内容是：“本宪章不得认为授权联合国干涉在本质上属于任何国家国内管辖之事件，且并不要求会员国将该项事件依本宪章提请解决”。参见《联合国宪章》http：//www. un. org/zh/documents/charter/chapter1. shtml。

度”①，托管国或管理国对其只有部分管理职权而不拥有实际主权。因而尽管大会通过的决议内容大胆粗暴，有些径直越过托管或管理国乃至该领土民众的意愿，却并未遭遇太大挑战。

当然，尽管浸透着非殖民化的浓厚色彩，联合国也并未为其“监督”或“观察”行动奠定更为牢固的法理基础。30 场行动及组成的观察团或监督团都是由联合国相关决议以个案形式特别授权的，授权机关或者来自大会（如英管和法管多哥兰、英管喀麦隆等），或者来自托管理事会（比如派往太平洋岛屿上的一些观察团），个别来自安理会（比如 1970 年的巴林）。

不过，这种特殊时期通过多数会员国支持而自我授予的特定权力，也在此间几十年的实施过程中逐渐惯例化，并成为此后对主权国家选举进程进行监督和观察活动合法性的重要来源。

第二节　过渡与转型：联合国在纳米比亚、尼加拉瓜和海地的选举援助

由托管和非自治领土上的公决、公投和选举监督和观察，到冷战后对主权国家提供选举援助，涉入其选举进程，这中间有三个事件特别重要，一个是 1989 年对纳米比亚走向独立投票的监督，一个是 1990 年对尼加拉瓜的选举核查，一个是 1990—1991 年在海地实施的观察行动。在非自治领土纳米比亚的行动使联合国越来越深地涉入选举领域，扩大了其规模和影响力；尼加拉瓜的行动则通过将其与“和平与安全”议题联结，迂回突破了主权国家的樊篱，实现了选举监督或观察的根本转型；而联合国在海地的观察行动则进一步脱离了“安全”议题，成了单纯出于主权国家的请求

---

① 达到充分自治程度的表现有：“成为独立自主国、与一独立国自由结合或与一独立国合并”。参见大会第十五届会议：《会员国为确定是否负有义务递送联合国宪章第七十三条款规定之情报所应遵循之原则》（附件），联合国文件 A/RES/1541（XV），1960 年 12 月 14 日，第六条原则。

而对其提供援助的案例。

一、联合国在非自治领土纳米比亚的选举监督

纳米比亚在1989年11月的制宪选举前也属于非自治领土。它原是德国殖民地，1915年，被加入协约国的南非出兵占领，五年后国际联盟正式授予南非“委任统治”权，不过南非一直图谋将之吞并。1946年托管理事会成立后，联合国建议将此“委任统治地置于国际托管制度之下”。[①] 南非政府没有理睬，三年后径直通过议会修法将之正式纳入版图。联合国大会和安理会此后数次通过决议谴责，国际法院则裁定此举为非法吞并无效。1966年，大会通过了第2145（XXI）号决议，决议宣告“南非并未履行其管理该委任统治地之义务……，实际且已推翻委任统治书”，决定“前经授予英国王陛下并由南非联邦政府代其行使之委任统治因此结束，……从此西南非由联合国直接负责。”[②] 第二年，联合国设立了11国委员会（即西南非理事会），由其直接管理该地。1968年，理事会根据“西南非人民意愿”又将之更名为纳米比亚。1978年9月，安理会第435（1978）号决议决定，“在安全理事会权力下，……设立一个联合国过渡时期援助团”，“以协助秘书长的特别代表……确保通过在联合国的监察和监督下的自由选举，使纳米比亚早日独立”。[③]

不过，由于当时纳米比亚局势复杂化，这一解决方案被搁置。这一时期，除了南非与受联合国承认的西南非主要抵抗组织西南非洲人民组织（South West African People's Organization）[④] 之间的直接冲突之外，由苏联

---

① 大会第一届会议：《西南非洲之将来地位》，联合国文件A/RES/65（Ⅰ），1946年12月14日，执行部分。

② 大会第二十一届会议：《西南非问题》，联合国文件A/RES/2145（XXI），1966年12月28日，执行部分第三、四段。

③ 安理会：《一九七八年九月二十九第435（1978）号决议》，联合国文件S/RES/435，1978年9月29日，执行部分第3段。

④ 1960年成立，此后被联大承认为西南非的唯一合法代表，1966年宣布从事武装斗争，1989年在制宪会议选举中获胜，一直执政到现在。

支持的古巴也通过邻国安哥拉，插手到纳米比亚的冲突当中。南非坚持将纳米比亚问题与安哥拉事务联系在一起“一揽子解决”，美国等西方国家为遏制苏联势力扩张，也支持南非的主张。这一僵局直到1988年苏联的对外政策转型时才出现转机。8月5日，与纳米比亚问题相关联的冲突三方古巴、安哥拉和南非共同签署《日内瓦议定书》，决定结束敌对行为。此后，三国代表又就和平解决西南非洲冲突问题达成了《布拉柴维尔议定书》，协议建议以次年4月1日为执行安理会第435（1978）号决议的日期。① 根据该建议，安理会于1989年1月16日一致通过了第629号决议，当天即开始生效执行。②

由此可见，与此前联合国参与的其他托管和非自治领土相比，纳米比亚至少在两个方面存在不同。一是联合国一直将纳米比亚视为自己的特殊责任，不仅数十年间持续不断极力抵制南非的非法并吞企图，更从1966年开始赋予自己直接管理纳米比亚的权力，由其成立的理事会成了独立前纳米比亚的唯一合法行政机构，而其支持的西南非洲人民组织则成了唯一合法代表，这种深度介入是很少见到的。二是纳米比亚在走向自治和独立的进程中出现了大规模的武装冲突，这种冲突不仅出现在纳米比亚的领土上，而且由于大国和古巴、安哥拉的介入而呈现地区化扩散，成为危及地区和国际安全的重大议题。由此，联合国在该地的责任不仅仅是通过监督选举使其迈向独立，与此同时还要促使冲突各方遵守已达成的国际协议，从而维持和平、建设和平。监督选举与维和行动结合在一起，构成了联合国历史上第一次大规模的援助团行动。

具体来说，联合国在纳米比亚的行动有以下几个特点。

首先，联合国在其他托管和非自治地上的“监督”或“观察”一般规模很小，观察员人数很少超过30人。受授权和规模限制，观察团或监督团的活动能力也有限。纳米比亚的选举监督行动规模则十分庞大，监督得也

① 秘书长报告：《秘书长就安全理事会关于纳米比亚问题的第435（1978）号和第439（1978）号决议执行情况提出的进一步报告》，联合国文件S/20412，1989年1月23日。

② 安理会：《第629（1989）号决议》，联合国文件S/RES/629，1989年1月16日，执行部分第1段。

非常彻底。在选举前的选民登记环节，联合国征聘了283名国际人员，在所有23个选区，与南非管理当局任命的登记官员按照1∶1的比例现场工作。在投票日，联合国共动用了1783名选举人员，协助联合国特别代表监督和控制全部215个固定投票站的投票，他们中的一半来自27个会员国，另一半来自联合国系统和在当地执行任务的军事部门。再由这些国际选举人员指导管理当局任命的2500名辅选人员。①

其次，秘书长任命的纳米比亚特别代表及协助完成任务的过渡时期援助团在选举前后都发挥了重要作用，职权相当广泛。特别代表授权“对每个阶段的任一方面提出建议”，“只有在特别代表对选举程序的公平性和适当性表示满意后，官方选举活动才可展开”。② 援助团不仅直接动用新闻媒介进行舆论动员和宣传，与各派别广泛接触，还促成了一些歧视性、限制性法律的废除，以及有关选民登记、政党注册、制宪大会的建立等方面法律的修改或通过；并就政治犯的释放、四万多名难民的回归、政党的政治行为守则等政治性议题同南非当局任命的行政长官谈判。

其三，“确保通过在联合国的监察和监督下的自由选举”是特别代表和援助团的首要任务。为完成这一任务，并促使冲突各方遵守已达成的国际协议，过渡时期援助团附带有大规模的维和行动。联合国共部署了约4500名军事人员，负责“监测公民部队、突击队和民族部队的解散，监测在纳米比亚的南非国防军部队和在邻国的西南非民组部队，以及监测和保护北部边境地区的设施”。③ 另外，由于过渡时期的法治仍由原来的警察负责，为确保他们专业、客观而公正，联合国又专门部署了1500名民警监测人员。

1989年11月，纳米比亚过渡期间的这次制宪议会选举，联合国高峰

---

① 秘书长大会报告：《提高定期真正选举原则的效力》，联合国文件A/46/609，1991年11月19日，第7—8页。

② 秘书长大会报告：《提高定期真正选举原则的效力》，联合国文件A/46/609，1991年11月19日，第7页。

③ 安理会：《秘书长就安全理事会关于纳米比亚问题的第435（1978）号和第439（1978）号决议执行情况提出的进一步报告》，联合国文件S/20412，1989年1月23日，第20页第54段(a)。

时动用的平民、警察和军事人员总数差不多达到了8000人，其任务范围也超越了简单的选举监督的范畴，成了更广泛的国家建设与维和行动的一部分。这次的行动为联合国赢得了广泛声誉，也开启了大规模特派行动的序幕，为此后冲突后国家选举监督的实施树立了典范。

二、地区安全与独立国家尼加拉瓜的选举核查

与纳米比亚一样，在尼加拉瓜的选举观察核查行动也开创了历史上的多项第一：联合国第一次参与西半球的选举事务；联合国第一次与地区国家组织——美洲国家组织（Organization of American States，OAS）一道联合采取行动，共同观察大选；最重要的还是联合国第一次公开地、正式地观察一个主权国家的大选。[①] 其意义正如研究拉美选举观察的著名学者圣妲—克鲁兹所指出的，这是“历史上的分水岭”。[②]

由托管和非自治领土转向主权国家，影响其内部的选举事务，联合国的这一重要转折并非想象中的那样困难。在秘书长1989年7月5日做出接受尼加拉瓜的观察请求并决定组建“联合国核查尼加拉瓜选举观察团”（United Nations Observer Mission to Verify the Electoral Process in Nicaragua，ONUVEN）时，并未得到大会或安理会的明确授权。当时大会还处于休会期，秘书长将请求及自己的建议通告了大会主席。[③] 安理会在27日通过的

---

① 1977年10月联合国曾派员观察过巴拿马人民就巴拿马和美国政府之间达成的巴拿马运河条约举行的全民公决，不过由于该公决的对象是一项国际条约，不属于国内选举，所以不列入本书考察范围。See Yves Beigbeder, *International Monitoring of Plebiscites, Referenda and National Elections: Self-determination and Transition to Democracy*, Martinus Nijhoff Publishers, 1994. pp. 149-151.

② Arturo Santa-Cruz, “Redefining Sovereignty, Consolidating a Network: Monitoring the 1990 Nicaraguan Elections”, *Revista de Ciencia Política*, Vol. XXIV, No. 1, 2004, pp. 189-208. 转引自贺双荣：《国际选举观察：美洲国家组织在拉美的实践》，载于《拉丁美洲研究》2006年第6期，第35页。

③ See Forty-fourth session of General Assembly, “Letter from the Secretary-General Addressed to the President of the General Assembly”, *U. N. Doc. A/44/210* (5 April 1989), *A/44/304* (6 June 1989).

第637号决议中，以“赞赏地注意到”的形式默认了秘书长的决定。① 而大会则在ONUVEN已经赴尼开展选援活动两个月之后的10月23日，才在其全体会议上通过44/10号决议明确授权，宣布“支持秘书长与尼加拉瓜政府商定设立联合国观察特派团，以核查……尼加拉瓜的选举程序”。②

在尼加拉瓜之前，也有会员国提出过选举援助的请求，不过联合国以“未涉及这一领域”为理由婉拒。除了1989年特殊的国际环境因素之外，秘书长哈维尔·德奎利亚尔本人在促成这一史无前例的行动中发挥了相当重要的作用。秘书长此后在其报告中提到了两点重要解释。③ 首先，尼加拉瓜所提出的核查选举的请求并非基于其本身的需求，而是作为地区和平协议的一部分。为实现地区的持久稳定和平与促进国内民族和解，哥斯达黎加、萨尔瓦多、危地马拉、洪都拉斯和尼加拉瓜五国总统曾于1987年8月签署了一份题为“在中美洲实现稳定持久和平的程序”的协定（埃斯普拉斯协定Ⅱ）。文件承诺“应举行自由、多元和公正的选举”等几项措施，并“邀请美洲国家组织和联合国以及第三国政府派遣观察员，以证明选举过程完全公正”。④ 根据该协定，尼加拉瓜要求秘书长组建观察团，“以核查尼加拉瓜政府对宣布的措施的执行情况以及选举的各个阶段是否完全公正”。⑤ 也就是说，尽管联合国之前没有在会员国内部观察过选举，但ONUVEN行动意在通过选举的观察与核查来推动并促成地区和平协议的落实，后者才是行动的首要目标，这完全符合宪章有关“维持国际和平及安

---

① 安理会第637号决议的相关内容是，“赞赏地注意到到目前为止秘书长为支持中美洲和平过程而做出的努力，包括协助设立适当机制核查《危地马拉协定》和中美洲各国总统1989年2月14日在萨尔瓦多举行会议时通过的《联合声明》的各项规定的遵守情况，特别是秘书长同尼加拉瓜达成协议，在该国部署联合国观察特派团核查选举程序”。联合国安全理事会：《中美洲：谋求和平的努力》，联合国文件S/RES/637，1989年7月27日，序言“赞赏地注意到”一段。

② 大会第四十四届会议：《联合国同美洲国家组织的合作中美洲局势：对国际和平与安全的威胁及和平倡议》，联合国文件A/RES/44/10，1989年10月23日，执行部分第7段。

③ See A/44/210 (5 April 1989), A/44/304 (6 June 1989), The First Report of ONUVEN (A/44/642and Corr. 1) and A/46/609 (1991).

④ 大会、安理会：《哥斯达黎加、萨尔瓦多、危地马拉和尼加拉瓜常驻联合国代表给秘书长的信》，联合国文件A/42/521 - S/19085，1987年8月31日，第6页。

⑤ See Forty - fourth session of General Assembly, Letter from the Secretary - General Addressed to the President of the General Assembly, U. N. Doc. A/44/210, 5 April 1989, p. 2.

全”的宗旨，因而属于联合国的份内职责，对这一请求不能置之不理。

其次，大会在中美洲五国达成协议的两个月后，通过了第42/1号决议，表示“最为坚定地支持该协议”，“欣见秘书长接受中美洲各国邀请，参加国际核查和贯彻委员会”，并“请秘书长竭力支持中美洲各国政府争取和平的努力，特别是提供所需要的援助”。[①] 大会次年通过的43/24号决议表达了同样支持的意愿。[②] 两项决议可以被认为是为秘书长做出观察选举决定提供了充分的法理基础。

因而，尽管可以将ONUVEN行动视为联合国选举监督历史上的一个“分水岭”，乃至此后在会员国内部开展的更广泛选举援助活动的开端，秘书长的决定在当时却并未被看作一种需要反复争辩的创新。这从后来的大会辩论中可以明显看出。1989年10月23日大会就44/10号决议草案进行辩论时，发言代表对联合国促使中美洲和平协议的落实举动纷纷持欢迎态度，对联合国在主权国家的这一新举动，各国也并未提出反对意见。利比亚代表蒙塔瑟（Muntasser）先生只谨慎地表示，“地区北部或者外部不应以任何形式干涉这些国家的内部事务，尊重国际法和国际规范是必要的”。[③] 古巴代表普丽达（FIorez Prida）女士的反应稍微强烈，她宣称，“此一地区的和平、发展和民主，必然包含着严格遵守自决原则和不侵犯、不干涉国家内部事务的原则”。[④] 不过，古巴代表的主要目标是指责美国向尼加拉瓜反对派别提供财政支持，并未明确表示ONUVEN的核查举动侵犯了主权原则。[⑤]

与纳米比亚过渡时期援助团不同，ONUVEN并不附带维和任务，而且

---

① 大会第四十二届会议：《中美洲局势：对国际和平与安全的威胁及和平倡议》，联合国文件A/RES/42/1，1987年10月7日，执行部分第2、4、5段。

② 参见大会第四十三届会议：《中美洲局势：对国际和平与安全的威胁及和平倡议》，联合国文件A/RES/43/24，1988年11月15日。

③ Forty－fourth session of GENERAL ASSEMBLY，“Provisional Verbatim Record of the Thirty－Fifth Meeting”，*U. N. Doc. A/44/PV. 35*，23 October 1989，p. 37.

④ Forty－fourth session of GENERAL ASSEMBLY，“Provisional Verbatim Record of the Thirty－Fifth Meeting”，*U. N. Doc. A/44/PV. 35*，23 October 1989，p. 41.

⑤ Forty－fourth session of GENERAL ASSEMBLY，“Provisional Verbatim Record *of the* Thirty－Fifth Meeting”，*U. N. Doc. A/44/PV. 35*，23 October 1989，p. 42.

其观察团规模也要小得多，高峰时只有 237 名观察员。依据秘书长和尼加拉瓜政府商谈的结果，ONUVEN 的授权范围包括核查各政党在最高选举理事会及附属机构中的代表分配、各政党的自由动员、媒介利用以及选举花名册的制定情况，并将选举过程中的违规状况报告最高选举理事会。①

ONUVEN 在各地的行动不受限制。在竞选阶段，观察团几乎参加了所有重要政治集会，并密切监测和分析舆论动向。1990 年 2 月 25 日的投票日，151 万人参加了投票，投票率高达 86%。② ONUVEN 借助直升机在内的各种交通工具，在当天核查了 2115 个投票站，接近全部投票站的一半。ONUVEN 在其提交给秘书长的最后一份观察报告中认为，选举在值得高度赞赏的方式下展开的，没有察觉到可能质疑他们公正性的问题，“选举过程完全无私公正”。③

三、选举援助的“去安全化”：联合国在海地的选举观察

1804 年，海地即从法国殖民者手中挣脱，成为拉美第一个独立国家，但在此后的两百年里，海地的政治制度却反复轮回于帝制、共和国、军事政变、独裁之间，动荡不居。从独立到 1915 年，近 90 位统治者相继上台。1843—1915 年间的 22 位总统，有 14 位被推翻、3 人遭谋杀，另有 1 人辞职、3 人死于任上，只有 1 位正常任满。此后美国军事占领了 19 年。1957 年弗朗索瓦·杜瓦利埃（François Duvalier）当选总统，结束了 20 多年的混乱之后，一直到 1986 年，海地都处于杜瓦利埃父子的家族统治之下。在杜瓦利埃之后，海地政局 4 年间又经过数次轮换，直至 1990 年 3 月，政变

① Forty－fourth session of General Assembly, “Letter Dated 89/07/06 from the Secretary－General Addressed to the President of the Security Council”, *U. N. Doc. A/44/375 ANNEX I*, 7 July 1989, pp. 3－4.

② Forty－fourth session of General Assembly, “Fifth Report to the Secretary－General by the United Nations Observer Mission to Verify the Electoral Process in Nicaragua”, *U. N. Doc. A/44/927 ANNEX*, 30 March 1990, p. 8.

③ Forty－fourth session of General Assembly, “Fifth report to the Secretary－General by the United Nations Observer Mission to verify the electoral process in Nicaragua”, *U. N. Doc. A/44/927 ANNEX*, 30 March 1990, p. 12.

上台的普罗佩·阿夫里尔（Prosper Avril）将军在内外压力下被迫辞职。最高法院法官埃萨·帕斯卡尔—特鲁罗（Ertha Pascal - Trouillot）夫人组织临时政府，准备大选。

6月23日，特鲁罗夫人致信秘书长，要求联合国提供选举援助。援助内容涉及两部分：观察核查选举以及提供公共安全方面的援助。特鲁罗夫人特意指出，选举援助的请求是"所有负责组织自由、公正和可信选举的部门"联合发出的，这些部门包括负责民主转型的特设机构国务委员会、负责选举进程的临时选举委员会以及负责安全的海地武装部队。①

特鲁罗夫人的信件在联合国内部引起激烈争论。一方面，她的信件不仅要求联合国提供选举援助，而且涉及安全议题。前者属于大会审议范围，后者则属于安理会职权，在23日的这封信中，特鲁罗夫人也是要求"安理会给予特别授权"。② 哪个机构更适宜对海地的请求做出回应，这首先就成为问题。另一方面，海地的选举与尼加拉瓜一样涉及国际和平与安全吗？如果不是，联合国是否适宜向独立主权国家提供选举援助，选举援助是否侵犯了宪章第二条第七款的主权原则？这些更是争论焦点。

关于第一方面的问题，特鲁罗夫人在随后的两封信件中澄清了其有关安全事务方面的具体请求：派遣安全事务专家，限于帮助海地负责选举安全的协调委员会（Coordinating Committee）拟定计划，并由其及一定数量的安全观察员观察（observation）"安全计划的执行情况"。安全事务专家及观察员并不执行任何维和任务。③ 由于并不涉及派遣维和部队，安理会在10月5日通知秘书长，对此项援助应由大会通盘审议。④

关于第二方面的问题，在有关"海地选举援助"的议题列入大会之

① Forty - fourth session of General Assembly, "Letter dated 23 June 1990 from the Interim President ofHaiti to the Secretary - General", *U. N. Doc. A/44/965/ANNEX*, 17 July 1990, p. 2.

② Forty - fourth session of General Assembly, "Letter dated 23 June 1990 from the Interim President of Haiti to the Secretary - General", *U. N. Doc. A/44/965/ANNEX*, 17 July 1990, p. 2.

③ Forty - fourth session of General Assembly, "Letter dated 14 September 1990 from the President of the Provisional Government of Haiti addressed to the Secretary - General", *U. N. Doc. A/44/979/ANNEX*, pp. 2 - 3.

④ UN. Security Council, "President Letter dated 90/10/05 from the President of the Security Council addressed to the Secretary - General", *U. N. Doc. S/21847*, 5 Oct. 1990.

前，已经在小范围内进行了长时间的内部商讨。大会正式审议决议草案时，又出现了两天的零星辩论。一些国家如美国认为，海地长期的不稳定使得大批难民涌入邻国，因而是对区域安全与稳定的一种威胁。① 而草案提案国之一——玻利维亚的代表在发言中则称，对海地选举的援助应该被视为对海地当局国内努力的支持以及对海地临时政府总统请求的回应，这样的援助与国际和平与安全问题没有也不应有任何联系。② 双方争辩的核心意义在于：如果将海地选举与和平及安全议题联结在一起，联合国的选举援助自然顺理成章，但这也将使一国内部的选举成为外部合法干预的目标，这是海地政府以及多数代表并不乐意见到的。对于选举援助与国家主权原则之间的矛盾，墨西哥代表的发言则颇能符合多数国家的声音，他强调，“派遣这样的特派团对各国的国内管辖权并不构成先例……选举进程属于各国国内立法神圣不可侵犯的范畴。就此案而言，派遣联合国特派团仅仅是因为海地政府提出要求。”③ 海地政府的请求构成了选举援助成立及不违背主权原则的根基。在这里，联合国参与一会员国内部的选举事务仍被当作个案处理，并未赋予其普遍适用的特质。

海地政府的特殊状况普遍引起会员国的关注和同情，在秘书长和随后组成的观察团的报告中，都提到这样一点：“鉴于海地遭受了30年的独裁统治和多年政治动荡所造成的严重经济和社会后果”。④ 除此之外，地区组织和周边邻国的普遍支持也是联合国考虑向其提供选举援助的重要原因。OAS（美洲国家组织）同样派员观察了海地的选举，拉美和加勒比国家集团则在特鲁罗夫人的信件呈交之后，数次起草决议草案并要求大会列入议

---

① 大会第四十五届会议：《第二十九次会议临时逐字记录》，联合国文件A/45/PV.29，1990年10月10日，第33页。

② 大会第四十五届会议：《第二十六次会议临时逐字记录》，联合国文件A/45/PV.26，1990年10月9日，第29页

③ 大会第四十五届会议：《第二十九次会议临时逐字记录》，联合国文件A/45/PV.29，1990年10月10日，第31页。

④ 大会第四十五届会议：《联合国核查海地选举观察团的第一份报告》，联合国文件A/45/870附件，1990年12月14日，第2页。

程审议，对行动获得授权起到关键性的推动作用。[1]

海地政府的请求是在时隔近 4 个月之后才得到肯定答复的。10 月 10 日，大会终于通过第 45/2 号决议，而在 5 天前，海地已经开始选民登记工作。根据大会决议，秘书长随后组建了“联合国海地选举核查观察团”(United Nations Observer Group for the Verification of Elections in Haiti，ONUVEH)。观察团由秘书长海地事务特别代表率领，下设三个分部：选举观察、安全观察和行政事务。选举分部包括 40 名国际核心工作人员，选举日另外增加 130 名观察员。安全分部由一名准将率领，由 64 名安全观察员组成，其中多数来自在各国执行任务的维和部队。两个分部都分组部署在全国九个省份。[2]

ONUVEH 的主要任务是观察选举，安全事务方面的协助是辅助性的。选举观察员需要留意选举的不同阶段，尤其是观察并评价下列情况：组织政党以及动员选民的自由程度、各候选人利用新闻媒介的能力、选民是否自由登记和投票、计票过程有无作弊等。[3]

选举分为两个主要阶段。12 月 16 日的总统选举，部分议会议席选举。次年 1 月 20 日对参议院的 22 个席位和众议院的 42 个席位进行第二轮投票。同一天，33 个市和近 140 个乡村举行了地方选举。ONUVEH 观察了这两轮选举，并就观察结果报告秘书长和大会。ONUVEH 核心成员于 1990 年 10 月中旬陆续抵达，次年海地第二轮选举之后撤离。

在尼加拉瓜这一案例中，秘书长通过将其与“和平与安全”议题联结从而避开了联合国在主权国家参与选举事务的敏感性。海地则完全不同，1990—1991 年间的选举并不属于国际或地区和平进程的一部分。正如上文所提及的，在大会辩论时多数国家也反对将之与“和平与安全”挂钩，大会授权 ONUVEH 的行动是基于会员国海地的请求并在单纯审议其内部状况

---

① See A/44/965/Add. 1 (17 July 1990), A/44/973 (21 August 1990) and A/45/234 (25 September 1990).

② 大会第四十五届会议：《联合国核查海地选举观察团的第一份报告》，联合国文件 A/45/870 附件，1990 年 12 月 14 日，第 23 页。

③ 大会第四十五届会议：《联合国核查海地选举观察团的第一份报告》，联合国文件 A/45/870 附件，1990 年 12 月 14 日，第 6 页。

的基础上做出的，这符合联合国此后提供选举援助的典型特征。此举的重要意义在于，它无疑默认了联合国在传统职权范围之外独立参与会员国选举事务的必要性与合法性，选举援助由此成为联合国权势所及的新兴领域。

ONUVEH 的行动颇受赞誉，在其观察下的选举当时也被国际社会和海地各派别广为接受。可惜的是，在 ONUVEH 完成任务并撤出 8 个月后，合法当选的让—贝特朗·阿里斯蒂德（Jean – Bertrand Aristide）总统还是被军事政变所推翻，流亡海外。由此也引发了联合国历史上一次重要的干涉举动。

第三节　联合国选举援助机构的设立及相关争议

在托管和非自治领土上的选举监督和观察，尤其是在纳米比亚、尼加拉瓜和海地选举进程中的大规模参与活动，使联合国在选举事务领域积累了丰富的经验，也为其赢得了高度的赞誉。正是在这一过程中，联合国一步步突破了主权国家的敏感疆界，开始尝试着将其职权延伸到会员国的选举事务领域。

不过，无论是在托管和非自治领土，还是在纳米比亚、尼加拉瓜和海地，联合国的选举援助一方面局限于选举的监督、观察或核实，一方面在这些地方所开展的行动都是以特例的方式出现的。选举援助正式成为联合国的常规行动则是在 1991 年，这年 12 月，即在 ONUVEH 完成海地选举观察任务的 10 个月后，大会通过了第 46/137 号决议，正式授权秘书长设立专门机构，并决定向会员国提供选举事务领域的必要援助。这标志着联合国选举援助的正式出现和制度化。

本节从两个方面阐述联合国选举援助机构的制度化过程：首先梳理大会第 46/137 号决议出台的具体过程，并分析其背景；其次阐述会员国对联合国设立选举援助机构设想的不同反应，尤其是围绕选举援助是否会侵犯国家主权这一争议，大会会员国的不同立场及其后续变化。

一、选举援助机构的设立及其背景

第46/137号决议的题目是“提高定期真正选举原则的效力”（Enhancing the Effectiveness of the Principle of Periodic and Genuine Elections，以下简称“选举原则”），在这一主题下，大会从1988年开始出台了一系列的决议：1988—1995年间每年通过一份新决议，从第52届联大开始变为每两年一份（具体见下表）。在1991年的第46/137号决议之前，联大还先后通过43/157（1988）、44/146（1989）以及45/150（1990）三份决议。1988年的43/157号决议是该主题下的首份决议，这份决议的主要内容：一是强调了“定期真正的选举”的重大意义。确认“人民意志”是“政府权力的基础”，“定期真正的选举”能够“保护被统治者的权利和利益”，是“享受包括政治、经济、社会和文化在内的其他各种人权和基本自由的关键因素”。[①] 二是谴责（南非）种族隔离制度。三是促请人权委员会“审议如何适当地提高定期真正选举原则的效力”，并将“提高定期真正选举原则的效力”的项目列入下届大会议程。[②]

第一方面的内容并无新意，主要是重申1948年的《世界人权宣言》[③]

---

① U. N. GAOR, 43th Sess., “Enhancing the Effectiveness of the Principle of Periodic and Genuine Elections”, *U. N. Doc. A/RES/43/157 (1988)*, para. 1&2.

② U. N. GAOR, 43th Sess., “Enhancing the Effectiveness of the Principle of Periodic and Genuine Elections”, *U. N. Doc. A/RES/43/157 (1988)*, para. 5&6.

③《世界人权宣言》是联合国大会于1948年12月10日以第217A（Ⅲ）号决议的形式通过并颁布的。该宣言第二十一条规定：一、人人有权直接或以自由选择之代表参加其本国政府；二、人人有以平等机会参加其本国公务之权；三、人民意志应为政府权力之基础；人民意志应以定期且真实之选举表现之，其选举权必须普及而平等，并当以不记名投票或相等之自由投票程序为之。参见大会第三届会议：《国际人权法案》，联合国文件A/RES/217（Ⅲ），第30页。

以及 1966 年的《公民权利和政治权利国际公约》[①]。这两份文件也都是大会出台的，1988 年时已被多数国家所批准。第二方面的内容是在大会审议期间由古巴、加纳等国提出后增加上去的[②]，联大自成立以来一直对南非的种族隔离和殖民主义政策持强烈批评姿态，因而这部分也无新内容。值得注意的是决议的第三方面，即将“选举原则”列入大会议程并由其人权委员会审议“如何适当地提高”，这一部分尽管未对会员国提出任何要求，也不含任何约束性条款，但却隐性地将会员国的选举事务列入大会审议范围。

相比 43/157（1988）及 44/146（1989）号决议，1990 年的第 45/150 号决议在内容上有所超越。决议肯定了“联合国应会员国的请求，在完全尊重它们主权的情况下对它们的选举所提供的援助的价值”，同时请秘书长征求各会员国和各机构意见，“考虑联合国可采取什么样的方式，在会员国寻求促进和加强它们选举机构和程序时，能满足它们的要求 。”[③] 这份决议基本确认联合国应在会员国的选举进程中发挥积极作用，向其提供选举方面的援助。

德奎利亚尔秘书长随后就联合国如何更好地提供选举援助征求各会员国和联合国相关机构的意见。根据这些回馈意见，会员国总体上“赞成持续并实际扩大联合国对选举过程的参与”[④]，以此“促进国际和平与安全，

① 《公民权利和政治权利国际公约》是联合国大会 1966 年 12 月 16 日以第 2200A（XXI）号决议的形式通过并颁布的，1976 年正式生效。其第二十五条规定：凡属公民，……均应有权利及机会：直接或经由自由选择之代表参与政事；在真正、定期之选举中选举及被选，选举权必须普及而平等，选举应以无记名投票法行之，以保证选民意志之自由表达。参见大会第二十一届会议：《经济、社会、文化权利国际盟约，公民及政治权利国际盟约，与公民及政治权利国际盟约任择议定书》，联合国文件 A/RES/2200（XXI）附件，第 47 页。

② See U. N. GAOR, 43th Sess. , U. N. Doc. A/C. 3/43/L. 80 and A/C. 3/43/L. 85, 29 November 1988.

③ 大会第四十五届会议：《提高定期真正选举原则的效力》，联合国文件 A/RES/45/150，1990 年 12 月 18 日，执行部分第 8、9 和 10 段。

④ 秘书长大会报告：《提高定期真正选举原则的效力秘书长报告》，联合国文件 A/46/609，1991 年 11 月 19 日，第 24 页。

更好保护和尊重人权，更平衡和公正地分配财富、自由和社会正义”①。不过，部分国家对“无条件扩大联合国在选举核查方面的作用有保留意见”。大部分会员国认为联合国的选举援助“应当继续视作本组织的一项例外活动，只应在明确确定的情况下进行”（会员国的更详细反馈意见可见表1—2）。②秘书长在给大会的报告中，详细汇报了这些反馈意见，同时回顾了自创立以来联合国参与选举援助的历史、联合国各机构的参与情况，最后建议，“为了确保未来在处理这一类（选举援助）要求时的一致连贯性，我认为应指派一名高级官员……作为选举事务协调员（Coordinator）。”③

表1—2 部分会员国对联合国能否及如何提供选举援助的反馈意见（1991.5—1991.9）

国家	明确支持扩大联合国角色	总体赞同选举援助	提请尊重主权	只有在请求之后联合国才做出行动	关注不侵犯/不干涉国家主权	明确批评联合国扩大角色	其他
保加利亚、卢森堡、欧洲经济共同体12国	✓	✓					强调联合国的经验。欧共体声称为保护和改善包括投票权在内的人权，有道德义务干涉
马耳他、加拿大、挪威	✓	✓		✓			加拿大强调世界的变化以及对民主的日益增加的需求

① Report of the Secretary - General to the General Assembly, “Enhancing the Effectiveness of the Principle of Periodic and Genuine Elections”, *U. N. Doc. A/46/609/Add. 2*, 15 November 1991, p. 2.

② 秘书长大会报告：《提高定期真正选举原则的效力秘书长报告》，联合国文件A/46/609，1991年11月19日，第23—25页。

③ Report of the Secretary - General to the General Assembly, “Enhancing the Effectiveness of the Principle of Periodic and Genuine Elections”, *U. N. Doc. A/46/609/*, 15 November 1991, p. 25.

续表

国家	明确支持扩大联合国角色	总体赞同选举援助	提请尊重主权	只有在请求之后联合国才做出行动	关注不侵犯/不干涉国家主权	明确批评联合国扩大角色	其他
尼加拉瓜、澳大利亚、土耳其	✓	✓	✓	✓			
美国、赞比亚	✓	✓	✓	✓	✓		美国提供了广泛的法律依据和具体操作建议
牙买加	✓						强调只需要技术援助
乌拉圭	✓				✓		
波兰、瑞典、以色列、捷克斯洛伐克	✓			✓			
委内瑞拉、智利	✓		✓	✓	✓		
日本	✓			✓	✓		
博茨瓦纳		✓		✓			
印度、巴巴多斯、阿根廷、菲律宾				✓			
毛里求斯		✓					
苏联、加纳				✓	✓		
巴西			✓	✓			

续表

国家	明确支持扩大联合国角色	总体赞同选举援助	提请尊重主权	只有在请求之后联合国才做出行动	关注不侵犯/不干涉国家主权	明确批评联合国扩大角色	其他
文莱、厄瓜多尔、印尼			✓	✓	✓		文莱否定了援助的必要
秘鲁、乌干达				✓		✓	秘鲁更倾向于美洲国家组织；乌干达反对联合国此类活动机构化
哥伦比亚、墨西哥				✓	✓	✓	哥伦比亚提醒没有必要设立新的联合国机构；墨西哥提醒它超出了联合国宪章宗旨
中国			✓	✓	✓	✓	认为联合国没有必要涉入此类活动
古巴			✓		✓	✓	视联合国为霸权的工具

资料来源：A/46/609/Add. 1（4 November 1991）；A/46/609/Add. 2（15 November 1991）；A/45/pv. 69；Judith Kelley，Assessing the Complex Evolution of Norms：The Rise of International Election Monitoring，*International Organization* 62，Spring 2008，p. 243。

1991 年 12 月 17 日，在秘书长报告 1 个月后，第 46 届大会第 75 次全体会议通过了第 46/137 号决议。决议“请秘书长在接到会员国要求核查选举的正式请求时通知联合国的主管机关，并根据该机关指示提供适当援助”。[①] 决议授权秘书长在其办公室“指定一名高级官员”，“发挥枢纽（focal point）的作用”，以“协调和审查”会员国的选举援助请求并协调联合国相关机构提供援助。[②] 大会同时授权秘书长“从现有资源中拨出少数工作人员及其他资源”，协助该高级官员工作。[③] 根据这一决议，秘书长在次年4月任命了主管政治事务（Department of Political Affairs）的副秘书长詹姆斯·乔纳（James O. C. Jonah）先生为协调人，并在政治事务部下设立了选举援助股（Electoral Assistance Unit），由乔纳先生领导，具体负责联合国有关选举援助方面的事务。联合国选举援助机构正式设立。

从关注“选举原则”到正式机构的设立，只有3年多的时间。大会能够如此迅速地在众多会员国当中达成一致，除了前述联合国在选举援助方面的丰富历史经验外，国际规范的扩展、地区的一体化进程等因素起到了重要的作用。[④]不过，最重要的还是1988—1991年间特殊的国际背景。苏东地区大面积的政治动荡及其后出现的民主转型，不仅戏剧化终结了紧张对峙近半个世纪的两级格局，而且将对峙另一端的国家及其所代表的政治制度推向了历史的顶端，这“使胜利的一方可以放手设定新的议程去推动民主化，同时也增加了当权者举行民主选举的国内压力”。[⑤]

一方面，美欧等西方国家加紧推行民主化进程。在第45届联大辩论中，美国总统布什称，冷战的结束使得联合国面临前所未有的历史机遇，他建议联合国建立选举事务的特别协调员（UN Special Coordinator for Elec-

---

① 大会第四十六届会议：《提高定期真正选举原则的效力》，联合国文件A/RES/46/137，1991年12月17日，执行部分第13段。

② 大会第四十六届会议：《提高定期真正选举原则的效力》，联合国文件A/RES/46/137，1991年12月17日，执行部分第9段。

③ 大会第四十六届会议：《提高定期真正选举原则的效力》，联合国文件A/RES/46/137，1991年12月17日，执行部分第11段。

④ Vikram K. Chand, “Democratisation from the Outside in: NGO and International Efforts to Promote Open Elections”, *Third World Quarterly*, Vol. 18, No. 3 (1997), pp. 544 – 546.

⑤ Judith Kelley, “Assessing the Complex Evolution of Norms: The Rise of International Election Monitoring”, *International Organization* 62, Spring 2008, p. 244.

toral Assistance）和选举委员会（UN Electoral Commission）。[①] 第46/137号决议草案即是由美国联合一些欧洲国家提出的，美国代表还在回答秘书长征询中详细论述了联合国选举援助的法律依据、实施程序、形式内容和援助范围，并就具体的组织机构给予了建议。[②]秘书长之后在给大会的报告中也基本采用了美国的这一构想。与此同时，美欧等国不仅要求欧安组织成员国在国际观察下举行大选，还使用规范劝服、物质利诱以及影响对象国的民众和精英等多种策略在东欧、拉美和亚非地区推动民主化进程。[③]

另一方面，在这一期间，大批国家如原苏东地区的国家以及此前在两种制度模式之间徘徊的第三世界国家，或主动或被动地卷入第三波民主化的潮流当中。[④] 从表1—3可以看出，1989—1994年间，选举民主制的国家（Electoral Democracies）数量增长非常快。有些是新近独立出来的，有些则刚刚走上民主转型的道路。受此影响，在20世纪90年代选举的次数也出现了爆炸性增长，几乎是前10年的两倍（见表1—4），这在客观上刺激了选举援助机构和活动的出现，以满足急剧增加的选举援助方面的需求。由于多数国家缺乏民主选举的经验，或者民众对本国组织的大选缺乏信心和信任。在这种情况下，邀请联合国这样权威、政治上也更中立的国际组织参与其选举进程，并为其提供有关选举事务方面的必要援助，成为当时急迫的需求。

---

① George Bush, "The UN: World Parliament of Peace, Address before the United Nations General Assembly", New York, 1 October 1990, *U. S. Department of State Dispatch*, Vol. 1, No. 6, 8 October 1990.

② Report of the Secretary - General to the General Assembly, "Enhancing the Effectiveness of the Principle of Periodic and Genuine Elections", *U. N. Doc. A/46/609/Add. 1*, 15 November 1991, pp. 42 - 48.

③ See Judith Kelley, "Assessing the Complex Evolution of Norms: The Rise of International Election Monitoring", *International Organization*, Vol. 62, Spring 2008, pp. 244 - 246. Thomas Carothers, *Aiding Democracy Abroad: The Learning Curve*, Washington, DC: Carnegie Endowment for International Peace, 1999.

④ 塞缪尔·亨廷顿著，刘军宁译：《第三波——20世纪后期民主化浪潮》，上海三联书店1998年版，第21—30页。

表 1—3　国家总数与选举民主制国家数量变化表（1989—1994）

年份	国家总数（个）	选举民主制国家数（个）	百分比（%）
1994	191	113	59
1993	190	108	57
1992	186	99	53
1991	183	89	49
1990	165	76	46
1989	167	69	41

资料来源：Freedom House：Freedom in the World 2011，p. 26。

表 1—4　选举数量变化表

年份	议会选举次数	总统选举次数
1950—1959	111	33
1960—1969	121	37
1970—1979	127	35
1980—1989	162	48
1990—1999	281	114

资料来源：Matt Golder，"Democratic Electoral Systems around the World，1946 – 2000"，*Electoral Studies*，Vol. 24，2005，p. 106。

很多国家接受选举援助的另一重要原因在于，联合国等组织和机构的广泛参与增加了当事国获取国外援助、经济投资、合法性、威望、成员身份等各种国际收益。[①] 国际社会的广泛参与还鼓励了反对派别参与而不是抵制选举，这使那些希望赢得选举的政党或派别有更强动机去邀请外部行为体，从而为其当选提供更多合法性和可信度。这点此后还要论及，此处不赘述。

① Susan D. Hyde，*The Pseudo – democrat's Dilemma*：*Why Election Observation Became an International Norm*，Cornell University Press，2011，pp. 1 – 4.

二、选举援助与国家主权争议

不过，在大会审议第 46/137 号决议前后，不少国家还是持有不少保留和反对意见。反对联合国设立机构参与会员国的选举事务的国家主要出于三种考虑：一是在何为“真正”的选举上，并不存在任何共识；由于文化、宗教上的深刻差异，在世界范围内也不可能就单一选举标准达成一致。这样联合国在选举援助的过程中采取什么样的标准和程序首先成为问题。二是选举援助可能会成为外部势力尤其是全球或区域大国或组织干预一国内部事务的工具。三是联合国的选举援助也可能会被国内反对党或反对派别利用，通过引起国际社会的关注和压力，从而使内部的政治斗争复杂化、扩大化。

不少国家最大的忧虑还是国家主权是否会被侵犯这一问题。中国、古巴等一些会员国早在回答秘书长有关选举援助的征询意见中，就充分表达了这方面的忧虑（见表 1—2）。大会审议第 46/137 号决议草案时，一些国家进一步提出质疑。哥伦比亚代表博特罗女士在发言中认为：“各国和各国人民的主权、自决和独立是《联合国宪章》的基石。在这方面，选举进程是完全属于各国民主管辖范围内的问题，并且是其主权的表现。”哥政府并不反对联合国向会员国提供选举援助，但她强调，联合国参与某些选举进程“并非源自任何权力或惯例，而是例外情况的结果，即非殖民化问题的结果，维持和平进程的结果。”在冷战后时代，“只有在会员国政府提出明确要求时方可提供选举援助”。① 肯尼亚阿达拉先生则从选举和民主制度的多样性角度来维护主权原则，他警告：“没有一种单一的民主模式。……真正的民主是从一国人民的文化遗产、传统和公认的惯例中产生的。”②

---

① Forty - sixth session of GENERAL ASSEMBLY, “Provisional Verbatim Record of the Seventy - Fifth Meeting”, U. N. Doc. A/46/PV. 75, p. 10.

② Forty - sixth Session of GENERAL ASSEMBLY, “Provisional Verbatim Record of the Seventy - Fifth Meeting”, U. N. Doc. A/46/PV. 75, p. 11.

部分会员国对主权原则的坚持从大会通过的决议中体现得更明显。1988年第43/157决议通过之后，一些国家就对将“提高定期真正选举原则的效力”的项目列入大会议程感到不安。这种忧虑在次年通过的第二份“选举原则”决议即44/146（1989）号决议中有鲜明反映。该决议在重申上一份决议精神的同时，亦强调，“国际社会每一个成员都有义务尊重其他国家在自由选择和发展其选举制度方面所做的决定”，“不应对每一个国家自由选择和发展其政治、社会、经济和文化制度的主权权利提出质疑，无论这种制度是否符合其他国家的愿望。”①

不仅如此，在古巴、阿富汗、安哥拉、也门、伊拉克、利比亚、赞比亚等国的倡议下，大会还在同一天通过了题为“在选举进程中遵守国家主权和不干涉他国内政原则，以此作为促进和保护人权的要素”（Respect for the Principles of National Sovereignty and Non - interference in the Internal Affairs of States in their Electoral Processes，以下简称“遵守主权原则”）的第44/147号决议。决议进一步“重申……有关选举程序的方式和建立有关体制以及决定其实施的方法完全是各国人民的事情；……任何试图直接或间接干涉……的外部活动，都侵犯了《宪章》……所规定原则的文字和精神”。②

与“选举”的决议内容对照来看，这份决议在原则精神上很显然与其有相互冲突和矛盾的地方。前者意在使更多国家遵奉“定期真正选举原则”，而后者试图通过重申国家主权，并将“任何试图直接或间接干涉”都视为侵犯行为，从而大大弱化了前者所蕴含的干预色彩。两份决议在大会同一天一前一后通过，它们分别满足了不同国家的政治诉求，从中也微妙映衬了大会尴尬的地位以及注重平衡的政治生态。自此之后，大会每年都会审议这样一对平行的议题并各自通过一份新决议（1995年之后变为每两年一份），此种状况一直持续到2005年（见表1—5）。

---

① U. N. GAOR, 44th Sess., “Enhancing the Effectiveness of the Principle of Periodic and Genuine Elections”, U. N. Doc. A/RES/44/146 (1989), para. 4&5.

② 大会第四十四届会议：《在选举进程中遵守国家主权和不干涉他国内政原则，以此作为促进和保护人权的要素》，联合国文件A/RES/44/147，1989年12月15日，第2段和第3段。

表 1—5　“选举原则”和“遵守主权原则”决议的通过情况（1989—2011）

年份	“选举原则”决议	“遵守主权原则”决议
1988	A/RES/43/157	
1989	A/RES/44/146	A/RES/44/147
1990	A/RES/45/150	A/RES/45/151
1991	A/RES/46/137	A/RES/46/130
1992	A/RES/47/138	A/RES/47/130
1993	A/RES/48/131	A/RES/48/124
1994	A/RES/49/190	A/RES/49/180
1995	A/RES/50/185	A/RES/50/172
1997	A/RES/52/129	A/RES/52/119
1999	A/RES/54/173	A/RES/54/168
2001	A/RES/56/159	A/RES/56/154
2003	A/RES/58/180	A/RES/58/189
2005	A/RES/60/162	A/RES/60/164
2007	A/RES/62/150	
2009	A/RES/64/155	
2011	A/RES/66/163	

资料来源：根据联合国大会文件整理。

两个系列决议的内容总体上代表了在联大盛行的两种不同规范之间的竞争和冲突：一种极力维护主权原则，将国家主权视为保障自主和独立、免遭外来干涉的屏障；另一种则要求超越主权原则，更普遍地保障人权和公民权。不过，“选举原则”和“遵守主权原则”两个系列决议之间的竞争并不平衡，它们在地位上有明显的主从之分。由于联合国本身建基于主权原则之上，因而大会无需通过专门决议重申这一原则，“遵守主权原则”的出现只是出于平衡“选举原则”的需要，特别是约束部分国家可能借助选举援助对一国事务施加干预的冲动，从而为联合国的参与空间划定更明确的界限。由于这样一种特殊性的作用，和“选举原则”相比，“遵守主权原则”系列决议缺乏实质内容，在影响方面远远不能和前者并提。

这可以从大会对“遵守主权原则”系列决议的历次表决当中发现（见表1—6）。1989年的首份决议有113国赞成、23国反对（包括美国、加拿大、日本和12个欧共体成员国）。此后赞成的票数越来越少，反对的票数却越来越多，到1999年表决的时候竟有59国反对，占当时参与表决国家总数的37%。由于越来越多的国家不支持这一决议，古巴等提案国随即弱化了立场，在2003年第58届大会和第2005年的第60届大会上，“遵守主权原则”决议的名称从“在选举进程中遵守国家主权和不干涉他国内政原则，以此作为促进和保护人权的要素”变为“在选举进程中尊重国家主权和民主制度多样性的原则是促进和保护人权的一个要素”（Respect for the Principles of National Sovereignty and Diversity of Democratic Systems in Electoral Processes as an Important Element for the Promotion and Protection of Human Rights）。“不干涉他国内政”的字眼被剔除，转而强调“民主制度的多样性”。即便如此，在大会表决中，两份决议的表决结果也不甚满意，2003年的58/189号决议有111票赞成、10票反对、55国弃权；2005年的60/164号决议的弃权票则增加到61票。[①] 2005年后，不再专门就“遵守主权原则”议题进行表决和通过决议。

表1—6　“遵守主权原则”决议在大会历次表决当中的票数变化（1989—2001）

决议	赞成	反对	弃权	没有参加表决	会员国总计
A/RES/44/147	113	23	11	12	159
A/RES/45/151	111	29	11	8	159
A/RES/46/130	102	40	13	11	166
A/RES/47/130	99	45	16	19	179
A/RES/48/124	101	51	17	15	184
A/RES/49/180	97	57	14	17	185
A/RES/50/172	91	57	21	16	185

① See A/58/508/Add. 2 and A/60/509/Add. 2（Part Ⅱ）, pp. 32 – 34.

续表

决议	赞成	反对	弃权	没有参加表决	会员国总计
A/RES/52/119	96	58	12	19	185
A/RES/54/168	91	59	10	28	188
A/RES/56/154	99	10	59	21	189

资料来源：根据 United Nations Dag Hammarskjold Library 的数据库资料整理。

与之相比，“选举原则”系列决议在大会表决中要受欢迎得多。从1989—2011 年，不仅明确支持的国家数量越来越多（2007 年的 62/150 号决议多达 182 国），投反对票和弃权票的国家数量也在逐渐减少。1990 年首次表决时有 8 个国家反对①，次年的 46/137 号决议减为 4 个②，此后除1994 年表决 49/190 号决议时伊朗投了反对票外③，此系列其他决议没有遭遇一票反对（见表 1—7）。

表 1—7 “选举原则”决议在历次大会表决中的票数变化（1988—2011）

决议	赞成	反对	弃权	没有参加表决	会员国总计
A/RES/43/157	未经表决				
A/RES/44/146	未经表决				
A/RES/45/150	129	8	9	13	159
A/RES/46/137	134	4	13	15	166
A/RES/47/138	141	0	20	18	179
A/RES/48/131	153	0	13	18	184
A/RES/49/190	155	1	12	17	185
A/RES/50/185	156	0	15	14	185
A/RES/52/129	157	0	15	13	185

① 8 个投反对票的国家是：安哥拉、中国、哥伦比亚、古巴、伊朗、缅甸、苏丹和越南。见联合国大会文件 A/45/766（1990）。

② 4 个投反对票的国家是：古巴、朝鲜、肯尼亚、纳米比亚，见联合国大会文件 A/46/721/ADD. 1（1991）。

③ 见联合国大会文件 A/49/610/ADD. 2（1991）。

续表

决议	赞成	反对	弃权	没有参加表决	会员国总计
A/RES/54/173	153	0	11	24	188
A/RES/56/159	162	0	8	19	189
A/RES/58/180	169	0	8	14	191
A/RES/60/162	173	0	1	17	191
A/RES/62/150	182	0	2	8	192
A/RES/64/155	未经表决				
A/RES/66/163	未经表决				

资料来源：United Nations Dag Hammarskjold Library 的数据库资料整理。1988—1993 年，通过决议的题目是“提高定期真正选举原则的有效性”（Enhancing the Effectiveness of the Principle of Periodic and Genuine Elections）；1994 年之后，决议题目变为“加强联合国在提高定期真正选举原则的有效性和促进民主化中的作用”（Strengthening the Role of the United Nations in Enhancing the Effectiveness of the Principle of Periodic and Genuine Elections and the Promotion of Democratization）。

为何两个系列的决议在大会的表决当中会出现如此大的悬殊？尤其是“选举原则”为何会被越来越多的国家接受，而“遵守主权原则”则走向末路？原因大致可归结为以下几点。

其一，两个系列决议提案国的规范倡导以及扩散能力上的巨大差距。“选举原则”的提案国主要是欧美国家，从 1990 年开始，美国成为主要的提案国。而“遵守主权原则”的提案国主要是古巴、安哥拉、朝鲜、越南、津巴布韦、委内瑞拉等国。这些国家不仅无力倡导与“选举原则”相抗衡的新规范并将其列入大会议程，更缺乏有效影响、说服其他国家的能力。与此同时，这一阵营的成员也非常不稳定，有些国家如苏丹，在 2003 年投票反对“遵守主权原则”决议，2005 年又转而成为这一决议的提案国。

其二，在冷战后民主化潮流的推动下，联合国的观念也在悄然发生变化。[①] 秘书长布特罗斯·布特罗斯—加利（Boutros Boutros – Ghali）上任不

① Edward Newman and Roland Rich, *The UN Role in Promoting Democracy: Between Ideals and Reality*, United Nations University Press, 2004.

久，即将“民主转型”视为联合国的三大关键目标之一。1993 年春，他在阐述民主、和平与发展三者间的关系时直言，“民主支持和平事业，和平反过来是发展的必要条件，因而发展要长期持续，民主就必不可少。”① “选举原则”系列决议题目从 1994 年开始由之前的“提高定期真正选举原则的有效性”，变为“加强联合国在提高定期真正选举原则的有效性和促进民主化中的作用”，凸显了联合国在“促进民主化”过程中的作用。也就是从这一年开始，大会每年出台一份题为“联合国系统支持各国政府努力促进和巩固新的民主政体或恢复民主的政体”的系列决议，明确将促进民主视为联合国的一项重要工作。②

其三，最重要的是联合国选举援助的前提在于受援国的主动请求，这样就规避了敏感的主权议题。即便“选举原则”的提案国美国，也在 1991 年 7 月回答德奎利亚尔秘书长的征询意见中建议，联合国的选举援助“必须在受援国的邀请下”提供。③ 大会第 46/137 号决议及此后的几份决议都坚持这样的原则，受援国的事先主动申请成了联合国考虑是否实施行动的首要条件。不论是选举援助，还是推动民主化进程方面的其他举措，主权始终是建基于独立国家之上的联合国难以逾越的巨大屏障。这样，联合国的选举援助一方面满足了部分国家的内部需求，另一方面又始终以个案的形式存在，很难对其他国家是否选举或采取什么样的方式选举产生实质影响。

理想层面的联合国选举援助实际上强化了国家维护主权的能力。因为选举援助重心倾向于国家层面的制度和能力建设，援助的重要提供者及资

---

① Boutros Boutros – Ghali, An Agenda for Peace: One Year Later, ORBIs, Summer 1993, para. 323.

② 在这一主题下通过的系列决议包括：1994 年 12 月 7 日第 49/30 号、1995 年 12 月 20 日第 50/133 号、1996 年 12 月 6 日第 51/31 号、1997 年 11 月 21 日第 52/18 号、1998 年 11 月 23 日第 53/31 号、1999 年 11 月 29 日第 54/36 号、2000 年 11 月 27 日第 55/43 号、2001 年 12 月 14 日第 56/96 号、2002 年 3 月 27 日第 56/269 号、2003 年 11 月 17 日第 58/13 号、2004 年 2 月 9 日第 58/281 号、2006 年 5 月 2 日第 60/253 号、2006 年 12 月 22 日第 61/226 号和 2007 年 11 月 8 日第 62/7 号及 2009 年 12 月 22 日第 64/12 号决议。

③ Report of the Secretary – General to the General Assembly, “Enhancing the Effectiveness of the Principle of Periodic and Genuine Elections”, *U. N. Doc. A/46/609/Add. 1*, 15 November 1991, p. 43.

源的协调者——开发署经常被指责为“太亲近政府”。[①] 越来越多的国家要求联合国提供选举援助的原因之一，也在于这种援助不仅能为其带来所缺的资源、资金和技能，同时联合国的“在场”本身能为其当选政权提供国际层面的合法性。更重要的是，选举援助通过国家—社会关系的融通，提升了其国家能力。

选举援助活动也拓展了联合国的职权范围。实践证明，一些新规制在确立之后，不仅能够依照惯性顽强地生存下去，而且正如巴尼特与芬尼莫尔所指出的，它们还具有官僚机构的典型特征，即运用其所获得的权威，通过界定新的利益和任务，说服其他国家和行为体接受新的偏好（“构成性权力”），从而不断自主扩展其活动空间和控制能力（“控制性权力”）。[②] 在托管和非自治领土上广受赞誉的选举监督和观察活动即为此后向主权国家提供选举援助奠定了重要基础。而在 1989—1990 年的尼加拉瓜选举这个案例上，秘书长则通过将之“安全化”，把选举核查解释为执行地区和平协议的必要行动，从而实现了联合国的参与行动。而其参与的恰恰是传统上被视为一国敏感的高级政治领域。

因而，选举援助为当下国家主权的多维复杂面向提供了一个观察点。从表面上看，外部行为体的这种卷入侵犯了其传统意义上的主权，但选举援助又是在一定程度上确认并维护着国家主权。在这一意义上，主权透过选举援助被重构和界定，亦即，外部援助被视为主权之存续和有效性的必要补充，通过这一方式，受援国和联合国双双获得了新的发展空间。

第四节　联合国选举援助的数量及地理分布

在具备了法理基础和组织网络之后，联合国正式向发出申请的国家或

---

① UNDP Evaluation Office, *Evaluation of UNDP Contribution to Strengthening Electoral Systems and Processes*, UNDP, 2012, p. 28.

② 迈克尔·巴尼特、玛莎·芬尼莫尔著，薄燕译：《为世界定规则——全球政治中的国际组织》，上海人民出版社 2009 年版，第 238 页。

地区提供选举事务方面的援助活动。自1992年开始，会员国的申请数量和联合国实际提供的援助数量都出现快速增长趋势。2011年9月至2012年8月，联合国就协助筹备和主持了50多个会员国的选举。[①] 2013年8月至2015年8月，联合国则为阿富汗、伊拉克、马里、尼日利亚等65个会员国提供了援助。[②] 选举援助已经成为联合国的一项日常性活动。

一、选举援助的年度数量变化

1992年4月选举援助机构设立后，当年就收到了来自31会员国的33项援助申请。[③] 而1989—1991年间，包括前述在尼加拉瓜、纳米比亚、海地三处的重要行动以及在另一处未独立土地西撒哈拉上的行动，联合国总共接到并实际只提供了8项援助。[④] 此后联合国每年收到的请求数和实际提供的援助数持续变化。数据统计显示，1989—2006年间，联合国收到了102个国家以及4个地区（科索沃、巴勒斯坦、西撒哈拉及新西兰的自由结合区库克群岛和纽埃）提出的总共391项选举援助请求（见图1—1）。[⑤] 如果加上此后4年多提供的100余项以及在新会员国黑山（2006年独立并被接纳为会员国）和南苏丹（2011年独立并被接纳为会员国）开展的活动，联合国共参与了104个会员国和4个地区的选举事务，援助请求数量

① 秘书长大会报告：《秘书长关于联合国工作的报告》，联合国文件A/67/1，2012年8月8日，第6页。

② 秘书长大会报告：《加强联合国在提高定期真正选举原则的有效性和促进民主化中的作用》，联合国文件A/70/306，2015年8月7日，第1页。

③ 包括厄立特里亚，发出请求时还不是联合国会员国，随后于1993年独立。参见五十一届大会秘书长报告：《联合国系统支持各国政府努力促进和巩固新的民主国家或恢复民主的国家》，联合国文件A/51/512，1996年10月18日，第40页。

④ 这八项选举援助（请求）分别是：尼加拉瓜（1989）、纳米比亚（1989）、罗马尼亚（1990，技术援助）、海地（1990）、马里（1991，技术援助和观察）、西撒哈拉（1991）、莱索托（1991，技术援助）、安哥拉（1991，核查与技术援助）。参见五十一届大会秘书长报告：《联合国系统支持各国政府努力促进和巩固新的民主国家或恢复民主的国家》，联合国文件A/51/512，1996年10月18日，第22—41页。

⑤ Economic and Social Council，"Report of the Office of Internal Oversight Services on the In-depth Evaluation of Political Affairs：Electoral Assistance"，*U. N. Doc. E/AC. 51/2007/2/Add. 1*，29 March 2007，p. 5.

达到 500 项以上。[①]

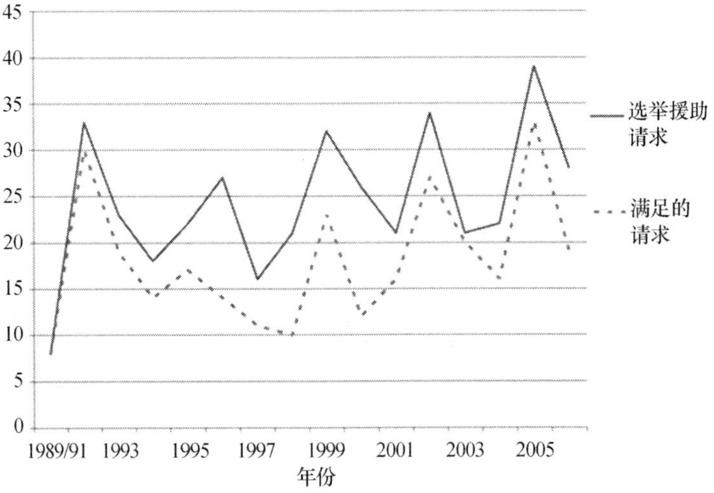

图 1—1　选举援助申请及满足的数目变化（1989—2006）

资料来源：联合国文件 E/AC. 51/2007/2/Add. 1。

从图 1—1 中可以发现，1992 年的高峰过后，此后几年会员国的请求数量虽有所下降，但总体呈现出曲线上升的趋势。假如将前 4 年的 8 项去掉，那么从 1993—2006 年这 15 年，联合国平均每年收到 25. 5 份不同内容的援助申请。有些年份的请求数量较多，如 1992 年有 33 项、1999 年 32 项、2002 年 34 项、2005 年多达 39 项。有些年份的申请量偏少，如最低时 1997 年只有 16 项。请求的波动情况和会员国的选举有一定关系，如不少国家在 1992 年（多数在非洲）和 1999 年（多数在亚洲）首次举行民主选举，而 2002 年和 2005 年则是由于国内冲突增加，联合国多次为冲突后选举提供了援助。[②]

---

① 秘书长大会报告：《加强联合国在提高定期真正选举原则的效力和促进民主化方面的作用》，联合国文件 A/64/304，2009 年 8 月 14 日；联合国文件 A/66/314，2011 年 8 月 19 日。

② Economic and Social Council，"Report of the Office of Internal Oversight Services on the In – depth Evaluation of Political Affairs：Electoral Assistance"，*U. N. Doc. E/AC. 51/2007/2/Add. 1*，29 March 2007，pp. 5 – 6.

并不是所有会员国的援助申请都能得到肯定答复和实际援助。从这幅图表中也很容易发现，联合国在1989—1992年间很少拒绝会员国的援助请求，但1993年开始，拒绝会员国请求的比例开始上升。1992年的33份请求中，有两份以筹备不足这种理由拒绝（爱沙尼亚和阿塞拜疆），一份在协调过程中出现问题（加纳）。[①] 33/3的比例在此后很难见到，比如1993年请求和满足之间的数字比是23/19，1994年是18/14，1995年是22/17。在1989—2006年的391项请求中，实际得到援助的有289项，占所有请求的74%。

二、选举援助的地理分布

从地理分布来看，联合国选举援助的对象国主要分布在发展中世界。1992年在发出请求的31个会员国中（包括厄立特里亚），有4个是拉美国家（秘鲁、圭亚那、阿根廷与萨尔瓦多），4个转型国家（罗马尼亚、阿塞拜疆、阿尔巴尼亚、爱沙尼亚），亚洲则只有菲律宾，其余的22国都位居非洲。[②] 4年后，发出请求的非洲国家则增加到43国。在此期间，拉美加勒比地区的墨西哥、巴西、哥伦比亚、多米尼加、洪都拉斯、巴拿马、巴拉圭也纷纷发出申请，加上之前曾经援助过的海地和纳米比亚此间提出的新申请，使得这一地区请求援助的国家数量达到了13个。在苏东地区，到1996年时，包括俄罗斯、乌克兰、白俄罗斯、匈牙利等在内的15个新

---

① 五十一届大会秘书长报告：《联合国系统支持各国政府努力促进和巩固新的民主国家或恢复民主的国家》，联合国文件A/51/512，1996年10月18日，第22—41页。

② 这22个国家是：乌干达（协助、支助和技术援助）、多哥（技术援助）、塞舌尔（观察）、卢旺达（技术援助）、尼日尔（协助、支助）、莫桑比克（核查和技术援助）、马拉维（协助、支助和技术援助）、马达加斯加（支助和技术援助）、利比里亚（技术援助）、莱索托（技术援助）、肯尼亚（协助、支助）、几内亚比绍（协助、支助和技术援助）、几内亚（观察、技术援助）、加纳（后未成行）、埃塞俄比亚（技术援助、协调和支助）、厄立特里亚（非会员国，1993年独立）、吉布提（观察、协调和支助）、刚果（观察、协调和支助）、乍得（技术援助）、中非（协调和支助）、喀麦隆（观察）、布隆迪（技术、协调和支助）。参见五十一届大会秘书长报告：《联合国系统支持各国政府努力促进和巩固新的民主国家或恢复民主的国家》，联合国文件A/51/512，1996年10月18日，第22—41页。

独立或转型国家发出了援助申请（见表1—8）。[①]

不过，相对于非洲和拉美加勒比以及亚洲地区，苏东地区的国家援助请求的成功率以及联合国的参与程度都要低得多。这期间该地区国家向联合国提出的多是选举观察任务，由于提出的时间太晚，距离选举日还不足1个月时间，联合国无法及时筹备，因而拒绝了不少国家的援助请求。比如阿塞拜疆1992年的总统选举和1993年的公民投票、拉托维亚1993年的国会选举、匈牙利1994年的议会选举、白俄罗斯1994年的总统选举等。拉托维亚在举行1994年的地方选举时，甚至提前不到10天去邀请联合国。联合国也参与了一些国家的观察任务，但规模都不大，比如在俄罗斯1993年的联邦议会选举中，联合国只派了两名代表观察选举；而乌克兰1994年的议会、总统选举以及摩尔多瓦1994年的议会选举，都只由1名联合国人权事务中心的官员承担任务。[②] 这说明，联合国在苏东地区的政治转型中发挥的作用并不如想象当中那样大。

表1—8　按地区排列的国家援助数量（1989—1996）

地区	请求援助的国家数量	实际援助的国家数量
非洲	43	39
拉美加勒比	13	13
亚洲	3	3
东欧	15	11
中东	2	1
共计	78	69

资料来源：联合国文件A/51/512。

除了原苏联分离出来的国家外，亚洲其他地区国家最初几年申请援助的数目一直不多。联合国组织了柬埔寨冲突后的1993年大选，在1995年

① 五十一届大会秘书长报告：《联合国系统支持各国政府努力促进和巩固新的民主国家或恢复民主的国家》，联合国文件A/51/512，1996年10月18日，第41—42页。

② 秘书长大会报告：《提高定期真正选举原则的效力》，联合国文件A/48/590、A/49/675和A/50/736，附件部分。

和 1996 年为孟加拉的普选提供了需求评估和技术援助。如果加上之前援助过的菲律宾以及中东的也门和非会员国巴勒斯坦，该区域提出援助的国家到 1996 年时也只有 4 个国家（以及巴勒斯坦）。

1999 年是一个转折点，这一年两个亚洲国家——尼泊尔（要求协调和支助）和印度尼西亚（要求提供技术援助），同时首次提出了援助请求。非会员国巴勒斯坦、中亚国家塔吉克斯坦和吉尔吉斯坦以及孟加拉、柬埔寨，也在 1999 年前后再次发出邀请，要求联合国以不同形式参与其选举事务。[①] 尤其是在东帝汶，联合国派出的援助团——联合国驻东帝汶特派团（United Nations Mission in East Timor），全面主持了当地于 1999 年 8 月 30 日举行的全民公决行动，为东帝汶的独立和此后的立宪建国做出了重要贡献。

在这之后，要求援助的亚洲国家数量开始增加，先前提出过申请的多数国家，此后又多次发出新的请求。到 2006 年时，这一地区已经有 20 个国家向联合国申请过选举事务方面的援助（见表 1—9）。这里面，既有冲突后的国家如伊拉克、阿富汗，也有政局趋于稳定的国家如印度尼西亚、孟加拉、柬埔寨、不丹等国。

表 1—9　按地区排列的国家援助数量（1989—2006）

地区	请求援助的国家数量	实际援助的国家数量
非洲	48	47
拉美加勒比	20	19
亚洲	20	19
东欧	14	11
西欧	2	2
其他	2	1
共计	106	99

资料来源：联合国文件 E/AC. 51/2007/2/Add. 1。

① 秘书长大会报告：《提高定期真正选举原则的效力》，联合国文件 A/54/491，1999 年 10 月 25 日，第 7—13 页。

从近些年的趋势来看，向联合国提出援助申请的亚洲国家越来越多，相比之下，东欧国家则逐渐减少。从2007年9月至2011年7月，联合国向64个国家（地区）提供了选举援助（表1—10），东欧国家只有摩尔多瓦共和国和罗马尼亚，而亚洲则有14个国家（包括巴勒斯坦）。①

表1—10　按地区排列的国家援助数量（2007.9—2011.7）

地区	实际援助的国家数量
非洲	33
拉美加勒比	10
亚洲	14
东欧	2
西欧	1
澳洲太平洋	4
共计	64

资料来源：联合国文件A/64/304，A/66/314。

造成这种现象的主要原因是，东欧多数国家已经被纳入欧盟，这些国家选举事务方面的援助会更多地向这一地区组织申请并由其提供。无论从资源的供给能力还是方便程度上来讲，这些地区组织都较联合国有优势。相比之下，亚洲地区缺乏这样的区域组织，加之近些年南亚、东南亚、西亚和中亚的不少国家或经历战乱，或处于政治转型中，因而申请联合国援助的国家数量出现上升。

总体来看，非洲国家一直是联合国选举援助的最大需求国。非洲53国（2011年南苏丹独立后，变为54国），向联合国发出过援助请求的国家多达48个，联合国实际在47个国家开展过各种援助活动，这还只是截至2006年的数据（见表1—9）。2011年2月，南部苏丹人民就统一或分离问

① 这些亚洲国家有阿富汗、孟加拉国、柬埔寨、印度尼西亚、伊拉克、马尔代夫、尼泊尔、东蒂汶、不丹、吉尔吉斯斯坦、土库曼斯坦、黎巴嫩、也门和巴勒斯坦。参见秘书长大会报告：《提高定期真正选举原则的效力秘书长报告》，联合国文件A/64/304，2009年8月14日，第15—16页；联合国文件A/66/314，2011年8月19日，第17—19页。

题举行全民公投时，联合国派出了负责监督该进程的三人小组，并为投票提供了技术援助。[①] 此外，随着中东北非政局的变化，联合国在埃及和利比亚也在陆续开展选举事务方面的援助行动，因而非洲地区的这一数字还在增长。

非洲国家数量最多，但绝大多数国家独立时间却非常晚。1945 年联合国初创时，只有 4 个会员国来自这一地区。[②] 由于民族与国家建构的历程较短，现代化的制度基础普遍薄弱，加之冲突频仍，在其独立过程中和独立之后，需要国际社会在选举事务方面为其提供大量援助，这是导致该地区选举援助请求数量和实际援助数量连年居高不下的重要原因。

与非洲一样，拉美加勒比国家也是联合国较为关注的地区。20 世纪 90 年代，在尼加拉瓜和 1990—1991 年在海地的大规模特派行动曾开启了联合国选举援助的序幕。这一地区除了国家制度能力不足和内部冲突因素外，美洲国家组织对选举制度的大力倡导和推动也起到重要作用，在 20 世纪 90 年代拉美加勒比的选举中，这种规范的影响力使得该地区的主要选举几乎都能发现地区组织的身影。[③]

除了少数殖民时期留下的遗产，如新西兰的自由结合区库克群岛和纽埃、荷属安的列斯群岛，发达经济体基本不向联合国提出选举事务方面的援助请求。联合国所提供的援助主要集中在亚非拉以及此前的中东欧地区，即所谓的“弱国家”集聚区，这既体现出发达经济体在选举制度上的成熟和自信，也反映了其在国家制度设计、民主规范扩散上的不平衡的主导地位。

---

① 联合国网页：“秘书长苏丹全民投票问题小组”，参见 http：//www. un. org/zh/focus/southernsudan/group. shtml。

② 这四个国家是埃及、埃塞俄比亚、利比里亚和以英联邦成员身份加入的南非联盟，参见联合国网页：“会员国的增长——1945 年至今”，http：//www. un. org/zh/members/growth. shtml。

③ See Arturo Santa – Cruz, “Constitutional Structures, Sovereignty, and the Emergence of Norms: The Case of International Election Monitoring”, *International Organization*, Vol. 59, No. 3, Summer 2005, pp. 663 – 693. Also Arturo Santa – Cruz, *International Election Monitoring, Sovereignty, and the Western Hemisphere Idea: The Emergence of an International Norm*, New York: Routledge, 2005.

小　结

联合国参与选举事务并非宪章赋予的权力，它是在不同时期由于情势的需要而一步步卷入的。由于对托管和非自治领土负有的特殊职责，在这些领土上所开展的大量选举监督和观察活动逐渐奠定了联合国在这一领域的坚实基础。在非自治领土纳米比亚的行动使联合国非常深入地涉入选举领域，扩大了其规模和影响力；尼加拉瓜的行动则通过与“和平与安全”这一议题联结，迂回突破了国家主权的樊篱；而联合国在海地的观察行动则进一步脱离了“安全”议题，成了单纯出于主权国家的请求而对其进行援助的案例。

当然，联合国也采取了不同的策略为自己的行动寻求合法依据。在托管和非自治领土上，联合国采用的是“国际化”策略，即将这些托管和非自治领土视为整个国际社会的责任而非管理国内部的议题，从而规避了后者继续控制的企图。在尼加拉瓜这个案例上，秘书长则将之“安全化”，把选举核查解释为执行地区和平协议的必要行动，从而符合宪章的宗旨并迂回地绕开了主权原则。在海地，联合国将其参与行动建基于所在地区的密切支持与合作之上。在这一进程中，联合国既为推进非殖民化进程、维护国际和平与安全做出了巨大贡献，同时也实现了权力的大幅拓展。

在托管和非自治领土上，联合国有时是在管理国的邀请下参与选举事务的；有些情况下并没有，比如在法管多哥兰，尤其是纳米比亚，联合国过渡时期援助团的行动是由安理会第 435 号决议直接授权的。不过，这种状况不太可能出现在主权国家范围内，不论是文中提及的尼加拉瓜，还是此后在 100 多个国家所提供的形式丰富的选举援助，对象国的事前主动申请成了绝对必要的程序，这足以反映出国家主权的坚实硬壳。

1991 年大会通过的第 46/137 号决议，将向会员国提供选举援助纳入联合国的职权范围。大会之所以通过该决议，除了联合国在选举援助方面的丰富历史经验等因素之外，最重要的还是 1988—1991 年间特殊的国际形势。两极格局的戏剧化终结，一方面导致美欧等西方国家加紧推行民主化进程，另一方面也增加了当权者举行民主选举的国内压力。20 世纪 90 年代，选举的次数由此出现了爆炸性增长，不少国家之前很少或没有选举经验，这客观上刺激了选举援助机构和活动的出现。

不过，选举援助的出现也引发了会员国有关主权可能会被侵犯的担忧，这突出体现在“遵守主权原则”系列决议的提出和通过上。该系列决议与“选举原则”系列决议矛盾式共存，前者要求在提供援助的过程中尊重国家主权和不干涉内政，后者则试图不断超越主权原则，扩展联合国在选举事务当中的角色和作用。两者间的此消彼长反映出联大盛行的两种不同规范之间的竞争和冲突。不过，“选举原则”和“遵守主权原则”之间的竞争并不平衡，“遵守主权原则”的出现只是出于平衡“选举原则”的需要，为联合国的参与空间划定更明确的界限。和“选举原则”相比，“遵守主权原则”系列决议缺乏实质内容，在影响方面远远不能和前者相提并论。自 1992 年以来，不论是要求援助的国家数量，还是联合国实际提供的援助数量，都呈现稳步上升趋势。这也从侧面反映了选举援助的重要性和受欢迎程度。

第二章 联合国选举援助的运作机制

在多个部门的共同参与下，联合国选举援助活动是如何运作的？本章从组织、程序、资金来源和具体形式四个方面予以剖析：选举援助的组织网络，包括联合国系统内部不同部门以及与地区、非政府组织等其他援助方之间的关系；联合国选举援助的具体操作程序；选举援助的资金来源；选举援助的具体形式及其具体区别。这四个方面力图呈现出联合国选举援助的微观运作程序和框架。

第一节 联合国选举援助的组织网络

在联合国系统内部，参与选举援助的部门众多。除了一些较小的、技术性的援助可以向开发计划署（United Nations Development Programme）、人权事务高级专员办公室（Office of the United Nations High Commissioner for Human Rights）等部门机构提出并从其直接得到援助外，通常会员国（或者非会员国、地区）有关选举事务方面的具体援助请求会首先发给秘书处主管选举事务的相关机构，请其予以考虑。秘书长根据需要通知大会或安理会，寻求其授权；有些不需特别授权的行动，则由选举援助机构直接安排相关部门采取行动。在联合国的选举援助系统中，秘书长及其下属的秘书处居于中心地位。秘书处内部参与援助的部门主要有政治事务部（Department of Political Affairs）、维持和平行动部（Department of Peacekeeping

Operations)、经济社会事务部（Department of Economic and Social Affairs)、外勤支持部（Department of Field Support）和管理事务部（Department of Management）等。秘书处外部则有开发计划署、人权事务高级专员办公室(Office of the United Nations High Commissioner for Human Rights，简称“人权高专办”)、项目事务厅（United Nations Office for Project Services)、联合国志愿人员方案（United Nations Volunteers)、联合国促进两性平等和妇女赋权实体（the United Nations Entity for Gender Equality and the Empowerment of Women，简称“妇女署”)、联合国教育、科学及文化组织（United Nations Educational，Scientific and Cultural Organization，简称“教科文组织”）等（见图2—1)。

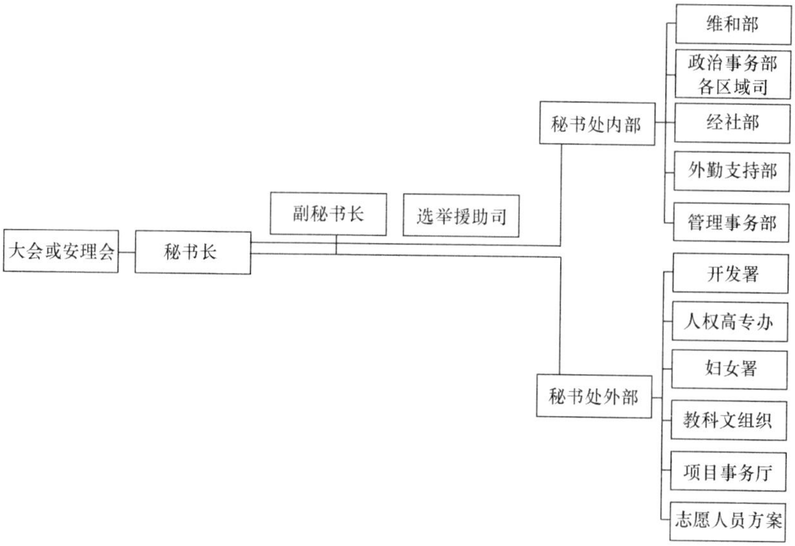

图2—1 联合国系统内部参与选举援助的主要部门及其关系网络

资料来源：由笔者个人绘制。

一、“协调人”和选举援助司（股）

为更好地提供选举援助，联合国大会1991年第46/137号决议授权秘书长指定一名高级官员，“发挥枢纽的作用”，以“确保在处理安排选举的会员国的各种要求方面的一致性”。[①] 不过该决议并未遵照时任秘书长德奎利亚尔在此前报告当中的建议，将该高级官员称为“选举事务协调人”（Coordinator for Electoral Matters），而是用了“联络点（Focal Point）”（Designate a Senior Official …to Act as a Focal Point）这一措辞。[②] 这种表述上的区别，大体是为了消除部分会员国有关国家主权可能会被侵犯的担忧：“协调人”具有更独立的行政职能，更具扩张倾向；而“联络点”只是负责援助信息的中转，即接收援助请求并将之转交援助部门，行政职能大为弱化。[③] 从1992年乔纳开始，除转移至维和部的一年之外，这一职位一直由主管政治事务的副秘书长担任。随着援助活动的常态化及其规模的不断扩展，一些会员国逐渐卸掉此前的戒心；与此同时，由于参与援助的部门众多，为确保整个联合国系统在提供选举援助方面的一致性和连贯性，这一职位还是被赋予了部分协调职能（后面会有介绍）。因而本书统一使用“协调人”这一术语，尽管联合国的英文版官方文件（包括大会决议、秘书长报告等）仍然沿用的是“focal point”，而非“coordinator”。[④]

在“协调人”之下，根据该份决议的授权设立了选举援助股（Electoral Assistance Unit）这一机构，协助“协调人”具体处理联合国选举事务方面的日常工作。两者负责就援助请求向秘书长提供具体建议、咨询和协助。根据第46/137号决议，选举援助股的主要工作包括：“协调和审查”选举援助请求并将其分转给联合国系统有关部门；“在已有经验的基础上

---

① 大会第四十六届会议：《提高定期真正选举原则的效力》，联合国文件A/RES/46/137，1991年12月17日，执行部分第9段。

② See U. N. GAOR, 46th Sess., “Enhancing the Effectiveness of the Principle of Periodic and Genuine Elections”, U. N. Doc. A/RES/46/137 (1991), para. 9. Report of the Secretary - General to the General Assembly, “Enhancing the Effectiveness of the Principle of Periodic and Genuine Elections”, U. N. Doc. A/46/609/, 15 November 1991, p. 25.

③ Jon M. Ebersole, “The United Nations' Response to Requests for Assistance in Electoral Matters”, *Virginia Journal of International Law*, Vol. 33, 1992 - 1993, pp. 91 - 122.

④ 联合国的中文版官方文件（包括大会决议、秘书长报告等）一般将其翻译为“协调人”或“牵头人”。

努力发展一个机构的储存库；研拟和保持一份国际专家名册”；“同区域组织及其他政府间组织保持联系”。[①] 随着联合国选举援助的开展以及需求的增加，其职能此后有所拓展，除完成上述工作外，其他较为重要的职能还包括：在选举过程中“协调”其他国际观察员的活动并为其提供技术或后勤支助；在接到援助请求后派遣需求评估团，“以确定要求此种援助的国家的具体需要”；“建立区域性选举组织网络，作为在区域一级进行协调活动及交流专门知识的工具。”[②] “向协调人建议关于联合国所有选举援助的参数，就选举特派团的组成或援助项目提供咨询意见”；“代表协调人向参与选举援助的联合国所有实体持续提供政治和技术指导，包括在选举政策和良好做法方面的指导。”[③] “拟订、传播和发布选举援助政策”等。[④]

选举援助股最初设在政治事务部下面，1994 年初，秘书长将该股转设到维和部之下。与此同时，该股升级为选举援助司（Electoral Assistance Division），由一名司长负责。由于该司转到维和部，秘书长于是任命当时主管维和行动的副秘书长科菲·安南为新的协调人。[⑤] 不过当年带有选举内容的大型维和特派团的请求数量大幅下降，海地是 1994 年的唯一例子。鉴于该司的工作又将集中于同维和无关的大量小规模选举援助特派团，1995 年 7 月，选举援助的管理责任又重新回到政治事务部。[⑥] 此后，该司一直被置于政治事务部下。

选举援助司（股）成立后，其人员编制在十多年间增长了近两倍（见表 2—1）。1992 年刚设立时，由于不少会员国在有关选举援助计划提出的

① 大会第四十六届会议：《提高定期真正选举原则的效力》，联合国文件 A/RES/46/137，1991 年 12 月 17 日，执行部分第 9 段。

② 见选举援助司的网页，http://www.un.org/zh/aboutun/structure/dpa/electoral.shtml。

③ 秘书长大会报告：《加强联合国在提高定期真正选举原则的有效性和促进民主化中的作用》，联合国文件 A/68/301，2013 年 8 月 9 日，第 3—4 页。

④ 秘书长大会报告：《加强联合国在提高定期真正选举原则的有效性和促进民主化中的作用》，联合国文件 A/70/306，2015 年 8 月 7 日，第 3 页。

⑤ 秘书长大会报告：《提高定期真正选举原则的效力》，联合国文件 A/49/675，1994 年 11 月 17 日，第 4 页。

⑥ 秘书长大会报告：《提高定期真正选举原则的效力》，联合国文件 A/50/736，1995 年 11 月 8 日，第 2—3 页。

征询答复中表示，反对建立一个新的联合国机构来处理会员国的选举事宜，包括为会员国提供援助。[①] 大会遂在第46/137号决议中要求秘书长"从现有资源中拨出少数工作人员及其他资源"。鉴于决议没有授权任何资金和人员，选举援助股只得在秘书处现有预算下，由内部人员调配组成。其中政治事务部抽调了3个员额，另有秘书处其他部门的8个干事在年底参与进来。[②] 在这11名人员当中，2名属于临时员额。一直到1999年，2个员额都没进入正式编制，选援司只是根据请求数量多寡和事务忙闲的程度临时雇用。2000年之后，员额开始出现明显变化。2008年12月24日，大会决定一次性为选举援助司增加8个员额，使其编制一下增加到24人。[③]

表2—1　选举援助司人员编制历年变化（1992—2011）

年份	1992—1993	1994—1995	1996—1997	1998—1999	2000—2001
人员编制	9 +2	9 +2	10 +2	10 +2	14
年份	2002—2003	2004—2005	2006—2007	2008—2009	2010—2011
人员编制	14	14	16	24	24

注：表中"+2"，系指2个临时员额。资料来源于联合国大会文件：2012—2013两年期拟议方案预算（第二编第3款），A/66/6（Sect. 3），第19—21页；2010—2011两年期拟议方案预算（第二编第3款），A/64/6（Sect. 3），第20—22页；2008—2009两年期拟议方案预算（第二编第3款），A/62/6（Sect. 3），第16—18页；2006—2007两年期拟议方案预算（第二编第3款），A/60/6（Sect. 3），第15—17页；2004—2005两年期方案概算（第二编第3款），A/58/6（Sect. 3），第15—18页；2002—2003两年期方案概算（第二编第3款），A/56/6（Sect. 3），第12—14页；2000—2001两年期方案概算（第二编第3款），A/54/6（Sect. 3），第18—21页；1998—1999两年期方案概算（第二编第2款），A/52/6（Sect. 2），第34—38页；1996—1997两年期方案概算（第二编第2款），A/50/6（Sect. 2），第54—58页；1994—1995两年期方案概算（第二编第3款），A/48/6（Sect. 3C），第25—29页。

---

① Report of the Secretary - General to the General Assembly, "Enhancing the Effectiveness of the Principle of Periodic and Genuine Elections", U. N. Doc. A/46/609/Add. 1 & Add. 2, 15 November 1991.

② 秘书长大会报告：《提高定期真正选举原则的效力》，联合国文件A/48/590，1993年11月18日，第4页。

③ 大会第六十三届会议：《加强政治事务部》，联合国文件A/RES/63/261附件，2008年12月24日，第5页。

二、联合国系统参与选举援助的部门分工

在联合国系统内部，“协调人”和选举援助司处于选举援助事务的中心位置。不过，由于两者缺乏实地提供援助的能力，在对援助请求做出审查和评估、确认为请求国提供所需援助后，大量外援行动的开展实际是由系统内部的其他部门合作完成的。这些部门根据自己的专业领域，在“协调人”和选援司的调配下，在对象国开展不同类型的活动，共同促成联合国选举援助活动的实施。

在多个部门当中，开发署和维和部是选援司的两个主要伙伴和执行机构。前者是进行长期选举支助的主要实施机构，后者则是维和或冲突后环境中的关键伙伴。开发署拥有强大的资源募集能力，它又负责管理联合国派驻各国的驻地协调员和驻地代表系统，这对及时回应选举援助请求、调集资源极具价值。同时，它从1976年就开始提供选举事务方面的援助，经验非常丰富。[①] 从援助领域来看，该机构偏向于技术性的援助，包括建立和维护公民选举登记册制度、选举电子数据处理、点票技术、法律和后勤支助、公民和选民教育、无线电通讯以及新闻事务等对象国亟需的业务。[②] 近些年来，开发署逐渐从早期集中于选举日前后的应急性援助，向支持对象国长期选举能力建设的方向发展（此后有更详细论述）。开发署开展的活动非常多，平均每年向30个国家提供援助，其中大约一半在非洲。[③] 大多数技术援助项目都是由驻该国代表处去落实和直接执行，由于熟悉对象国国情，这样的援助更有效率，也更能确保不受特定政府机构的影响。

在维和或冲突后环境中，选举援助一般作为维和部（少量是政治事务部）主持下的实地特派团的任务之一部分出现的。冷战后，联合国在很多

---

① 秘书长大会报告：《提高定期真正选举原则的效力》，联合国文件A/46/609，1991年11月19日，第19页。

② 秘书长大会报告：《提高定期真正选举原则的效力》，联合国文件A/46/609，1991年11月19日，第19页。

③ 秘书长大会报告：《加强联合国在提高定期真正选举原则的效力和促进民主化方面的作用》，联合国文件A/64/304，2009年8月14日，第4页。

国家参与了维和及冲突后的重建工作，比如1992年在安哥拉、1992—1993年在柬埔寨、1993—1994年在南非、1994年在莫桑比克和利比里亚等，特派团都在该国的选举进程中发挥了重要作用。实际上，由于选举往往是冲突后重建的关键环节，因而联合国投入的精力和资源相对较多。与开发署开展的援助行动相比，作为维和行动之一部分的选举援助，其规模一般较大，尤其在组织、监督和观察选举的时候。在这种情况下，维和部通常负责制定全盘计划，并为特派团的选举部门提供行政和后勤等方面的支助，选举援助司则对这些实地特派团的选举单位提供政治和技术指导。①

在秘书处内部，政治事务部是选援司的直接主管单位，选援司成立后，与该部其他司形成了平行的业务关系。不过，政治事务部下的各区域司尤其是非洲司、美洲司和亚太司，可以为选援司提供重要的背景分析以及业务上的协助。最重要的是，政治事务部还是预防性外交、缔造和平以及建设和平方面的主导部门，负有冲突后重建的重要职责，一些特派团也包含有选举任务，因而选援司与该部下设的其他各司之间也存在重要的合作关系。经社部是选举援助的重要参与者，该部主要负责分享和推动有关公共管理和公共行政方面的优良做法。在选举援助过程中，侧重于提供技术性的培训、协助和咨询服务。经社部还负责管理一部分的选举援助项目并向选援司通报进展。该部在选援司成立后的前几年，与其合作关系比较密切，在1992—1998年间，两者在选举援助方面的合作项目多达60项。②公共治理也是管理事务部的关注重点，该部为大多数的国际观察员的协助和支助提供经费，并且资助了许多需求评价或咨询特派团。而秘书处的外勤支助部则负责为在冲突后/维和环境中的选举活动提供后勤、采购、人力资源和财务行政管理方面的服务。③

在秘书处外部，除最关键的合作伙伴开发署外，人权高专办、妇女

① 秘书长大会报告：《加强联合国在提高定期真正选举原则的效力和促进民主化方面的作用》，联合国文件A/66/314，2011年8月19日，第4页。

② 经济与社会理事会：《深入评价选举援助方案（内部监督事务厅的报告）》，联合国文件E/AC.51/1999/3，1999年3月23日，第5页。

③ 秘书长大会报告：《加强联合国在提高定期真正选举原则的效力和促进民主化方面的作用》，联合国文件A/66/314，2011年8月19日，第4页。

署、教科文组织、联合国志愿人员方案和项目事务厅等机构也是重要参与者。

自1990年以来，先是人权事务中心，随后是人权高专办，[①] 两者先后就选举的人权方面问题向选举援助提供专家咨询和技术援助。比如就选举法和有关立法提供专业分析和协助，支助公民教育，训练在选举和需求评估中发挥关键作用的公务人员等。[②] 高专办还负责监督并报告选举过程中的人权状况，以确保弱势选民（妇女、少数族裔、残障人士、境内流离失所者等）能参加投票并获得公正对待。[③] 同时高专办也是支持和组织无暴力选举的大力宣传倡导者。

在选举援助的过程中，大批联合国志愿人员的参与则是难以替代的，他们在诸如选举咨询、选民登记、公民教育、选举观察等选举的各个关键环节，发挥着重要作用，直接负责联合国选举方案的实施。仅2007—2009两年间，联合国就向24个选举行动派出了1千多名志愿人员，他们在阿富汗、科特迪瓦、刚果民主共和国、苏丹等众多国家从事危险而复杂的工作。[④] 在2005年10月利比里亚的首次战后选举中，附属于“联合国利比里亚特派团”（UN Mission in Liberia）选举事务部的志愿者们，与特派团及该国选委会密切合作，协助130万选民的登记、选民教育工作，监测投票站、提供法律实务咨询，同时还对大约18500名选举官员和工作人员进行了培训。[⑤]

在选举援助过程中，妇女署的角色逐渐得到凸显，作用越来越重要。该署的主要工作包括：提供关于性别平等、妇女赋权和妇女权利保障等方

① 人权中心于1993年通过大会第48/141号决议授权升级为人权高专办。参见 http://www.ohchr.org/CH/AboutUs/Pages/BriefHistory.aspx。

② 秘书长大会报告：《提高定期真正选举原则的效力》，联合国文件 A/52/474，1997年10月16日，第2页。

③ 秘书长大会报告：《加强联合国在提高定期真正选举原则的效力和促进民主化方面的作用》，联合国文件 A/62/293，2007年9月23日，第4页。

④ 秘书长大会报告：《加强联合国在提高定期真正选举原则的效力和促进民主化方面的作用》，联合国文件 A/64/304，2009年8月14日，第4页。

⑤ UN Volunteers, In FACT: UN Volunteers and Electoral Assistance, see. http//www.unv.org/fileadmin/docdb/pdf/2007/FS_Electoral_Assistance_new.pdf.

面的指导、培训、咨询意见和技术支助；敦促选举进程中的性别平等，鼓励妇女参与政治进程并使之制度化；领导、协调和促进联合国系统在性别平等和妇女赋权方面的工作。[①] 相较而言，教科文组织只是最近才参与到选举援助当中，其主要任务是加强媒体就选举活动提供公平和平衡报道的能力。[②]

另一重要参与部门——项目厅，与选援司之间的合作始于1994年。该部门主要负责提供各种行政管理支助服务，包括项目工作人员的征聘、选举材料和设备的采购以及训练方案的制定等，比如为伊拉克2006年10月的全民投票和12月的选举做后勤工作的规划和实施。[③]

三、联合国系统不同部门的协调与合作

由于涉及多个部门，联合国系统内部在选举援助问题上的组织网络并不连贯。有些部门之间的职能存在交叉重叠，比如项目厅与秘书处内部的外勤支助部在后勤供应上的重合，而经社部、人权高专办和开发署都倾向于提供技术援助，只是关注重心不一。“尽管确立了政策导向以确保整个体系的协调与一致，但源于联合国各实体不同的授权，它们在项目运作方式上的不同仍然会导致诸如如何更好地支持某些进程上的认知差异，特别在实地执行阶段。”[④] 最重要的是，由于部门间利益的差异，在为对象国提供选举援助时，可能会出现相互冲突的现象，比如开发署因为和驻在国之间的官方联结较紧密，提供的援助可能更倾向于政府部门；而选援司则主要考虑选举援助可能给联合国自身带来的政治利益或政治风险。

---

① 秘书长大会报告：《加强联合国在提高定期真正选举原则的有效性和促进民主化中的作用》，联合国文件A/70/306，2015年8月7日，第3页。

② 秘书长大会报告：《加强联合国在提高定期真正选举原则的有效性和促进民主化中的作用》，联合国文件A/70/306，2015年8月7日，第3页。

③ 秘书长大会报告：《加强联合国在提高定期真正选举原则的效力和促进民主化方面的作用》，联合国文件A/62/293，2007年9月23日，第4—5页。

④ UNDP Evaluation Office, “Evaluation of UNDP Contribution to Strengthening Electoral Systems and Processes”, New York: UNDP, 2012, p. 29.

1992年设立副秘书长级别的“协调人”并建立选举援助司（股），其目的意在促进多个部门之间的联动，避免机构重叠和功能相互冲突。不过，由于选援司成立时间晚，尤其是受限于其资源和影响力，系统内部在选举援助过程中的部门协调与合作并不理想。秘书处的内部监督事务厅在1999年和2007年的两次评估报告中，都详细列举援助过程中出现的种种协调不足问题。[①] 秘书长在历次选举援助的大会报告中，也屡次强调这一议题。

为了增进不同部门之间的全面交流与合作，在秘书长的指示下，负有重要职责的“协调人”和选举援助司（股）主要从两个方面做出了重要努力。

其一，建立定期的协调性机制。1992年，在“协调人”乔纳副秘书长的领导下，设立了选举事项工作队，工作队由直接参与选举援助的所有部门和机构的代表组成，定期召开会议。[②] 由于秘书处外部最重要的合作伙伴是开发署，两者之间的合作网络是选援司的关注重点，它们之间的联络因而也更加稠密：选援司工作人员参与开发署驻地代表的“联席会议”，“协调人”则与开发署署长定期举行会议。开发署区域局和政策局的5名副主任还被委派担任各区域选举活动的主要谈判人员。[③] 2009年，“协调人”和选援司又领衔建立了选举援助机构间协调机制（the Inter－Agency Coordination Mechanism for United Nations Electoral Assistance，ICMEA）。这一机制包括双层结构：一个是资深的决策机构——选举援助指导委员会；一个是工作层面的论坛——选举援助工作组。ICMEA的成员包括选援司、开发署、维和部、人权高专办、外勤支助部、项目厅这些合作部门。工作

① 经济与社会理事会：《深入评价选举援助方案（内部监督事务厅的报告）》，联合国文件E/AC.51/1999/3，1999年3月23日；经济及社会理事会：《内部监督事务厅关于深入评价政治事务——选举援助的报告》，联合国文件E/AC.51/2007/2/Add.1，2007年3月29日。

② 秘书长大会报告：《提高定期真正选举原则的效力》，联合国文件A/48/590，1993年11月18日，第4页。

③ 秘书长大会报告：《加强联合国在提高定期真正选举原则的效力和促进民主化方面的作用》，联合国文件A/58/212，2003年8月4日，第4页。

组2009年聚会4次，2010年2次，从2011年6月开始则每月召开1次会议。①

其二，制定选举援助的共同准则和政策。2001年，政治事务部与开发署订立了“关于选举援助的准则说明”，“说明”详细剖析了选举援助的目的、“协调人”、选援司与开发署三者间的权责划分、提供援助的标准程序，以及捐助者之间的协调等问题，为选举援助的开展提供了规范和指南。② 鉴于此后在提供援助过程中出现的一些新趋势和新挑战，2010年，政治事务部和开发署又对原来的“说明”做了修订。③ 维和部、外勤支助部与选援司还合作编写共同准则，关注妇女在冲突后选举中的角色，就增加妇女在选举投票、候选人提名和选举管理机构当中的人员比例，消除选举对女性的不平等影响等方面的议题，做出了规范和指导。④ 协调人还与系统内各机构就建立和改革选举管理机构、设计选举制度等方面的具体做法发布联合政策。这些共同准则和政策有助于厘清援助过程中不同角色的权责和分工，避免相互之间的冲突和重叠。

为了使选举援助更加协调统一，联合国系统还探索采用“一体行动”原则，即维持和平、建设和平或政治特派团情况下的所有选举援助行动，都以全面综合的方式运作和交付，不管相关特派团是否具有综合性的结构特征。⑤

---

① Audit Report of Internal Audit Division, “Audit of the Electoral Assistance Division”, 2 May 2012, pp. 4 –5.

② 联合国秘书处政治事务部和联合国开发计划署《关于选举援助的准则说明》，见秘书长大会报告《提高定期真正选举原则的效率》，联合国文件A/56/344，2001年10月19日，第18—20页。

③ Department of Political Affairs of the United Nations Secretariat and the United Nations Development Programme: “Revised Note of Guidance on Electoral Assistance”, see http://www.undp.org/content/dam/aplaws/publication/en/publications/democratic - governance/dg - publications - for - website/new - - - note - of - guidance - on - electoral - assistance/Note% 20of% 20Guidance% 20Final% 20September% 202010. pdf.

④ 秘书长大会报告：《加强联合国在提高定期真正选举原则的效力和促进民主化方面的作用》，联合国文件A/64/304，2009年8月14日，第5页。

⑤ 秘书长大会报告：《加强联合国在提高定期真正选举原则的有效性和促进民主化中的作用》，联合国文件A/68/301，2013年8月9日，第13页。

其三，由选援司和协调人拟订联合国选举专家统一花名册，提供给系统各部门使用。目前花名册上的候选人共有 2 千多名专家，分布在全球不同地区。①

四、联合国与其他选援组织的协调与合作

联合国并不是唯一向会员国提供选举事务方面援助的国际组织，它更非最早的开拓者。早在 1962 年，成立于 1948 年的美洲国家组织就向会员国哥斯达黎加和多米尼加派出了选举观察团，从而第一个涉入这一领域。研究该区域选举事务的学者 Arturo Santa – Cruz 将这种现象的出现归结为“西半球观念”（the Western Hemisphere Idea）的扩展和内化，认为这样一种泛美集体意识推动了主权观念的消退，导致地区内国家逐渐接受地区性组织参与自己国内的选举事务，并对选举进程进行监测和评估。②

在美洲国家组织之后，英联邦秘书处也开始在英国的殖民地上观测选举。不过，冷战期间，无论是监督、观察选举，还是为一些国家提供选举事务方面的资金、技术等援助，都并非经常性的活动。苏联解体、两极格局崩溃之后，西方国家对自由民主的鼓吹和推广一时达致顶峰，这时期一些地区性组织才纷纷将成员国的自由选举视为本组织的关注重点，不仅要求会员国在组织的监督或观察下举行大选，而且在组织内部设立了职能机构。欧盟（及其前身欧共体）表现最为突出，其下的欧洲理事会、欧盟委员会以及欧洲议会都设有专门机构。该地区的另一重要组织——欧洲安全

---

① 秘书长大会报告：《加强联合国在提高定期真正选举原则的有效性和促进民主化中的作用》，联合国文件 A/70/306，2015 年 8 月 7 日，第 5 页。

② See Arturo Santa – Cruz, “Constitutional Structures, Sovereignty, and the Emergence of Norms: The Case of International Election Monitoring”, *International Organization*, Vol. 59, No. 3, Summer 2005, pp. 663 – 693. Arturo Santa – Cruz, *International Election Monitoring, Sovereignty, and the Western Hemisphere Idea: The Emergence of an International Norm*, New York: Routledge, 2005.

与合作组织，也在选举援助当中发挥着极其重要的作用。[①] 欧洲之外，最活跃的地区性组织当属美洲国家组织，早在1990年6月，在美国的大力推动下，该组织就设立了民主促进股（Unit of Promotion of Democracy）。1990—2005年，这一组织在西半球半数以上的国家观察了90次各类选举。[②] 20世纪90年代末，在西方国家的要求和支助下，非洲的一些区域组织也开始将选举事务方面的援助列入工作议程。非洲统一组织最早于1991年开始开展这类活动，2002年升级为非洲联盟后，在联合国选援司和一些区域组织的协助下，于2006年建立了民主与选举援助股（Democracy and Electoral Assistance Unit），开展区域内的选举观察和援助活动。[③] 与其他大洲相比，由于不存在覆盖整个地区的组织，亚洲是一个明显的例外。1997年在泰国曼谷成立的亚洲自由选举网络，虽然已在阿富汗、印度尼西亚、柬埔寨、菲律宾等10多个亚洲国家的数十场选举中派出过选举观察团，不过影响力相当有限。

还有一种类型的国家间组织也惹人注目，比如民主和选举援助国际研究所，这是一家位于瑞典斯德哥尔摩的研究性机构，专门从事有关选举和民主化方面的研究、政策的开发和推广以及各种咨询和能力建设服务。该研究所在非洲、亚太、拉美加勒比、西亚和北非设有办事处，有20多个国家是其会员国并向其供资，它在选举援助当中发挥着独特的智力支撑的作用。[④]

除了国家间组织外，非政府组织和一些国家的政府机构也在选举援助的过程中发挥着重要作用。前者如位于美国的卡特中心、分别隶属于民主

---

① See Judith Kelley, "The More the Merrier? The Effects of Having Multiple International Election Monitoring Organizations," *Symposium*, March 2009, Vol. 7, No. 1, pp. 59-64.

② 贺双荣：《国际选举观察：美洲国家组织在拉美的实践》，载于《拉丁美洲研究》2006年第6期，第35页。

③ See http://www.africa-union.org/root/AU/AUC/Departments/PA/ELECTION_UNIT/AU_Election_Unit.htm.

④ 澳大利亚、巴巴多斯、比利时、智利、哥斯达黎加、丹麦、芬兰、印度、荷兰、葡萄牙、挪威、南非、西班牙和瑞典是创始会员国，博茨瓦纳、加拿大、德国、毛里求斯等9个国家后来加入。日本和瑞士虽不是其会员国，但亦向其供资。具体可参见其网页 http://www.idea.int/about/anniversary/history.cfm。

与共和两党的全国民主学会及国际共和学会、挪威赫尔辛基委员会以及遍布欧洲的各类基金会等等。值得注意的是，一些新兴经济体如墨西哥和南非等国的研究所也开始介入到这类活动当中。后者如美国的国务院、国际开发署（US Agency for International Development）、英国的国际发展部（Department for International Development）、澳大利亚选举委员会（Australian Electoral Commission）、选举加拿大（Elections Canada）以及欧洲的各国选委会。政府机构的援助有些采用双边交流的形式，援助的内容如资金、设备、物资供应，以及一些选举制度、选举法律等技术性的传授和培育等，对受援国的影响相对有限。

相比之下，非政府组织不仅数量繁多，而且资金实力雄厚，在选举援助的过程中表现得异常活跃。比如全国民主基金会2008—2009财年的账面资金高达1.35亿美元，多数来自美国的国会拨款。① 这种半官方的性质使其成为美国民主输出战略的重要工具。② 在全球活跃的国际选举制度基金会则从美国国务院和开发署、欧安组织以及欧洲的一些政府机构获得资金资助，自1987年开始运作以来，已在135个国家开展过各类活动。③

这些组织的主权观念更加淡薄，相对于偏重选举监督和观察的地区性组织，它们更注重对选举前后的民主化进程的持续参与。从援助的内容来看，它们也更加重视观念的输送和公民社会的培育。在一些国家，政党的扶植和能力的培育也是一些非政府组织援助的重要方向。④

提供选举事务援助的主要国际组织及其运作时间见表2—2。

---

① National Endowment for Democracy, 2008 Independent Auditors' Report. See http://www.ned.org/docs/08annual/PDFs/AR_ Financials08.pdf.

② 刘国柱：《全国民主基金会与美国民主援助》，载于《浙江大学学报（人文社会科学版）》2010年第3期，第40—48页。

③ 国际选举制度基金会网页 http://www.ifes.org/Regions.aspx。

④ 赵绪生：《解读西方的选举援助》，载于《学术与发展》（第1辑），世界图书出版公司2009年版，第79页。

表 2—2　提供选举事务援助的主要国际组织及其运作时间

非政府组织	国家间组织
卡特中心（the Carter Center，1989—）	欧洲安全与合作组织（Organization for Security and Cooperation in Europe，1991—）
全国民主学会（National Democratic Institute，1986—）	欧洲理事会（Council of Europe，1990—）
国际共和学会（International Republican Institute，1986—）	欧盟委员会（Commission of the European Union，1993—）
国际选举制度基金会（International Foundation for Electoral Systems，1987—）	欧洲议会（European Parliament，1994—）
全国民主基金会（National Endowment for Democracy，1983—）	美洲国家组织（Organization of American States，1962—）
挪威赫尔辛基委员会（Norwegian Helsinki Committee，1995—2002）	英联邦秘书处（Commonwealth Secretariat，1989—）
国际人权法律小组（International Human Rights Law Group，1983—1990）	南部非洲发展共同体议会论坛（Southern African Development Community Parliamentary Forum，1999—）
南非选举研究所（Elections Institute of South Africa，1998，2004）	独联体（Commonwealth of Independent States，2001—）
南部非洲发展共同体选举委员会论坛（Electoral Commissions Forum of the SADC Countries，1999—）	西非国家经济共同体（Economic Community of West African States，1997—）
墨西哥联邦选举研究所（Instituto Federal Electoral of Mexico，1996—）	非盟（African Union，前身非洲统一组织，1989—）
亚洲自由选举网络（Asian Network for Free Elections，1997—）	民主和选举援助国际研究所（The International Institute for Democracy and Electoral Assistance，1995—）

资料来源：由笔者个人绘制。

与这些组织或机构不同，联合国在援助的过程中不得不考虑其权力边界，谨守作为组织宗旨之一的主权原则。联合国既不能像欧盟等地区性组织那样，将身份资格和经济社会援助作为工具性手段，限制会员国制度选择的空间和范围，促其按照组织的主导性规范来行为；[①] 也不能像非政府组织那样，灵活渗透到受援国的国内社会，甚至像美国的一些非政府组织那样在一些国家搞政权颠覆活动。[②] 1991 年海地发生军事政变，合法当选的阿里斯蒂德政权被推翻后，欧洲安全与合作会议（CSCE）随即在其莫斯科大会文件中宣布，如果会员国合法当选的政权被非法推翻，其他成员国将拒绝承认并一致努力促成合法政权重新掌权；1992 年，美洲国家组织更在其组织宪章中列入了相似条款。[③] 联合国很显然不会也无法将之列入大会议程。

不过，正是对国家主权的尊重，为联合国赢得了中立、公正的声誉，加之其本身的权威地位，使联合国在由众多组织和机构组成的全球选举援助网络当中，往往可以发挥无可替代的组织和协调角色。尤其是考虑到近些年提供选举援助的组织和机构越来越多，亟待联合国居间协调，发挥领导作用。具体来说，联合国的角色主要体现在以下几个方面。

其一，在选举援助的过程中协调不同组织和机构的活动。比如与欧安组织、美洲国家组织、非洲组织等地区性组织合作，将会员国的请求转送这些组织，如 2000 年 8 月将白俄罗斯的议会选举观察要求转交欧安组织，由其满足白的援助需求。[④] 在大选中协调众多国际组织和机构的选举观察活动，在阿尔及利亚、阿塞拜疆、乍得、科摩罗、吉尔吉斯斯坦、马里、塞拉利昂和坦桑尼亚等不少国家的选举中，联合国都设立了小型秘书处之类机构，为不

---

① See Judith Kelley, "International Actors on the Domestic Scene: Membership Conditionality and Socialization by International Institutions", *International Organization*, Vol. 58, No. 3, 2004, pp. 425 – 457; Judith Kelley, "D – Minus Elections: The Politicsand Norms of InternationalElection Observation", *International Organization*, Vol. 63, Fall 2009, pp. 765 – 787; Susan Hyde, *Observing Norms: Explaining the Causes and Consequences of Internationally Monitored Elections*, 2006, Ph. D. diss., University of California at San Diego. Jeffrey Checkel, "Why Comply? Social Learning and European Identity Change", *International Organization*, Vol. 55, No. 3, 2001, pp. 553 – 588.

② 刘国柱：《当代美国"民主援助"解析》，载于《美国研究》2010 年第 3 期，第 24—38 页；刘国柱：《全国民主基金会与美国民主援助》，载于《浙江大学学报（人文社会科学版）》2010 年第 3 期，第 40—48 页。

③ Gregory H. Fox, "Multinational Election Monitoring: Advancing International Law on the High Wire", *Fordham International Law Journal*, Vol. 18, 1994 – 1995, p. 1664.

④ 秘书长大会报告：《提高定期真正选举原则的效率》，联合国文件 A/56/344，2001 年 10 月 19 日，第 11 页。

同组织和机构的国际观察团提供支助，并协调它们一致行动。此外，联合国还协助一些国家间有关选举事务方面的合作与交流。比如同墨西哥联邦选举研究所合作，培训2000年组建的伊拉克独立选举委员会。[①] 通过同阿根廷、巴西、印度、南非和巴拿马等国的选举机构建立关系，以交流知识和经验、扩充联合国选举援助专家名册、交换专家，并籍此向联合国选举活动提供更多的人力、后勤和技术援助，从而将这些南方国家的经验带给南方国家。

其二，为选举援助制定统一标准和最佳做法。例如，由于不同组织使用不同标准，关注选举的不同方面，常常导致对选举结果有不同评价，甚至在选举过程中采取相互冲突的做法。为此，联合国选援司联合其他组织共同制定了《国际选举观察工作原则宣言》（Declaration of Principles for International Election Observation）和《国际观察员行为守则》（Code of Conduct for International Election Observers），于2005年开放供各组织和机构签署。[②] 其中《宣言》对选举观察过程中遵守的规范、原则及观察员的行为操守等做出了规定；目前已有44个组织认可并承诺履行该标准，成为开展具有公信力的国际选举观察的核心文件。[③] 此外，选援司于2012年主持启动了《公民组织对选举的非党派观察和监测全球原则宣言》，旨在为非党派选举监测组织的问责制提供一整套重要标准；截至2013年7月，该《宣言》获得80个国家的198个非党派公民组织认可。[④] 在2015年8月的秘书长报告中，这两个数字又分别增至90和264。[⑤] 选举援助司同时推动妇女参加选举，如与性别问题和提高妇女地位问题特别顾问办公室合作，于2005年3月印发了关于妇女和选举的手册。

其三，为其他组织和机构提供培训、咨询和能力建设方面的协助。如

---

① 秘书长大会报告：《加强联合国在提高定期真正选举原则的效力和促进民主化方面的作用》，联合国文件A/60/431，2005年10月14日，第4页。

② 相关文本参见 http://www.cartercenter.org/documents/2252.pdf。

③ 秘书长大会报告：《加强联合国在提高定期真正选举原则的有效性和促进民主化中的作用》，联合国文件A/68/301，2013年8月9日，第6页。

④ 秘书长大会报告：《加强联合国在提高定期真正选举原则的有效性和促进民主化中的作用》，联合国文件A/68/301，2013年8月9日，第6页。

⑤ 秘书长大会报告：《加强联合国在提高定期真正选举原则的有效性和促进民主化中的作用》，联合国文件A/70/306，2015年8月7日，第6页。

协助非洲联盟组建选举股，帮助组建一个选举专家数据库，传播最佳做法和管理选举援助基金。[①] 为非洲大陆各地的选举观察员组织举办讲习班和培训课程，并编写各种有关选举的材料，包括选举观察手册和方法。[②] 协助南部非洲发展共同体建立选举支助股以及选举咨询理事会。[③] 与阿拉伯国家联盟和伊斯兰合作组织合作，培训选举工作人员和观察员，并在每个组织建立选举数据库和机构记忆。[④] 与此同时，联合国还与一些组织或机构合作，举办有关选举议题的国际讲习班。比如2010年6月，选援司、开发署会同罗马尼亚政府就国外投票问题举办讲习班，约30个会员国以及欧洲联盟、民主和选举援助国际研究所、欧安组织、中欧和东欧选举官员协会的代表参加了讲习班。[⑤] 2010年，科菲·安南基金会与民主和选举援助国际研究所创立了全球选举、民主和安全委员会，为应对选举及国际选举援助过程中所面临的现实挑战问题，提供相关的政策建议。

其四，维持和利用一些公共平台，以促进选举能力建设，共享选举及选举援助知识。较著名的包括：选举行政和费用选举知识网，民主、治理和选举的建设资源项目以及全球选举组织会议等。前两个都开发了相应的培训模块，并随时更新和改进。全球选举组织会议则是一个面对面的知识交流平台，2013年10月，开发署和韩国国家选委会在首尔共同主持了第六次会议。此次会议聚焦可持续选举与民主巩固，超过300位选举专家和工作者与会，分享经验并就选举议题展开研讨。[⑥] 开发署还于2015年6月帮助和支持成立了阿拉伯选举管理机构网络平台，以推动区域选举知识分享和能力建设。

---

① 秘书长大会报告：《加强联合国在提高定期真正选举原则的效力和促进民主化方面的作用》，联合国文件A/64/304，2009年8月14日，第6页。

② 秘书长大会报告：《加强联合国在提高定期真正选举原则的有效性和促进民主化中的作用》，联合国文件A/70/306，2015年8月7日，第6页。

③ 秘书长大会报告：《加强联合国在提高定期真正选举原则的有效性和促进民主化方面的作用》，联合国文件A/68/301，2013年8月9日，第6页。

④ 秘书长大会报告：《加强联合国在提高定期真正选举原则的有效性和促进民主化中的作用》，联合国文件A/70/306，2015年8月7日，第6页。

⑤ 秘书长大会报告：《加强联合国在提高定期真正选举原则的效力和促进民主化方面的作用》，联合国文件A/66/314，2011年8月19日，第7页。

⑥ 秘书长大会报告：《加强联合国在提高定期真正选举原则的有效性和促进民主化中的作用》，联合国文件A/70/306，2015年8月7日，第5页。

在长期的合作中，联合国选援司和开发署与各区域组织、一些政府机构及部分非政府组织之间建立了越来越紧密的联系，与有些组织比如欧盟、非盟还结成了牢固的伙伴关系，并逐渐开拓和阿拉伯国家联盟、加勒比共同体等区域组织之间在选举事务上的合作。联合国同这些组织和机构之间通过签署合作备忘录、共同举办讲习班、制定选举援助方面的共同标准和规范、拓展援助过程中的合作与协调、开发选举资料库等各种形式，不仅强化了相互之间的关系，同时也构建了一个全球性的选举援助网络。

第二节　联合国选举援助的运作程序

1992 年，秘书长就未来选举援助的指导方针向大会建议，联合国的援助必须获得受援国内部的广泛支持，并充分考虑该国的特殊情势以及国际社会和所在地区的意愿。基于此，联合国提供选举援助的首要条件，就是收到受援国有关国家当局的请求。[①] 亦即，该国的事先主动申请（而且在该国内部达成了广泛共识）通常必不可少。

一、援助的两种例外程序

不过，也有两种例外情况。

其一，若开发署和对象国已经签署了包括选举援助在内的国家方案（Country Programme Document）或国家方案行动计划（Country Programme Action Plan），则该国无需再向“协调人”和选援司提出请求。[②] 在这种情

---

① “Guidelines for Member States Considering the Formulation of Requests for Electoral Assistance”, see Report of the Secretary - General, “Enhancing the Effectiveness of the Principle of Periodic and Genuine Elections”, A/47/668/Add. 1, 24 November 1992, pp. 1 - 2.

② Department of Political Affairs of the United Nations Secretariat and the United Nations Development Programme: “Revised Note of Guidance on Electoral Assistance”, see http://www.undp.org/content/dam/aplaws/publication/en/publications/democratic - governance/dg - publications - for - website/new - - - note - of - guidance - on - electoral - assistance/Note%20of%20Guidance%20Final%20September%202010.pdf.

形下，国家方案或国家方案行动计划的签署即被看作要求开发署提供选举事务方面的援助。对于一些小型的技术援助项目，各国甚至可以直接与开发署派往该国的驻地协调员或驻地代表商议，由其向开发署申请。

其二，在冲突后的环境下，如在柬埔寨、东帝汶、阿富汗、伊拉克、南苏丹等地，冲突各方（包括涉及冲突的各个国家及一国内部各武装派别）在达成的国际和平协议中，如果要求联合国提供包括选举援助在内的维和行动，经过选援司的评估后，由安理会的决议授权。这时选举援助作为维和或冲突后建设职能的一部分。不过，授权并非单方面做出的，在决议出台过程中，仍需获得当事国的同意。这时的选举援助规模或大或小，大的如联合国在柬埔寨和东帝汶组织和操办的大选，小的也可能只是技术性的援助，其职能由设在特派团下的选举股（Electoral Unit）执行。1995年选援司由维和部重归政治事务部，当时的理由是由安理会批准的这种选举援助次数会减少。但此后国内冲突频繁发生，包括选举日益被视为建设和平的基本环节，导致由安理会授权的含有选举援助内容的特派行动数量在增加。[①] 比如在2007年的秘书长报告所述期间（两年），向7个国家派出了维和特派团[②]，2009年有8个[③]，2011年达到了11个[④]，2013年则是

① 秘书长大会报告：《加强联合国在提高定期真正选举原则的效力和促进民主化方面的作用》，联合国文件A/58/212，2003年8月4日，第10页。

② 这7个国家是：阿富汗、刚果民主共和国、海地、利比里亚、塞拉利昂、苏丹、东帝汶。参见“本报告所述期间联合国提供选举援助实例”，见秘书长大会报告：《加强联合国在提高定期真正选举原则的效力和促进民主化方面的作用》，联合国文件A/62/293附件，2007年9月23日，第10—12页。

③ 这8个国家是：阿富汗、科特迪瓦、刚果民主共和国、海地、伊拉克、尼泊尔、苏丹、东帝汶，参见“本报告所述期间接受联合国选举援助的国家和地区”，见秘书长大会报告：《加强联合国在提高定期真正选举原则的效力和促进民主化方面的作用》，联合国文件A/64/304附件二，2009年8月14日，第15—16页。

④ 这11个国家分别是：阿富汗、布隆迪、科特迪瓦、刚果民主共和国、几内亚比绍、海地、伊拉克、利比里亚、塞拉利昂、苏丹、东帝汶。参见“报告期内接受联合国选举援助的国家和领土”，见秘书长大会报告：《加强联合国在提高定期真正选举原则的效力和促进民主化方面的作用》，联合国文件A/66/314附件二，2011年8月19日，第17—19页。

12 个[1]，2015 年有 11 个[2]。

二、援助的一般程序

由安理会授权及由选援司处理的援助基本是经由对象国申请的。联合国对待国家的选举援助请求相当慎重，正如前文所述，并不是所有的请求都能得到联合国的正面回应，多达 20% 以上的此类请求曾经被拒绝。

为了充分审查请求并做足准备，联合国要求会员国在“预定选举日期之前至少 4 个月”向“协调人”发出正式申请，而且这一申请须由该国国家选举当局、首脑办公室或外交部等权威机构提出，政党、公民团体等的申请通常不予考虑。[3] 有时申请会发往联合国驻地协调员或代表，不过最终都会汇总到协调人或选援司，由其负责告知详细申请程序并做出正式答复。在收到申请之后，选援司将会同其他部门，如派驻该国的联合国机构的主管（如秘书长特别代表办公室或联合国驻该国协调员/驻地代表）及政治部、维和部和开发署进行协商，讨论该国的选前条件是否符合联合国选举援助的标准。

如果“协调人”认为必要，会与开发署等部门联合派出需求评估团（Needs Assessment Mission），去做更彻底的实地考察。需求评估团成员主要由选援司工作人员、所聘专家及开发署等利益攸关方构成，选援司起着主导作用。考察内容包括：评估对象国的政治、选举和安全状况；评估联

---

① 这 12 个国家分别是：阿富汗、布隆迪、科特迪瓦、刚果民主共和国、几内亚比绍、海地、伊拉克、利比里亚、利比亚、马里、南苏丹、东帝汶。参见“报告所述期内接受联合国选举援助的国家和领土”，见秘书长大会报告：《加强联合国在提高定期真正选举原则的有效性和促进民主化方面的作用》，联合国文件 A/68/301 附件二，2013 年 8 月 9 日，第 17—18 页。

② 这 11 个国家分别是：阿富汗、布隆迪、中非、科特迪瓦、刚果民主共和国、几内亚比绍、伊拉克、利比里亚、利比亚、马里、索马里。秘书长大会报告：《加强联合国在提高定期真正选举原则的有效性和促进民主化中的作用》，联合国文件 A/70/306，2015 年 8 月 7 日，第 15—17 页。

③ 联合国秘书处政治事务部和联合国开发计划署：“关于选举援助的准则说明”，见秘书长大会报告：《提高定期真正选举原则的效率》，联合国文件 A/56/344，2001 年 10 月 19 日，第 19 页。

合国的援助能否发挥效用、对其可能产生何种影响；选举当中出现的冲突风险以及受援方所提要求的合理性等。[①] 审查对象国“是否存在展开合法和真正民主进程的基本条件”则是评估的最重要内容，在1994年的大会报告中，秘书长将之列为“必须确定”的部分。[②] 为确定这一条件，评估团不仅需要与该国各政党、政治派别广泛接触，还要考察该国现行宪法和法律的规定以及选举的基本安排状况，比如是否存在选举委员会、允许公正登记和自由竞选的程度以及政府确保自由公开选举的承诺等。[③] 与此同时，当对象国提出的请求内容不太明晰时，需求评估团还需要与该国政府及各政治派别磋商后，共同确定请求援助的内容。评估团考察时间不超过10天，考察后提交一份报告，就是否应当提供援助以及以何种形式援助等事项向“协调人”提出建议。[④]

不过，由于派出需求评估团所费不赀，在有些情况下，如收到的请求内容明确，所需援助又纯粹是技术性的，则选援司会采取更为方便快捷的“案头评估”（Desk Review）方式。2010年，由政治事务部与开发署合作制订的“修订后的关于选举援助的准则说明”这一文件，认定有三类情形可适用这一评估方式：援助并非是对安理会或大会所授权任务的追加，亦即提供的是一些无需额外政治授权的小型援助；此前为其提供过选举援助，新的援助没有重大变动；根据政治局势和选举环境，选援司认为需进

---

① Department of Political Affairs of the United Nations Secretariat and the United Nations Development Programme, “Revised Note of Guidance on Electoral Assistance”, see http://www.undp.org/content/dam/aplaws/publication/en/publications/democratic - governance/dg - publications - for - website/new - - - note - of - guidance - on - electoral - assistance/Note% 20of% 20Guidance% 20Final% 20September% 202010. pdf.

② 会员国考虑申请选举援助的指导方针，见秘书长大会报告：《提高定期真正选举原则的效率》，联合国文件A/49/675附件三，1994年11月17日，第29页。

③ Report of the Secretary - General to the General Assembly, “Support by the United Nations System of the Efforts of Governments to Promote and Consolidate New or Restored Democracies”, U. N. Doc. A/50/332, 7 August 1995, p. 24.

④ 经济及社会理事会：《内部监督事务厅关于深入评价政治事务——选举援助的报告》，联合国文件E/AC. 51/2007/2/Add. 1，2007年3月29日，第10页。

行案头审查的。[①] 前两种情形都指出，在一国曾经开展过援助项目的，由于对其状况较为了解，可采取这一简化模式。

根据评估结果，最后由“协调人”报请秘书长，决定是否对援助请求做出肯定答复。若批准，选援司将与其他机构合作，筹备适当的援助项目方案。若援助涉及政治议题或安全议题，比如派遣军事人员协助，“协调人”还需经由秘书长向大会或安理会汇报，由其审议并寻求相关机构授权。在做出提供援助的决定之后，选援司与负责实施的部门如开发署办事处进行磋商，最后共同与受援国就援助的核心原则和内容达成协议。最后由开发署、维和或政治事务部的特派团、妇女署、人权高专办等联合国相关机构负责执行，选援司则继续发挥协调、信息交流、经验总结等作用（图2—2）。

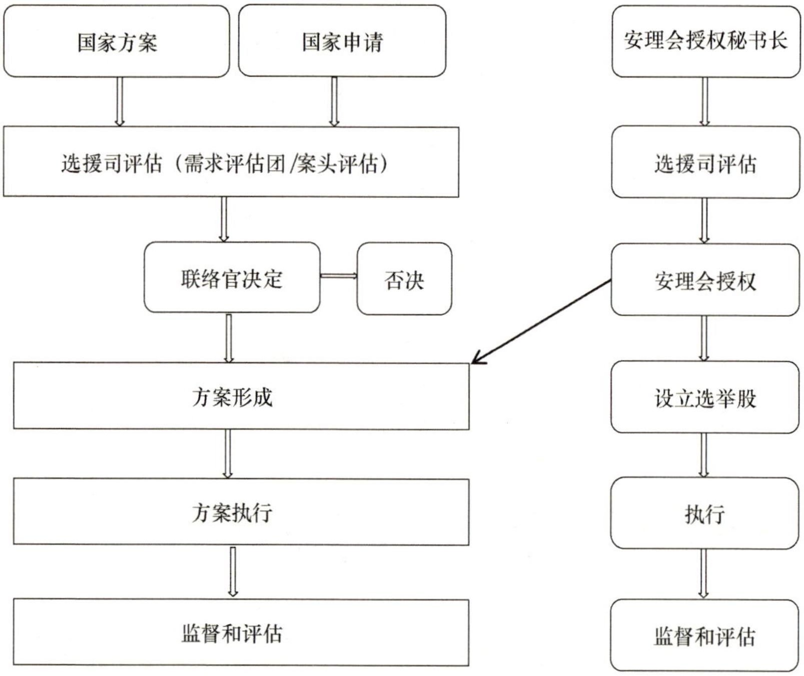

图2—2　联合国选举援助的程序示意图

① Department of Political Affairs of the United Nations Secretariat and the United Nations Development Programme, “Revised Note of Guidance on Electoral Assistance”.

第三节　联合国选举援助的资金来源

关于选举援助的资金问题，1991 年秘书长在征询各国意见时，一些国家曾建议以自愿捐款方式来筹措，另一些国家则提议由申请援助的国家自己出资。对这两种建议，秘书长在报告中认为都存在问题。前者的局限性：一是它难以持续，一些以此种方式运作的联合国行动已陷入困境；二是这样的筹措方式会使援助具有较强的选择性，一些亟需的国家反而可能得不到及时帮助。后一种建议则使得资金在采取援助行动前很难到位，最重要的是，提请援助的国家本身就存在较大资金缺口。① 秘书长当时建议，凡是由大会或安理会通过的任务，都列入联合国经常预算，由会员国分摊解决。技术性的援助则可由自愿捐款和提出要求的政府出资。②

由于涉及多个部门，联合国选举援助的资金目前并没有统一的规划。大体上，涉及选举援助的资金来源分为两部分：一部分源于各部门的经常预算，列在其预算项目下，最终由会员国摊派构成；另一部分则由一些专门设立的基金供资。当然还有部分自愿捐助的资金，比如在历次阿富汗问题的国际捐助大会上，阿富汗和联合国都能获得巨额的捐助，但这类资金并不稳定，属于临时筹措性质，故不列入考察范围。

一、选援各部门的经常预算资金

维和部、开发署、项目厅、经社部等各个部门，基本都在本部门的两年度预算下为自身负责的选举援助项目设立专用资金。比如安理会批准的每次维和行动都由专供资金保障，由大会或安理会审批行动资金分配和会

---

① 秘书长大会报告：《提高定期真正选举原则的效力》，联合国文件 A/46/609，1991 年 11 月 19 日，第 23 页。

② 秘书长大会报告：《提高定期真正选举原则的效力》，联合国文件 A/46/609，1991 年 11 月 19 日，第 23 页。

员国分摊比例，如果授权行动包含有选举援助内容，则相关资金自然作为维和经费的一部分。

开发署的援助活动则是其自身有关“民主治理”（Democratic Governance）领域庞大资金分配的重要部分。从1999—2011年间，开发署援助了83国的394个项目（有些项目没有通过选援司，因而并未被计入后者的统计数字），费用共计22亿美元。平均每年用于选举援助的金额占其“民主治理”援助额度的14%，开发署总支出额的5%。[①] 表2—3是2004—2007年间的具体数额，可以看出，开发署投入的资源相当多。

表2—3 开发署选举援助所投入金额（单位：万美元）

年份	2004	2005	2006	2007（1—8月）
金额	23036	37964.4	20032.1	4801.6

资料来源：UNDP：Electoral Assistance Implementation Guide，2007，p.2。

开发署具有强大的资源动员能力。很多选举援助的经费实际上都是由其筹措然后由其或联合国其他机构执行的。仅2001—2011年间，英国国际发展部（UK Department for International Development）就向开发署提供了1.4亿英镑的选举援助资金。资金或由英国国际发展部指定，或由开发署支配。援助范围包括支助选举体系的设计、选区的规划、选民登记、选民教育以及政党和媒体的训练等。在此期间，通过开发署的海外选举援助金额占英国在这一领域总投入金额的71%。[②]

在所有涉及选举援助的资金中，发挥协调作用的选援司所占比例并不大，不过从这个部门经费的变化情况，也可以一窥近些年联合国选举援助活动发展的全貌。

选援司是政治事务部下设立的正式机构，因而其资金运作列入该部的统

① UNDP Evaluation Office，“Evaluation of UNDP Contribution to Strengthening Electoral Systems and Processes”，August 2012，p.18.

② See http：//icai.independent.gov.uk/2012/04/25/icai－evaluation－of－dfids－electoral－support－through－undp/.

一预算。该司经费的主要部分用于支付其工作人员的薪俸和日常开支。1992年刚刚设立时，由于列入编制的正式员额只有9人，所以开支相对较少，只有60多万美元。此后随着人员的增加，用于这部分的经费成倍翻长，2010年和2011年两年总额达到了700万。列入经常预算的经费还包括派出需求评估团的费用、支付专家咨询费用、公务差旅费以及讲习班、研讨会、雇用人员等各项开销。有些年份的计划外事务比较多，预算外开销也相当惊人。不过这部分经费大多由一些联合国设立的专项基金来解决。

选援司的经费变化如表2—4所示。

表2—4　选举援助司两年度的经费变化（1992—2011）（单位：千美元）

年度	经常预算		预算外	共计
	员额	非员额		
1992—1993	676.5	12.2	208	896.7
1994—1995	1722.8	58.4	4277.5	6057.7
1996—1997	1776.7	69.2	392.7	2238.6
1998—1999	2476.8	138.9	756	3371.7
2000—2001	2717.2	326.1	1370.7	4414
2002—2003	3293.3	281.9	966.2	4541.4
2004—2005	3763.6	346.2	1233.4	5343.2
2006—2007	4345.9	540.8	301.8	5188.5
2008—2009	5352.4	506.4	3393.2	9252.0
2010—2011	7006.4	367.9	267.3	7641.6

资料来源：联合国大会文件：2012—2013年两年期拟议方案预算（第二编第3款），A/66/6（Sect. 3），第19—21页；2010—2011年两年期拟议方案预算（第二编第3款），A/64/6（Sect. 3），第20—22页；2008—2009年两年期拟议方案预算（第二编第3款），A/62/6（Sect. 3），第16—18页；2006—2007年两年期拟议方案预算（第二编第3款），A/60/6（Sect. 3），第15—17页；2004—2005年两年期方案概算（第二编第3款），A/58/6（Sect. 3），第15—18页；2002—2003年两年期方案概算（第二编第3款），A/56/6（Sect. 3），第12—14页；2000—2001年两年期方案概算（第二编第3款），A/54/6（Sect. 3），第18—21页；1998—1999年两年期方案概算（第二编第2款），A/52/6（Sect. 2），第34—38页；1996—1997年两年期方案概算（第二编第2款），A/50/6（Sect. 2），第54—58页；1994—1995年两年期方案概算（第二编第3款），A/48/6（Sect. 3C），第25—29页。

二、为选援供资的专门信托基金

联合国设立的为选举援助供资的基金主要包括四项：联合国观察选举信托基金（United Nations Trust Fund for Electoral Observation）、开发署民主治理小组专题信托基金（UNDP Democratic Governance Thematic Trust Fund）、联合国民主基金（United Nations Democracy Fund）以及能在建设和平的关键时刻对选举提供特别支助的建设和平基金。[①] 除了民主治理小组专题信托基金，其他三项都是由秘书长管理的各个信托基金。这些基金由会员国的自愿捐助构成，是选举援助预算外资金的最重要来源。正如秘书长在报告当中指出的，"鉴于请求经费的时间、期限和复杂性无法预测，因而这些来源对于能否有效开展选举援助活动至关重要。"[②]

"观察选举信托基金"是根据大会第46/137号决议于1992年设立的，由"协调人"直接管理，专门用于支付选援司派出的选举观察团以及协调、支助国际观察员所需的资金，尤其在开发署和维和部无法及时供应该项资金时，用它来快速应急。捐助者向该基金供资时，可指定明确用途，比如美国在1994年认捐270万以资助海地选举，英国在2008年捐资近百万英镑用于援助津巴布韦的选举。若未指定用途，"协调人"则可以自行支配。选举观察曾是援助司重要的援助形式，设立的最初几年，其捐助额也较多。例如，1993—1994财年即有598万美元流入账户。随着联合国选举观察活动的减少，该基金捐助金额开始锐减。到2006年年底，基金总余额已从2003年的245万美元降至58.9万。[③] 鉴于此，在监督事务厅的建议

---

① Report of the Secretary – General to the General Assembly, "Strengthening the Role of the United Nations in Enhancing the Effectiveness of the Principle of Periodic and Genuine Elections and the Promotion of Democratization", *U. N. Doc. A/62/293*, 23 August 2007, pp. 8 – 9.

② Report of the Secretary – General to the General Assembly, "Strengthening the Role of the United Nations in Enhancing the Effectiveness of the Principle of Periodic and Genuine Elections and the Promotion of Democratization", *U. N. Doc. A/62/293*, 23 August 2007, pp. 8 – 9.

③ 经济及社会理事会：《内部监督事务厅关于深入评价政治事务——选举援助的报告》，联合国文件 E/AC. 51/2007/2/Add. 1，2007年3月29日，第16页。

下，该基金在2007年被更名为“联合国选举援助信托基金”（United Nations Trust Fund for Electoral Assistance），以寻求更广泛的用途和捐助。

“民主治理专题信托基金”设立于2001年，是开发署开展选举援助活动的重要资金来源。该项基金资金充裕，2011年其可支配资金达3457万美元。从设立至2011年10年间，德国、卢森堡等国共为其捐助了1.5亿以上的资金，其中挪威一国即为其贡献了9950万，成为最大的捐资国。[①] 不像“观察选举信托基金”，开发署管理的这项基金用于较为广泛的民主治理项目融资，选举援助只是其中之一。尽管如此，自其设立至今，也有59国的选举项目从其获得支助。2009年，开发署启动了“全球选举周期支助方案”（Global Programme on Electoral Cycle Support），3年里投入该方案金额多达5000万，以加强受援国的选举机构及自身能力的中长期建设，使选举援助更有效力。[②] 2012年期满后又注入新的资金。

设立于2005年的“联合国民主基金”是选举援助活动的最新资金来源。截至2010年，在四轮捐款中，包括亚非拉低收入国家在内的39国，为其捐资共计1.1亿美元。由于资金充足，短短几年间，该基金已在110多个国家开展了330多个项目。[③] 其对选举援助的贡献是：为一些选举行政和费用项目提供资金，同时致力于培育选举人、候选人的能力以及培训和支持民间社会观察员。[④] 也就是说，这项基金主要倾向于发展受援国的政治精英和民间社会的自主能力。

2005年，在安南秘书长主持下，联合国在秘书处下成立了“建设和平委员会”，同时设立“建设和平基金”，专门为委员会运作供资。基金主要面向冲突后国家，帮助它们解决短期的资金不足问题。由于大选是冲突后

---

① UNDP，“2011 Democratic Governance Thematic Trust Fund Annual Report”，pp. 73－74. http://www. undp. org/content/dam/undp/library/Democratic%20Governance/Democratic%20Goverannce%20Thematic%20Trust%20Fund/DGTTF_2011AR. pdf.

② UNDP，“2011 Democratic Governance Thematic Trust Fund Annual Report”，p. 28. http://www. undp. org/content/dam/undp/library/Democratic%20Governance/Democratic%20Goverannce%20Thematic%20Trust%20Fund/DGTTF_2011AR. pdf.

③ See http：//www. un. org/democracyfund/About_ Us/about_ us_ index. html.

④ 秘书长大会报告：《加强联合国在提高定期真正选举原则的效力和促进民主化方面的作用》，联合国文件A/64/304，2009年8月14日，第7页。

重建的必由之路，因而资助冲突后的大选成为基金的重要流向。建设和平委员会在巩固和平议程当中的角色被广泛认可，因而相较其他基金，“建设和平基金”的供资能力相对可观。[①] 截至2015年5月，基金已获得6.3亿美元的捐款（表2—5）。

表2—5　建设和平基金的捐助国及其承诺金额一览（2006—2015.5）（单位：万美元）

英国	瑞典	荷兰	挪威	日本	加拿大	德国	芬兰
1399	11062	6690	5261	4250	3386	3294	2526
丹麦	西班牙	爱尔兰	澳大利亚	俄罗斯	中国	意大利	韩国
1775	1763	1587	1581	1400	800	597	548
比利时	卢森堡	印度	法国	奥地利	土耳其	冰岛	葡萄牙
505	454	400	288	211	170	100	100
智利	卡塔尔	沙特	巴西	瑞士	阿联酋	科威特	墨西哥
67	60	60	59	52	50	50	37
捷克	波兰	美国	爱沙尼亚	印度尼西亚	克罗地亚	罗马尼亚	埃及
36	27	25	19	16	15	15	11
利比亚	马来西亚	斯洛文尼亚	斯洛伐克	塞浦路斯	摩洛哥	巴基斯坦	哥伦比亚
10	10	4.2	4.2	4	3.5	2.4	2
泰国	伊斯兰会议组织	私人机构	秘鲁	巴林	以色列	尼日利亚	孟加拉
2	2	1.9	1.5	1	1	0.8	0.5

数据来源：UNDP，http：//mptf. undp. org/factsheet/fund/PB000。

除此之外，联合国的选举援助还会在某些议题上得到一些特别基金的支持。例如，联合国妇女发展基金在提供专门技术知识的同时，还拨出资金用于支持选举中的两性平等，促使妇女的参与获得充分重视。在印度尼西亚，获其支助的项目协助制定了有关两性平等的选举法律，在厄瓜多尔、印度尼西亚、尼泊尔和卢旺达等国，则加强了妇女竞选能力。妇女发展基金还召集了部分非洲国家妇女组织与候选人之间的南南交流会，为其

① 联合国网页，《联合国“建设和平基金”今天启动》，http：//www. un. org/chinese/News/story. asp？NewsID＝6602。

学习有效参与选举的技能提供了渠道和平台。[①]

三、国际供资的利弊

充足而及时的资金支持不仅是选举援助成功开展的前提条件，实际上也是不少国家成功推进大选的必要条件。很多国家在大选当中对国际社会的资金援助需求迫切，尤其是冲突后的国家，其选举预算相当一部分甚至全部来自国际资助。比如1993年的柬埔寨、1994年的莫桑比克、1996年的波黑、2000年的东帝汶、2002年的塞拉利昂、2004年的阿富汗、2005年的伊拉克等大选。由于长年战乱，国家机构趋于崩溃，征税能力几乎被摧毁，因而这些国家为举办大选所需的巨大资金缺口只能依靠国际社会的捐助。

受援国在大选过程中对外部捐助的依赖既有好处，也有缺陷（表2—6）。优势在于能够顺利推进大选，同时不会给受援国自身及其社会带来太大的财政或税务负担。由于经验不足，选举推进过程中会出现很多资金缺口，这些都可以通过国际捐助方式获得补充。同时选举在多个捐助方的严格监督下举办，可以使选举资金的分配和使用符合较高的国际标准，从而有助于受援方建立或改进自己的选举组织结构。不过，过度依赖外援不利于受援国自主选举能力的发展。

国外捐助资金通常有两种不同的注入方式，一种是直接交付受援国的选举管理机构（EMB），一种是经过该国的部委等官僚机构周转。前一种方式的好处是资金分配方便，有清晰的责任主体因而很容易监督。在柬埔寨，EMB在国家财政部之下设立有专用账户，所有捐助都流入专用账户。捐助方多希望采用这种方式，这样它们也容易控制资金的分配和使用。但不少受援国则希望采用后一种方式，这样资金就可以由其自由支配，并自主确定资金使用的重点和方向，同时减少捐助方对选举进程的干预。不

① 秘书长大会报告：《加强联合国在提高定期真正选举原则的效力和促进民主化方面的作用》，联合国文件A/64/304，2009年8月14日，第7页。

过，这种方式可能会导致资金被挪用或助长贪腐，因而多遭人诟病。另一种解决方式是设立执委会，纳入捐助方、EMB 以及受援国政府部门的成员。或者由开发署协调捐助资金，2004 年在印度尼西亚，多方选举捐助的很大一部分就通过 EMB 下设的开发署信托基金来拨付使用。①

表 2—6　国外捐助对选举进程的利弊②

益处	弊端
◇ 有助于选举的顺利推进 ◇ 有助于提升选举管理标准 ◇ 遵循国际标准的援助能提升选举进程的自由度和公正性 ◇ 援助过程中的技能传授能有效改进选举进程 ◇ 协调一致的捐助可以满足 EMB 预算的关键缺口 ◇ 有助于 EMB 改进其服务和可信度 ◇ 有助于 EMB 改进其预算和责任机制	◇ 可能会对国外捐助产生依赖 ◇ 可能导致引入成本高昂、难以持续的选举实践 ◇ 若未经协调，捐助会出现无效重复 ◇ 捐助可能会集中在形象工程，反而对关键进程产生负面影响 ◇ 不能确保充裕资金及时到账 ◇ 无效或不适当的外部技术方案有损 EMB 自主能力发展 ◇ 很难协调和满足不同捐助方的不同标准和要求

资料来源：由笔者个人绘制。

第四节　联合国选举援助的具体形式

由于不同时期联合国援助重点有别，援助的形式也有所不同。2001 年秘书长的大会报告将援助活动划分为“援助前”和“援助”两个阶段，前者包括专家咨询服务和派遣需求评估团，后者则包括选举观察和监测、选

① Alan Wall, Andrew Ellis, Ayman Ayoub, Carl W. Dundas, Joram Rukambe, Electoral Management Design: The International IDEA Handbook, Stockholm: International IDEA, 2006, pp. 179 - 180.

② Alan Wall, Andrew Ellis, Ayman Ayoub, Carl W. Dundas, Joram Rukambe, *Electoral Management Design: The International IDEA Handbook*, Stockholm: International IDEA, 2006, pp. 179 - 180.

举进程援助、能力建设、机构建设和制度建设五类。[①] 2011 年，潘基文秘书长在其报告中又调整为五种基本形式：组织和操办选举、核实/认证、技术援助、派遣专家小组以及协调国际观察员。[②] 概而言之，依其 20 余年的具体实践，联合国的援助形式大致可以区分为 7 种：组织和操办选举（organizationand conduct of elections）、选举监督（supervision）、选举核查（verification）、协调与支助国际观察员（coordination and support of the activities of international observers affiliated with other organizations）、支助国内观察员（support of the activities of domestic observers）、选举观察（observation）和技术援助（technical assistance）。[③] 这 7 种形式基本囊括了联合国在选举事务的援助方面所开展的全部活动。

一、选举援助的具体形式分类

所有的援助形式均可略加调整，以满足受援国的特殊需求；一种援助形式往往还与另一种援助形式相互结合，从不同方面增强请求国的选举能力，提高其选举质量。例如，技术援助就经常与前三种形式结合在一起，满足受援国的多方面需求。

7 种形式当中，技术援助所占比例最大，每年大约 1/3 以上的国家或地区要求联合国在选举的具体技术方面提供援助。近年来，技术援助的比例占所有援助形式的一半以上。开发署、人权高专办、经社部等部门是技术援助的主要提供方，其中开发署承担的任务最多，援助的范围也最广。从选前的宪法和法律的制定和修改、负责主持大选的选举委员会及工作人员的能力培训、选民的教育和登记，到选举日的计票以及选举后的能力再培育，都能看到开发署的身影。相对于其他几种尤其是前三种援助形式，

---

① 秘书长大会报告：《提高定期真正选举原则的效率》，联合国文件 A/56/344，2001 年 10 月 19 日，第 5—7 页。

② 秘书长大会报告：《加强联合国在提高定期真正选举原则的效力和促进民主化方面的作用》，联合国文件 A/66/314，2011 年 8 月 19 日，第 3 页。

③ 会员国考虑申请选举援助的指导方针，见秘书长大会报告：《提高定期真正选举原则的效力》，联合国文件 A/49/675 附件三，1994 年 11 月 17 日，第 30 页。

技术援助既不需要担负太大的政治风险，所需费用也不会太高，通常由一两名联合国工作人员或者聘任的选举事务专家即可完成任务。不过，由于方便快捷、能够满足受援国特殊需求，因而这种援助对其选举能力的长远发展往往发挥着至关重要的作用。从受援方角度来看，这种援助形式也更受欢迎：一是多数国家已经举办过大选，选举管理机构已经积累经验，它们需要的主要是技术操作层面的改进和升级；二是技术援助对大选的影响是非常边缘性的，因而较少引发受援国的担忧。

前三种援助比较复杂。它们通常是联合国大型维和或政治特派团承担任务的组成部分，前者涉及军事或警察人员的派出，需要安理会的特别授权，后者则须由大会决定。也就是说，如果有国家或地区请求联合国提供这三方面的援助，“协调人”及选援司包括秘书长本人都无法直接回应，须获得安理会或大会的特别授权后方能提供。不仅如此，会员国或地区在请求这三种援助时，应当表明该国或地区的选举关系到国际或地区的和平与安全（包括潜在的）。[①]

在这三种当中，“组织和操办选举”卷入程度最深。迄今为止，联合国只在两个地方开展过这种形式的活动：1991—1993 年在柬埔寨和 1999—2002 年在东帝汶。在这两地，从选民登记、选民教育、政党竞选、媒体宣传到组织投票以致最后结果的宣布，联合国全面参与并发挥主导作用，承担着过渡时期“准选委会”的角色。与此同时，在两地的特派团还被赋予广泛的安全和行政职权，被称为联合国驻该地的“过渡权力机构”（Transitional Authority）。从 1991 年 10 月设立先遣团（the United Nations Advance Missionin Cambodia）到 1993 年 9 月“联合国柬埔寨过渡权力机构”（the United Nations Transitional Authority in Cambodia）随着柬王国宪法的颁布和新政府的组成而最终退出，联合国在这两年过渡期间共在柬部署了约 22000 名军事和文职人员，前后投入金额高达 16.2 亿美元。[②] 在东帝汶，

① Report of the Secretary - General to the General Assembly, “Enhancing the Effectiveness of the Principle of Periodic and Genuine Elections”, *U. N. Doc. A/47/668*, 18 November 1992, pp. 15 - 16.

② 《柬埔寨过渡时期联合国权力机构》，http：//www. un. org/zh/peacekeeping/missions/past/untac/。

“联合国东帝汶过渡权力机构”（the United Nations Transitional Authority in East Timor）授权期限从1999年10月至2002年5月，共计7687名军警人员、737名国际文职人员和1745名当地文职人员参与执行了任务。其预算仅2001—2002财年即达4.77亿美元。①

1991年4月，安理会第690号决议还曾授权联合国全权负责西撒哈拉地区的全民投票活动，就其寻求独立还是并入摩洛哥做出选择，原设定于1992年完成任务。不过由于该地区冲突各方的意见分歧及投票前的选民登记等程序进展缓慢，导致联合国至今未能完成第690号决议授权任务。②为了执行该决议，安理会此后接连通过新决议，将联合国西撒特派团延期，仅1998年到2012年4月，安理会就通过了40份相关决议。③

与“组织和操办选举”类似，“选举监督”也需要联合国投入大量人力、物力和财力，如在1989年的纳米比亚。为监督当年11月举行的制宪议会选举，联合国动用了大批文职、警察和军事人员，高峰时总数将近8000人。在选民登记和投票环节，联合国部署的工作人员与南非管理当局任命的执行该次选举任务的选举人员人数几乎相当。而且执行该次行动的联合国人员必须随时就选举进程中出现的问题向主持选举的南非机构交涉，以确保整个大选进程的高效推进。可以说，联合国特派团成了该次选举的“第二选委会”。这种大型的选举援助只是联合国在特殊情势尤其是非殖民化进程下的一种特殊参与，一般情况下不会轻易批准这两种援助。

“选举核查”对联合国的挑战稍微小些。在20世纪90年代，联合国在南非、安哥拉、萨尔瓦多、厄立特里亚、海地、莫桑比克等国广泛承担了核查任务。在提供这种形式的援助时，选举由当地政府组织和操办，联合国则通过现场观摩，检查核实选举各个阶段是否自由、公正、合法，选举结果是否真实有效。由于核查过程覆盖选举各个阶段而非集中于投票日，因而联合国要求会员国或地区在提出此类申请时，必须保证联合国能够全程参与，以

---

① http：//www. un. org/zh/peacekeeping/missions/past/etimor/UntaetF. htm.

② 《西撒特派团的背景》，http：//www. un. org/zh/peacekeeping/missions/minurso/background. shtml。

③ http：//www. un. org/zh/peacekeeping/missions/minurso/resolutions. shtml.

确保核查的真实有效。[①] 以莫桑比克的核查行动为例，该任务是安理会于1992年12月授权设立的“联合国莫桑比克行动”的一部分。大选由该国国民议会指定的21名成员组成的选举委员会组织，定于1994年10月27—28日两天投票。至当年6月，联合国已在各省部署了126名观察员，他们负责全程监测选民登记、公民教育、竞选前及竞选期间各政党和媒介的活动。投票日前后联合国以其名义，又在全国分组部署了约2300名观察员，对8000个投票站进行抽样监测。选委会于11月19日宣布选举结果，随后秘书长特别代表则根据观察员的报告，宣布选举是自由、公正的。[②] 在南非，承担1994年4月大选核查任务的“联南观察团”高峰时期人数达到了1985人。在核查期间，“观察团”观察和报告了选民教育的开展情况、独立选举委员会的活动、各种政治集会和其他公开活动的动向。他们同时积极与各党派保持接触，并调查了一些恐吓事件和选举投诉案件。[③]

“协调和支助国际观察员”、“支助国内观察员”和“选举观察”，这三类活动都涉及对选举进程的某种“观察”。有些观察任务要求覆盖从选民登记到最终结果宣布的整个进程，有些则只是要求观察投票日当天。无论哪种形式，联合国都被要求“在场”。不同的地方在于：前两者联合国并不直接负责观察，而是为承担观察任务的来自国际社会或者该国国内的观察员提供协调和帮助。

20世纪90年代，联合国在一些国家如阿尔及利亚、喀麦隆、刚果、吉布提、加蓬等地观察过选举。2001年，大会应斐济看守政府的请求派遣了观察团，在此之后，联合国再也没有直接承担过观察任务。[④] 与核查不同，观察的规模通常比较小，只需一两名选援司工作人员或者所聘专家或

---

① Report of the Secretary - General to the General Assembly, “Enhancing the Effectiveness of the Principle of Periodic and Genuine Elections”, U. N. Doc. A/47/668, 18 November 1992, pp. 15 - 16.

② 秘书长大会报告：《联合国系统支持各国政府努力促进和巩固新的民主国家或恢复民主的国家》，联合国文件A/50/332，1995年8月7日，第27—28页；秘书长安理会报告：《秘书长关于联合国莫桑比克行动的进一步报告》，联合国文件S/1994/1002，1994年8月26日，第6—8页。

③ 秘书长安理会报告：《秘书长关于南非问题的报告》，联合国文件S/1994/717，1994年6月16日，第6—7页。

④ 秘书长大会报告：《提高定期真正选举原则的效率》，联合国文件A/56/344，2001年10月19日，第6页。

者人权高专办的官员。还有一种形式更为灵活，被称为“观察和报告”活动，在1992的喀麦隆议会选举中首次采用。当时由于观察的筹备时间太短，联合国要求驻地协调员就地观察选举进程，并将观察结果内部通报秘书长。这一办法后来在不少地方采用。[①] 之所以在2001年之后没有再承担观察任务，主要原因在于：联合国并不适宜观察自己提供过某方面援助（主要是技术援助）的选举，如此有自我评测之嫌；更重要的是，欧安组织、美洲国家组织、非盟等地区性组织以及不少非政府组织已经成为选举观察的主要主体，在这种情况下，联合国再派遣少量观察员，增益不大，象征意义大于实际作用。[②]

应会员国或地区请求为国际观察团提供协调和支持，这种形式的活动1992年首次在埃塞俄比亚采用，此后，在莱索托、马拉维和尼日尔等地进一步改进了方法。[③] 这种援助非常经济有实效，对促进不同组织和机构协同行动，防止相互间由于观察方法、视角和政治倾向等差异而出现错误判断有较大作用，体现了联合国的权威、中立地位。与此同时，联合国无须对选举本身发表观点，因而不会对受援国或地区的主权产生侵扰。在援助时，联合国通常在该国或地区设立一小型秘书处，和组织选举的行政当局一道向观察员介绍情况，提供共用设施，确保不同的观察组在部署行动时相互配合，并在选后各方同意时，共同发布联合声明。[④]

为一国内部的非政府组织或党派观察员提供培训、咨询等服务，这种形式的援助适用于“相当发达和多元，并拥有不少愿意参与国家选举观察

---

① 秘书长大会报告：《提高定期真正选举原则的效力》，联合国文件A/48/590，1993年11月18日，第15页。

② 秘书长大会报告：《提高定期真正选举原则的效力》，联合国文件A/49/675，1994年11月17日，第9—10页。

③ 秘书长大会报告：《联合国系统支持各国政府努力促进和巩固新的民主国家或恢复民主的国家》，联合国文件A/50/332，1995年8月7日，第28页。

④ “报告期内接受联合国选举援助的国家和领土”，参见秘书长大会报告：《加强联合国在提高定期真正选举原则的效力和促进民主化方面的作用》，联合国文件A/60/431，2005年10月14日，第6—7页。

的、有行动力的非政府组织的国家”。[①] 墨西哥在1994年和2000年两次得到过这方面的援助。2000年，联合国还在墨西哥政治形势复杂的恰帕斯州的地方选举中，提供了类似协助。[②] 在莫桑比克，联合国则支助过其政党观察团。这种援助对一国发展长期自主的观察能力、增强民众对选举的信心具有重要作用，不过也存在因侵犯主权而带来的政治风险。因而这方面的援助目前主要是一些非政府组织和国家机构在开展。

除了这7种援助形式之外，联合国还通过提供选举物资以支持受援国的选举。这些物资由联合国开发署和外勤支持部等部门筹措，并在必要时负责运送和分配。这类援助经常混合在上述7种援助形式当中一同提供，尤其在前三种援助形式里，物资援助通常不可或缺而且数量庞大。由于通常不是独立提供，也非由选援司负责，因而这里不再单独列出。

二、不同形式之间的区别与对比

上述七种形式的不同援助之间的细微差异，笔者通过图表形式，从援助的内容、特征、条件和主要受援国四个方面进行比较，以更好对其进行区分（见表2—7）。

表2—7 联合国选举援助的形式及其对比

形式	内容	特征	所需条件	主要受援国
组织和操办选举	由联合国安排、组织大选，并对选举过程及其结果负责	提供的最全面援助，对受援国影响至深，也需投入大量财力、人力和物力，并承受巨大风险，易侵犯主权	选前申请，联合国派遣需求评估团，还需要安理会或大会授权	柬埔寨、西撒哈拉（1991年授权，未果）、东帝汶

① 秘书长大会报告：《联合国系统支持各国政府努力促进和巩固新的民主国家或恢复民主的国家》，联合国文件A/50/332，1995年8月7日，第30页。

② 秘书长大会报告：《提高定期真正选举原则的效率》，联合国文件A/56/344，2001年10月19日，第14页。

续表

形式	内容	特征	所需条件	主要受援国
选举监督	监测对象国组织的选举的整个进程，以确保最后结果的合法性，并为选举过程的自由和公正创造条件	通常出现在非殖民化及大规模的维和行动之后，大量财力、人力和物力，代价高昂，易侵犯主权	选前申请，联合国派遣需求评估团，还需要安理会或大会授权	纳米比亚（1989）
选举核查	核实对象国组织的选举是否自由、公正，并就选举情况发表最后声明	通常是维和特派团任务的一部分。只负责证明选举的各个进程的合法性，对所在国侵扰不太大	选前申请，联合国派遣需求评估团，还需要安理会或大会授权	安哥拉、萨尔瓦多、海地、尼加拉瓜、莫桑比克、南非、科特迪瓦等
选举观察	派遣一个联合国观察员或小组或指定驻地协调员，跟踪选举进程，并就选举的情况向秘书长提交内部报告	只派遣一到两名代表，虽费用不多，但效果微不足道，只具象征意义	选前申请，联合国派遣需求评估团，有时需大会授权	阿尔及利亚、喀麦隆、刚果、吉布提、加蓬、几内亚、吉尔吉斯坦、巴拉圭、摩尔多瓦、斐济等国
协调和支助国际观察员	联合国并不直接观察，而是成立一个小规模的协调秘书处，将所在国邀请的全体国际观察员组成联合观察小组并为其提供礼仪、后勤和观察方面的支助	能够最低程度确保观察的一致性和合理性。不需对选举进程表态，因而风险不大；也无需支付观察员费用，因而代价极低	选前申请，联合国派遣需求评估团	马拉维、埃塞俄比亚、亚美尼亚、阿塞拜疆、贝宁、布隆迪、中非、乍得、刚果等

续表

形式	内容	特征	所需条件	主要受援国
支助国内观察员	为所在国国家内部的非政府组织或政党提供诸如观察方法、后勤、战略规划、快速计票等技术和物质援助，协助其增强观察和评估选举进程的能力	可以就对象国特殊需求及其能力有针对性援助，对该国发展自己的长期能力具有重要作用。适用于发达、多元化并拥有一批有活力的非政府组织的国家	选前申请，联合国派遣需求评估团	墨西哥（1994）、莫桑比克、墨西哥（2000）、墨西哥的恰帕斯州（2000）
技术援助	向选举当局提供咨询；设计和改组选举制度；公民和选民教育；选举工作人员的培训；选举进程如登记、计票、法律改革等技术性培训和援助等	为会员国最经常要求的援助，对受援国的长期能力发展具有重要意义，主要由开发署、人权高专办、经社部等机构提供，由一到两名顾问为一具体项目提供一到两月的援助	选前申请，有时无需派遣需求评估团	阿尔巴尼亚、安哥拉、阿根廷、孟加拉、巴西、哥伦比亚、厄立特里亚、斐济等一百多国家

资料来源：联合国文件 A/47/668/Add. 1 （24 November 1992）， A/49/675/Annex. 3 （17 November 1994）， A/50/332 （7 August 1995）， A/51/512/Annex. 1&2 （18 October 1996）。

小　结

在联合国系统内部，围绕选举援助形成了以秘书处下属之“协调人”和选举援助司（股）为中心，开发署、维和部、政治事务部、经社部、外勤支持部、人权高专办、项目事务厅、联合国志愿人员等众多部门参与的复杂组织网络。在外部，联合国则与欧盟和非盟等区域组织、一些政府机构及部分非政府组织之间建立了伙伴关系或合作关系，共同协作选举援助活动的开展，这也促成了一个全球性的选举援助网络的出现。不过，对国家主权议题的敏感及自身资源与能力的有限，也决定了联合国的选举援助与其他组织、机构的选举援助存在差异。

本章还从三个方面详细分析了联合国选举援助的实施状况：援助的程序、资金的来源、提供的援助形式及相互差异。

除个别情况外，选举援助实施的标准程序是由会员国或地区首先提出申请，然后由联合国评估审核。其运作资金主要来源于两部分：各部门的预算以及一些专门设立的基金。在20余年里，联合国所提供的援助大致可以区分为这样七种形式：组织并举行选举、监督选举、核查选举、协调并支持国际观察员、支持国家观察员、观察和技术援助。从受援国的地区分布来看，非洲一直是重点区域，拉美加勒比国家也是联合国较为关注的地区，亚洲在最近几年增长较快，而中东欧地区则出现下降。

为何越来越多的国家发出这方面的申请？西方国家的民主推广和规范扩散活动是重要原因，但它还不足以解释受援国的主动和持续这一现象。这说明受援国自身也存在这一需求。对受援国来说，这一援助能发挥何种作用，这是本书下一章准备阐述的问题。

第三章　联合国选举援助的功效分析

从时间跨度上来讲，联合国的选举援助大致可以分为两种不同类型：一类是专门为受援国的某次选举的筹备、操办提供各种形式的援助，通常在选举前会接到对象国的邀请。这种援助具有典型的即时性特征，一旦大选完成，选援任务即告结束，选援人员即可撤离。在20世纪90年代，这种类型的援助相当普遍，尤以冲突后国家或威权转型后的首次大选为典型代表。与冲突后的国家相比，威权转型的国家功能并未遭到太大破坏，国家重建的任务相对要轻松一些（当然，有些国家在威权转型过程中也伴有高强度的冲突）。因而下文所述的即时性选举援助，将以冲突后国家的首次大选为考察对象。

与这种即时性的选举援助不同，另一种类型的选举援助则旨在扶持受援国中、长期的选举制度和能力方面的建设。由于这种援助着眼于选举前、选举期间和选举后的整个选举进程，因而在某些情况下又被称为“选举周期”援助。目前，两种援助类型都存在，不过，由于资源的有限，即时性援助仍占大半，尽管发展对象国的长期自主能力日益成为联合国未来选举援助的趋向。本章拟分三节，第一节分析外部因素与国家建设之间的关系，第二节和第三节详细地阐述即时性选举援助与中、长期选举援助对受援国或地区的作用。

第一节　外部援助与国家建设

一、国家建设进程中的内外机制变迁

欧洲国家有4—7个世纪的时间去发展，而现在的发展中国家则必须以快得多的速度巩固下来，从而在这个国家间体系中与前者竞争。[①] 和西欧、北美这些巩固的民主国家相比，发展中世界大批国家面临十分不同的国家形成和建设环境。差别之一是，战争的模式和机制完全不同。近代国家的形成和建设进程中，战争的作用难以忽视。查尔斯·蒂利（Charles Tilly）甚至提出了“战争缔造国家，国家发动战争”的著名命题，他认为，正是频繁的战争迫使近代欧洲各国不断革新国内政治、经济和军事制度，并获得从社会当中汲取资源的合法权力，以应对多轮战争对资源和能力的严苛挑战。[②] 赵鼎新在研究中国的案例时也发现，春秋—战国时代诸侯列强之间频繁的局部非摧毁性战争刺激了该时期各个社会领域的发展，并最终导致国家权力的一元独大。[③] 一些人将战争期间及战后这种公共税收、开支和债务的增加及由此形成的国家规模的不断扩大称为“棘轮效应”（Ratchet Effect），即规模一旦扩大，就很难再收缩。拉斯勒（Karen A. Rasler）与尚普森（William R. Thompson）则将之称为“置换效应”（Displacement Effect），这种效应的实现路径是：首先，对外敌入侵的恐惧使得纳税人愿意承受较高税负；第二，战争为国家提供了改革税务体制的机会，税收水平强化；第三，不断增加的军事技术革新需求迫使统治者汲取更多资源，由此促成了更大规模的财政官僚机构的出现；最后，当国家不能通过征税

---

① Mohammed Ayoob, *The Third World Security Predicament: State Making, Regional Conflict, and the International System*, Lynne Rienner Publishers, 1995, p. 31.

② 查尔斯·蒂利著，魏洪钟译：《强制、资本和欧洲国家》，上海人民出版社2007年版。

③ 赵鼎新著，夏江旗译：《东周战争与儒法国家的诞生》，上海华东师范大学出版社2006年版。

汲取足够资源时，他们就发行债务，尤其在战争期间。[①]

后起的发展中国家能否通过同样方式走向中央集权化道路？寇亨（Youssef Cohen）、布朗（Brian Brown）以及欧根斯基（Abramo Organski）给出了肯定的回答。他们认为新独立国家内部出现的暴力冲突并不是政治衰败的症候，而是国家权力的原始积累（Primitive Accumulation of State Power）进程的具体表现。[②] 科比（Andrew Kirby）和沃德（Michael D. Ward）两人通过检验军事开支、经济生产率、汲取（税收）与城市化之间的关系（这几项在蒂利 1992 年的著作中都得到了强调），也同样乐观地推测，非洲可能正经历欧洲国家那样的“国家形成周期”（Cycle of State Creation）。[③] 正是基于这样的判断，卢特沃克（Edward Luttwak）因此大胆放言，“让战争爆发吧”（Give War a Chance）。[④]

战争会遵循同样逻辑驱动着第三世界的国家建设吗？恐怕并非如此。最重要的原因在于，与近代欧洲的国家间冲突模式不同，当前很多战争出现在国家内部。内战持续时间越长，反而越不利于国家的形成。马逊（David Mason）等人的研究发现，如果政府军（叛军）不能尽快击溃叛军（政府军），内战将越来越难以其中一方的获胜而终结。[⑤] 这时内战很可能陷入扎特曼（William Zartman）所界定的“相互耗损僵局”（Mutually Hurting Stalemate），在这种情况下，战争可能旷日持久，由于任何一方都没有能力将对方击败，最后只得请国际社会或第三方介入调停。[⑥]

---

① Karen A. Rasler, and William R. Thompson, “War Making and State Making: Governmental Expenditures, Tax Revenues, and Global Wars”, *American Political Science Review*, Vol. 79, No. 2, 1985, pp. 491 – 507.

② Youssef Cohen, Brian R. Brown, and Abramo Fimo Kenneth Organski, “The Paradoxical Nature of State Making: The Violent Creation of Order”, *The American Political Science Review*, No. 75, 1981, pp. 904 – 909.

③ Andrew Kirby, and Michael D. Ward, “Modernity and The Process of State Formation: An Examination of 20th Century Africa”, *International Interactions*, Vol. 17, No. 1, 1991, pp. 113 – 126.

④ Edward Luttwak, “Give War a Chance”, *Foreign Affairs*, Vol. 78, No. 4, 1999, pp. 36 – 44.

⑤ David T. Mason, Joseph P. Weingarten, and Patrick J. Fett, “Win, Lose, or Draw: Predicting the Outcome of Civil Wars”, *Political Research Quarterly*, Vol. 52, No. 2, 1999, pp. 239 – 268.

⑥ William Zartman, *Ripe for Resolution: Conflict and Intervention in Africa*, New York: Oxford University (2nd), 1989.

一方面，正如多伊奇、赫伯斯特等人所强调的，由于外部威胁尤其国家在国际体系当中面临的生存压力的降低减少了国家建设的动力。① 另一方面，尤为重要的是，多数战争或冲突在一国疆域之内蔓延，变成了内部人之间的仇杀，战争的逻辑机制因而发生变化。一是由宗教、民族、种族、资源争夺、地方分离或叛乱等各种原因引发的内部冲突，使社会沿着引发冲突的边界线裂解，导致社会的碎片化以及不同群体之间的对立。这样的战争非但难以推动民族—国家整合，促成共同体认同和身份的形成和发展，反倒成为破坏因素。二是持久的国内冲突所造成的经济萎缩、资源破坏和社会分裂使得国家的资源汲取变得越来越困难。不仅如此，中央政府还被迫使用免税或转移支付策略来安抚或收买地方叛乱组织。② 由于资源的短缺，导致国家规模难以扩张，或者成为仅仅维护一小部分社会群体或统治者权益的"掠夺性（Predatory）国家"。三是战争增加了中央政府对地方和社会网络的依赖，强化了结构的碎片化以及中央集权化的难度。③ 对军阀的厌恶则约束了国家军事化的努力。④ 四是社会当中的多元化和冲突特征使得国家很难将其基础建立在社会的稳固支持及对其的有效控制之上，而可汲取资源的短缺又导致国家能够用于社会投资的资源越来越少，这些社会投资本可以通过供应公共物品的形式去吸纳政治反对者并维持关键社会群体的忠诚。⑤ 这种国家—社会关系的二元分裂，严重弱化了国家

---

① Michael C. Desch, "War and Strong States, Peace and Weak States?" *International Organization*, Vol. 50, No. 2, 1996, pp. 237 – 268. 赫伯斯特对非洲的研究特别强调了邻国威胁的减少对国家弱化的影响，Jeffrey Herbst, "War and the State in Africa", *International Security*, Vol. 14, No. 4, 1990, pp. 117 – 139; Jeffrey Herbst, "Responding to State Failure in Africa", *International Security*, Vol. 21, No. 3, 1996/1997, pp. 120 – 144; Jeffrey Herbst, *States and Power in Africa*: *Comparative Lessons in Authority and Control*, Princeton: Princeton University Press, 2000。

② Fernando López – Alves, "The Transatlantic Bridge: Mirrors, Charles Tilly, and State Formation in the River Plate", In *The Other Mirror*: *Grand Theory through the Lens of Latin America*, eds., Miguel A. Centeno and Fernando López – Alves, Princeton: Princeton University Press, 2001, pp. 153 – 76.

③ Tuong Vu, "Studying the State through State Formation", *World Politics*, Vol. 62, No. 1, January 2010, p. 155.

④ Stanislav Andreski, "On the Peaceful Disposition of Military Dictatorships", *Journal of Strategic Studies*, Vol. 3, No. 3, 1980, pp. 3 – 10.

⑤ Margaret Levi, "Why We Need a New Theory of Government", *Perspectives on Politics*, Vol. 4, No. 1, 2006, pp. 5 – 19.

能力。

即便一方赢得冲突胜局，是否最终强化了国家能力，还取决于其国家—社会特质。泰勒（Brian D. Taylor）和波梯（Roxana Botea）通过研究越南和阿富汗两个案例，就发现战争对提升越南国家能力起到了积极作用，在阿富汗却刚好相反。原因在于，越南有主导民族存在，而且战争与革命激励其精英群体，催生了国家统一的意识形态。这两个因素在阿富汗都不存在。两个因素中，民族的同质程度又最为重要。缺少这两个条件，战争极易成为国家建设的破坏性力量。[①] 荷兰学者的研究发现，在全球范围内，社会陷入分裂状态的国家高达 74%，而发达民主国家只有 52%。不论宗教、族群还是语言文化，发展中世界的社会分裂程度都要高得多。[②]

实际上，与西方国家从民族、文化、社会经济的一体化发展到现代国家这样具有突出线性特征的国家形成和建设路径不同，很多发展中国家的社会支持基础相当薄弱。[③] 非洲国家尤其特殊，刘鸿武指出，非洲基本上遵循了一种相反的模式，即先宣布建立国家、组织政府，然后借助有组织的政治权力来建构必要的文化纽带、国民意识和社会经济基础，推进民族一体化进程。很多国家“缺乏作为统一国家而存在的一种历史经历、国民意识、国家观念，缺乏使国家持久团结和稳定存在的国内各民族共享的文化联系、精神纽带和历史遗产。”因而在非殖民化之后，多数不是“重建”而是“新建”。[④] 殖民遗产同样带来了负面效应，殖民制度的目标在于剥削而非发展，外来的统治割断了国家与社会间的天然纽带，由征服而建立的国家机构很容易成为漂浮于社会之上的外在物，难以与其融合，更难从其获得稳固支撑。在这种情况下，国家可能呈现复杂的双重面目：既表现得

---

① Brian D. Taylor and Roxana Botea, “Tilly Tally: War - Making and State - Making in the Contemporary Third World”, *International Studies Review*, Vol. 10, 2008, pp. 27 - 56.

② Renske Doorenspleet, “Electoral System and Good Governance in Divided Countries”, in Florian Bieber, et al., *The Ethnopolitics of Elections*, London and New York: Routledge, 2007, pp. 12 - 13.

③ 塞缪尔·亨廷顿著，王冠华等译：《变革社会中的政治秩序》，上海人民出版社 2008 年版，第 78—116 页。

④ 刘鸿武：《撒哈拉以南非洲民族国家统一构建进程》，载于《西亚非洲》2002 年第 2 期，第 18—19 页。

特别暴虐和专制，在面对宗教、族群以及各类非正式社会网络时又显得异常虚弱无力。考利（Atul Kohli）对尼日利亚的研究就表明，英国人的殖民统治导致尼日利亚形成了一种新裙带制国家（Neopatrimonial State），在这种体制下，国家权力缠绕于特殊和个人化的社会网络之中并被其削弱。[①]米格代尔也分析了这种“强社会”束缚下的国家建设困境，他认为这种束缚挫败了埃及等第三世界国家发展成韦伯式国家的种种努力。[②] 不论是米格代尔所谓的“社会中的国家”（State in Society）[③]，还是一些漂浮于“社会之上”的国家，都显示出第三世界国家—社会关系相互割裂的复杂面向及其对国家建设的负面效应。

与西方发达国家相比，处于艰难的国家建构过程的第三世界国家还同时面临民主规范的巨大压力，这是两者间的另一重大差异。[④] 诚如杜赞奇所言：“国家权力在现代的扩展涉及一个双面的过程：一是渗透与扩张的过程，一是证明此种渗透与扩张过程的合法性。”[⑤] 华中师范大学徐勇教授认为，相对于传统国家，现代国家具有两个基本特性：一是民族—国家，一是民主—国家，前者是现代国家的组织形式，以主权为核心；后者是现代国家的制度体系，以主权在民为合法性基础。[⑥] 现代国家的构建，并不

---

① Atul Kohli, “States and Societies”, In Ira Katznelson and Helen Milner, eds., *Political Science: The State of the Discipline*, New York: W. W. Norton and the American Political Science Association, 2002.

② 乔尔·米格代尔著，张长东等译：《强社会与弱国家：第三世界的国家社会关系及国家能力》，江苏人民出版社 2009 年版。

③ See Joel S. Migdal, *State In Society: Studying how States and Societies Transform and Constitute One Another*, Cambridge University Press, 2001.

④ 研究民主化的著述相当丰富。比较有代表性的有：塞缪尔·亨廷顿著，刘军宁译：《第三波——20 世界后期民主化浪潮》，上海三联书店 1998 年版；林茨、斯泰潘著，孙龙等译：《民主转型与巩固的问题：南欧\南美和后共产主义欧洲》，浙江人民出版社 2008 年版；霍华德·威亚尔达编，榕远译：《民主与民主化比较研究》，北京大学出版社 2004 年版；斯迪芬·海哥德、罗伯特·考夫曼著，张大军译：《民主化转型的政治经济分析》，社会科学文献出版社，2008 年版；Larry Diamond, et al., *Consolidating the Third Wave Democracies: Themes and Perspectives*, Baltimore: Johns Hopkins University Press, 1997; Larry Diamond, et al., *Democracy in Developing Countries*, Lynne Rienner, 1989。

⑤ 杜赞奇：《从民族国家拯救历史——民族主义话语与中国现代史研究》，社会科学文献出版社 2003 年版，第 86 页。

⑥ 徐勇：《回归国家与现代国家的建构》，载于《东南学术》2006 年第 4 期，第 18—27 页。

意味着国家控制能力的绝对增长，而是要发展和完善具有合法性的政治力量和保障合法性的政治设施。① 资源的争夺交织着崛起中的国家精英为国际承认以及与社会团体构建新关系的合法性竞争。② 对民主观念的普遍强调，某种程度上甚至达到了意识形态化或“民主治理规范”的层次，即将“民主治理”视为一项普遍的国际性法律权利。③ 大国尤其是美国、欧洲运用物质和规范手段全力推动，不少地区和国际组织也将之视为政策目标。由此带来的结果是，第三世界国家在对抗全球政治上的政治工具数量及其有效性呈明显的下降趋势，并导致在法律、政体、安全、民族认同和经济五个领域形成国际、国内的断裂现象，这些断裂突出强调了权力及其制约的变化形态，与国家相关的政治权力结构被重新界定。④

除了战争在国家形成和建设中的作用弱化、特殊的国家社会关系以及全球的民主化压力之外，巴基和巴里克还指出了另一种变化。在西欧，资本主义促进了国家的建立，国家的建立则帮助发展了资本主义，两者相互强化。但今天，新独立的发展中国家在全球经济体系当中处于相当不利地位。⑤ 东亚模式的成功很大程度上源于这一地区的国家先天的强势地位及其对市场的强力引导，形成了所谓的“发展型国家”。而很多第三世界国家本身处于国家建构的艰难阶段，在全球化无孔不入的冲击下，不但难以摆脱世界产业和市场分工中的受剥削地位，国家机器也变得更加脆弱和敏感。“新自由主义的改革措施、市场力量的膨胀以及市场要素的自由流动，都弱化了失效国家的监管职能以及提供基本公共物品的能力。”⑥ 对这种不

---

① 慕良泽、高秉雄：《现代国家构建：多维视角的述评》，载于《南京社会科学》2007 年第 1 期，第 60—67 页。

② Tuong Vu, “Of Rice and Revolution: The Politics of Provisioning and State - Society Relations on Java, 1945 - 1949”, *South East Asia Research*, Vol. 11, No. 3, November, 2003, pp. 237 - 267.

③ 苏珊·马克斯著，方志燕译：《宪政之谜——国际法、民主和意识形态批判》，上海译文出版社 2005 年版。

④ 戴维·赫尔德著，胡伟等译：《民主与全球秩序——从现代国家到世界主义治理》，上海人民出版社 2003 年版，第 104—149 页。

⑤ Karen Barkey and Sunita Parikh, “Comparative Perspectives on the State”, *Annual Review of Sociology*, Vol. 17, 1991, pp. 523 - 549.

⑥ 闫健：《国外关于失效国家治理的研究述评》，载于《国际观察》2014 年第 6 期，第 41 页。

平等关系的探讨，是阿根廷的劳尔·普雷维什、埃及的萨米尔·阿明和美国的伊曼纽尔·沃勒斯坦等依附论学者的分析焦点，他们的著述相当详尽地展示了第三世界国家在以发达国家为主导的国际体系中的不利地位以及体系对其的巨大负面影响。[①] 此外，埃克斯曼（Roland Axtmann）还探讨了在多元文化主义与民族主义、国家的国际社会化以及地缘政治变迁这些复杂进程中给国家的形成和建设所带来的效应。[②]

外部因素在国家建设过程中正发挥着前所未有的重要作用。置身全球化的背景下，民族国家的身份、结构和制度都在发生变化，即便处于敏感位置的安全机构及其职能都受到外部的巨大影响。[③] 时和兴在《关系、限度、制度：政治发展过程中的国家与社会》一书中，甚至认为发达国家与发展中国家在国家发展阶段上走的是不同道路，前者是内部的创新过程，后者则属外诱性变迁发展。[④] 对于发展中世界的国家来说，由于疆域内部的控制能力有限，外部因素可能发挥的空间非常之大、途径非常之多。如此必然给这些国家的建设进程带来相当大的负面影响，但与此同时，也为其提供了重要机遇。恰当地选择和利用这些外部机遇，是发展中国家面临的一项重大挑战。

二、外部角色的参与模式变化

提供国家建设方面的外部援助，这一必要性早被外界广泛承认。不过，由于过去外部援助集中于经济领域，政治领域方面的援助缺乏经验。一些双边和多边机构也不愿意在涉及核心、战略利益之外的地区投入太多

---

① 相关中文探讨可见：樊勇明：《西方国际政治经济学》，上海人民出版社 2001 年版；张建新：《激进国际政治经济学》，上海人民出版社 2001 年版。

② Roland Axtmann, "The State of the State: The Model of the Modern State and its Contemporary Transformation", *International Political Science Review*, Vol. 25, No. 3, Jul., 2004, pp. 259 – 279.

③ Sven Bislev, "Globalization, State Transformation, and Public Security", *International Political Science Review*, Vol. 25, No. 3, Jul., 2004, pp. 281 – 296.

④ 时和兴：《关系、限度、制度：政治发展过程中的国家与社会》，北京大学出版社 1996 年版。

资源和精力，去促成更难以显现成效的政治领域的变革。[①] 更重要的是，由于这种援助很容易卷入受援国内部的政治进程，从而很可能会为自己招来麻烦。此类因素导致了这方面的援助并不多见。

传统上，参与一国国家建设进程的以大国（全球或区域性大国）为主要角色，比如欧洲殖民大国在殖民地国家政治制度重构中的作用，美国二战后在日本、西德的民主化改造等。这种大国主导的国家建设模式以军事占领为重要基础，被占领国或地区此前的国家机构和政治制度或部分承继，或遭完全摧毁。

当前，这种模式在两个方面发生重要变化：一是大规模的军事占领不仅成本高昂，而且难以在对象国长时间维持合法性存在，一旦军事行动结束，就被迫制定"退出时间表"，代之以对象国自身的军事和民事警察能力建设或者暂由更具广泛代表性的区域和国际组织来行使安全职能。在这种背景下，尽管在领导军事行动或进行政治干预方面大国仍是关键性的角色，但在国家建设当中，国际或区域组织的作用却日渐突出。[②] 二是与这种偏向于政治—军事路径的外部干涉不同，一种强调国家建设内生进程的有限援助模式开始占主导，这种援助以经济和技术、知识援助为主，辅以必要的政治、军事手段；与此同时，这种援助建立于对象国的需求和同意的基础之上，这在一定程度上缓和了受援国与援助方的不平等地位。

从第一方面来看，联合国的地位及其角色尤其难以被忽视。20 世纪 90 年代，国内冲突的激增及其对国际和地区安全的巨大威胁使联合国被迫介入。联合国在国家建设过程中作用的大幅拓展，除了冷战后的内部冲突环境，还在于联合国较之传统大国的特殊优势。这些优势体现于：一是国家建设规模宏大，涉及大量的人力物力，与单个大国相比，联合国通过其网络能够为对象国调集更丰富、更广泛的资源；二是联合国具有更多的合法

---

① Krishna Kumar, ed., *Rebuilding Societies after Civil War: Critical Roles for International Assistance*, Boulder, Colorado: Lynne Rienner, 1997, p. 4.

② Mark T. Berger & Heloise Weber, "Beyond Statebuilding: Global Governance and the Crisis of the Nation - state System in the 21st Century", *Third World Quarterly*, Vol. 27, No. 1, 2006, pp. 201 - 208.

性，与英美大国不同，联合国并不具有独立的军事能力，其作用的发挥更主要依靠“软权力”；三是由某一大国主导的国家建设很容易引发所在国的民族主义抵抗，而联合国则可以轻松绕过这一障碍；四是国家建设是一种长时段的审慎进程，联合国的有限授权、注重对话，以及在参与过程中竭力与对象国内各派别、区域组织及各攸关方反复磋商的特征有利于推动这一进程；五是相对于一国主导，由联合国等国际和区域组织主导的国家建设活动能够取得更好的成效，不仅容易与国内各派别以及周边国家取得和解，而且转型更深入，更易于维持和平。[①] 多宾（James Dobbins）考察了8个二战以来美国（及北约）领导的国家建设案例，发现有4个（索马里、海地、阿富汗、伊拉克）仍未结束内部冲突状态，而联合国领导的8个案例当中，则有7个成功迈向了和平。[②] 这为联合国的相对优势提供了一个佐证。

从第二方面来看，与传统的大国政治—军事路径的外部干涉不同，有限援助模式无论从其参与范围和参与程度，还是其对受援国施加影响的能力上，都要小得多。前者不仅需要军事力量的保证（或者通过军事占领，或者通过国际维和部队的进驻，从而干预性地保持暂时的秩序与安全），而且一般涉及国家政治制度的重新设计和几乎零基础的建构。而后者着眼于国家某一特定领域的能力建设，是外部行为体在对象国处于和平时期的有限干预行为，通常不使用或不必使用武力。[③] 假如说前者一定程度上是大国或国际机构宏大的“国家计划工程”，那么外部行为体参与的国家能力建设则接近于“零星社会工程”。[④] 前者有明确的国家目的及一整套的国家计划，而后者则是对既存制度的补充、完善与修正，整个过程是渐进性

① James Dobbins, et al, *America's Role in Nation - Building: From Germany to Iraq*, Rand Corporation, 2003, p. xxv.

② James Dobbins, et al, *The UN's Role in Nation - Building: From the Congo to Iraq*, Rand Corporation, 2005, pp. xx - xxxviii.

③ James Dobbins et al., *The UN's Role in Nation - Building: From the Congo to Iraq*, Rand Corporation, 2005, p. 2.

④ 《对注重计划和理性的“乌托邦工程”的批判是波普尔等思想家的重要贡献》，卡尔·波普尔著，陆衡等译：《开放社会及其敌人》，中国社会科学出版社1999年版。

的，不存在终极趋向。在角色上，这种模式也将国家建设活动视为一种国内政治进程，只能由该国政治精英和民众来主导，外部行为体的参与属于辅助性和矫正性的。

作为这两方面变化的综合体现，冷战后制度化的联合国选举援助对受援国的国家建设具有特殊作用。由于选举活动是连接社会和国家的制度化纽带，成功的选举既有助于提高政权的社会支持基础，从而提升其国家能力，又有助于弥合其社会裂痕。（当然，这只是理想状态下的逻辑，在不少国家，由于选举急剧释放了社会的能量及其需求，而制度化的管道完全无法满足或应对，这就会导致杰克·斯奈德所指出的，由于选举引发的暴力冲突反而加速了社会的分化。①）选举援助即通过推动整个选举进程及协助其制度、能力建设，从而促进对象国国家—社会关系的有效融合，引导其国家建设进程。因而选举援助不仅强化受援国的选举制度及其能力，同时也努力促进其内部社会与正式制度之间的关系。不过，从资源投入上来说，前者占更大比重，尤其在冲突后的即时性援助中。在本章以下部分，笔者将分别探讨冲突后的即时性援助与中、长期援助两种不同援助模式的具体功效。

第二节　即时性选举援助的功效分析：以冲突后国家为例

冲突后的国家面临极其复杂的情境，不仅涉及和平协议的商讨和签署问题，更关系到国家基本制度框架的重新建立，宪法及基本法律的制定，派别武装部队的解散、复员、安置及武器收缴，国家军队和警察力量的建立，政党及社会团体的再组织，冲突期间的“遗产”处置等一系列复杂问题。仅推进选举一项，就需要选举法的制定、选举管理机构的建立、选民

---

① Jack Snyder, *From Voting to Violence: Democratization and Nationalist Conflict*, New York: Norton, 2000.

登记、选民教育、政党和候选人的登记、选区划分、投票方式等一系列基本规则的确立。

大选是从冲突走向和解及国家独立或重建进程的重要转折点。在一些国家，如1989年的纳米比亚、1990年的尼加拉瓜、1991年的萨尔瓦多或1994年的莫桑比克和南非，选举在开创历史新纪元的过程中发挥了关键作用。因此，不少人又将冲突后的首次大选称为“奠基”选举（Founding Elections）。[①] 选举不仅是推进民主的工具，同时也是试图巩固脆弱和平的工具。选举有望将暴力冲突转化为非暴力，并有助于冲突解决的机制化。[②] 在选举中，原来的敌对各方通过竞争选票的方式继续发挥影响力；而那些在冲突中赢得胜利的势力，则透过此后的大选进一步获得支配权力的合法地位；与此同时，选举也给一些陷入僵局的冲突提供了出路。[③] 正如联合国前秘书长科菲·安南所言，“国内冲突的核心议题就是国家及其权力的问题——谁操控、如何运用，这些问题不回答，冲突就无法解决。”[④] 相较于其他手段，在解决权力归属和分配问题上，选举尽管有各种各样的缺陷，但还是被视为一种较好的选择。在过去二三十年，国际社会在应对内部冲突议题上也基本形成一种初步的解决框架：首先，促成一项和平协议；其次，在有限的转型期，搭建临时的权力分享安排，推动某种形式的全国对话进程，经过一年左右的时间起草并通过一部新宪法；最后举行民主选举。[⑤] 在这里，选举是将初期的和平协议转化为国家制度安排的合法

---

① Vernon Bogdanor, “Founding Elections and Regime Change”, *Electoral Studies*, Vol. 9, No. 4, 1990, pp. 288 – 294. O'Donnell 和 Schmitter 则将“奠基”选举界定为威权转型后的首次多党竞争性选举，参见 Guillermo O'Donnell & Philippe Schmitter, *Transitions from Authoritarian: Tentative Conclusions about Uncertain Democracies*, Baltimore, MD: Johns Hopkins University Press, 1986。

② Dane Taleski, “Elections and Parties in Post – conflict Countries”, Paper Prepared to be Presented at the 3rd Graduate Conference, 30 August – 1 September, 2010, Dublin City University.

③ Neera Chandhoke and Praveen Priyadarshi, “Electoral Politics in Post – Conflict Societies: Case of Punjab”, *Economic and Political Weekly*, Vol. 41, No. 9, 2006, p. 811.

④ Kofi Annan, “Why Democracy is an International Issue”, Cyril Foster Lecture, Oxford University, June 19, 2001.

⑤ “The Challenge of Sustaining Peace: Report of the Advisory Group of Experts for the 2015 Review of the United Nations Peacebuilding Architecture”, UN Doc. A/69/968 – S/2015/490, 30 June 2015, para. 31.

生成机制。

当然，有缺陷的选举也导致了更多的问题。比如《比塞斯和平协议》（the Bicesse Peace Accord）签署后举行的1992年安哥拉选举，由于“争取安哥拉彻底独立全国联盟”（Uniao Nacional Para Independencia Total de Angola，简称安盟）失利并拒绝接受选举结果，安重陷内战。在波斯尼亚，过早举行的大选强化了民族主义政党对权力的控制。

由于在维护国际和地区安全问题上的特殊角色，监督冲突后和平协议的执行成为联合国的重要职责，而对于协议之重要组成部分的大选提供各种援助，自然也成了联合国的工作之一。本节将分三部分论述，第一部分介绍联合国选举援助在冲突后国家中发挥的不同角色；第二部分阐述联合国的选举援助如何促进了冲突后国家的建设进程；第三部分分析这种冲突后的即时援助模式有何缺陷。

一、联合国选举援助在冲突后国家中的不同角色

在冲突后国家，联合国选举援助一般是以特派团之组成部分的形式参与进去的，即选举援助是有些特派团民事职能之一部分。不过，由于特派团授权不同，选举援助在冲突后的国家建设中发挥的作用也存在较大差别。根据惯例，在选举举行及由此产生新政府之前，一般会设立一个过渡阶段。在这期间，国际社会（有些是大国或军事联盟通过军事占领方式在战后发挥作用，如战后德国和日本，不过冷战后更多藉由更具广泛代表性的联合国）有不同方式的参与路径。具体说来，其参与模式可以区分为两种：协助者和管理者（参见图3—1）。[①]

---

① 克劳伊圣德（Aurel Croissant）在夏因（Yossi Shain）、林茨（Juan Linz）以及多伊尔（Michael Doyle）等人研究的基础上，曾将过渡时期安排划分为四种类型，并将联合国的代行管理视为其中的一种。不过这种划分忽视了联合国在其他几种类型下所发挥的作用。参见 Aurel Croissant, “International Interim Governments, Democratization and Post - Conflict Peace - building: Lessons from Cambodia and East Timor”, Center for Contemporary Conflict, 2006, p. 3。

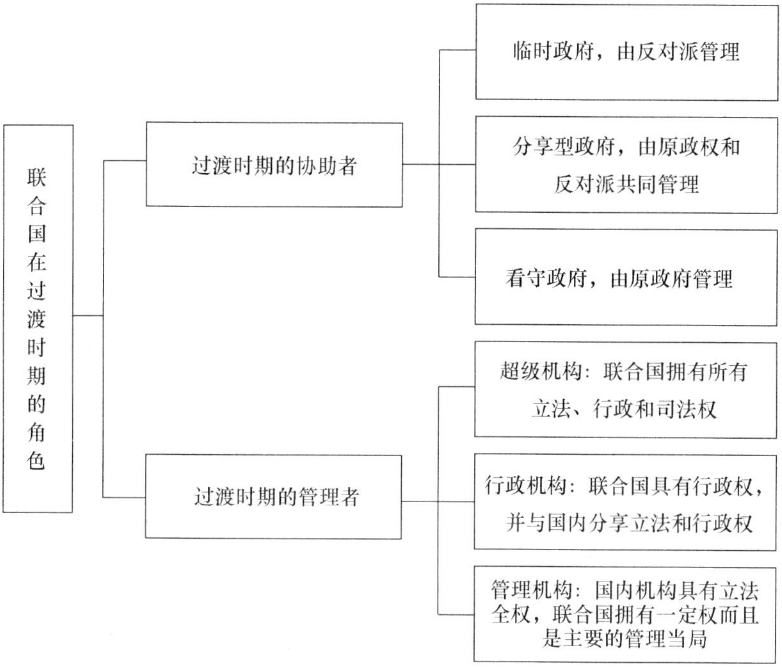

图 3—1　过渡时期安排及联合国在其中的不同角色

资料来源：笔者在克劳伊圣德（Aurel Croissant）的分类基础上修改。

在这两种过渡时期的不同组织模式中，联合国安理会或大会授权组成之特派团的权力差异表现得相当明显。特派团既可以在由各国自己组织不同形式的过渡政府（由反对派组建的临时政府、留任的看守政府以及由冲突各方组建的权力分享型政府）里担当各种“协助者”角色；也可以直接作为过渡时期临时权力机构，发挥“准政府”的“管理者”职能。

前一种较为常见，如联合国在纳米比亚、尼加拉瓜、中非、苏丹、阿富汗、伊拉克等多数国家所执行的任务。其中又可细致地区分为两类。一类是联合国派驻维和部队或军事观察员，选举援助作为特派团民事任务之一部分。如 1989 年 11 月至 1992 年 1 月派往哥斯达黎加、萨尔瓦多、危地马拉、洪都拉斯和尼加拉瓜五国执行军事观察任务的“联合国中美洲观察团”，其中即包括监督核实尼加拉瓜选举的任务。1991 年 5 月至 1995 年 2 月在安哥拉执行任务的核查团，1992 年 12 月—1994 年 12 月的“联合国莫桑比克行动”，1993 年 9 月至 1997 年 9 月的“联合国利比里亚观察团”等，都属于这种类型。在这种情况下，任务一般由联合国维和部领导。另一类则是不包含维和任务的选举援助，如 1994 年部署在南非的观察团，这时通常由政治事务部领导。在有些情况下，由开发署直接提供选举事务上的技术和后勤支助。

后一种情况则赋予联合国不同寻常的特权，迄今只在四个地方出现：柬埔寨，东帝汶，东斯拉沃尼亚、巴拉尼亚和西锡尔米乌姆（简称“东斯”），科索沃。四个地方只有柬埔寨在特派团进驻时是主权国家身份，东帝汶和科索沃趋向独立，东斯则在最终并入克罗地亚前保持“准国家”的身份。

由于国际协议及安理会授予的权力有别，在这四地，联合国过渡机构职能也有所不同。1999—2002 年间的东帝汶过渡当局拥有管理东帝汶的全盘职责，有权“行使一切立法和行政权力，包括司法行政”，像一个超级国家机构。[①]在柬埔寨，1990 年由冲突四方组成、诺罗敦·西哈努克亲王担任主席的柬埔寨全国最高委员会则是“柬埔寨的唯一合法机构和权力来源，在整个过渡时期体现柬埔寨的国家主权、独立和统一”。[②]根据 1991 年冲突各方签署的《巴黎协定》，联柬过渡机构负责组织并主持大选。“为了保证有利于自由公正大选的中立政治环境”，“最高委员会授予联合国所有必要的权力”，“将可能对大选结果产生直接影响的行政机构、组织和机关置于联合国的直接监督或控制之下”。[③] 因而该过渡机构类似于克劳伊圣德所指的“行政机构”。与东帝汶和柬埔寨相比，联合国在东斯及科索沃的过渡机构则可归类为一个权力更为有限的管理机构。

---

① 安理会：第 1272 号决议（1999），联合国文件 S/RES/1272（1999），1999 年 10 月 25 日，执行部分第一段。

② 《柬埔寨冲突全面政治解决协定》（巴黎协定），联合国文件 A/46/608 – S/23177（1991）附件，第 3 条。

③ 《柬埔寨冲突全面政治解决协定》（巴黎协定），联合国文件 A/46/608 – S/23177（1991）附件，第 4、5、6 条。

表 3—1　联合国在柬埔寨、东帝汶、东斯和科索沃四地的过渡机构对比

	柬埔寨	东帝汶	东斯	科索沃
主要法律基础	1991 年的巴黎协定；安理会第 745 号决议（1992）	1999 年 5 月 5 日协定；安理会第 1272 号决议（1999）	1995 年的《基本协定》；安理会第 1037 号决议（1996）	1999 年《朗布伊埃协定》；安理会第 1244 号决议（1999）
授权任务	最高委员会授予联合国所有必要的权力，包括将可能对大选结果产生直接影响的行政机构、组织和机关置于联合国的直接监督或控制之下	东帝汶过渡当局拥有管理东帝汶的全盘职责，有权行使一切立法和行政权力，包括司法行政	全权掌管东斯过渡当局的民事和军事职能，并行使《基本协定》赋予过渡时期行政当局的权力	在有关国际组织的协助下，进行过渡行政管理，享有对立法、行政及司法机构的管理
任务期限	1992. 3—1993. 9	1999. 10—2002. 5	1996. 1—1998. 1	1999. 6 至今
文职人员	1000 名国际行政人员、1400 名选举观察员、3600 名警察	737 名国际行政人员、1300 名警察	不详	4519 名警察人员、1178 名国际文职人员
军事人员	34 国派遣，15900 人	29 国派遣，6300 人	30 国派遣，2847 人	北约提供安全保障，联合国派遣军事观察员

资料来源：联合国文件 A/46/608—S/23177（1991）（巴黎协定），安理会第 745 号决议（1992）；安理会第 1272 号决议（1999），东帝汶过渡当局的情况和资料 http：//www. un. org/zh/peacekeeping/missions/past/etimor/；安理会第 1037 号决议（1996），联合国东斯拉沃尼亚、巴拉尼亚和西锡尔米乌姆过渡行政当局（东斯过渡当局）网页，http：//www. un. org/zh/peacekeeping/missions/past/untaes/；安理会第 1244 号决议（1999）联合国科索沃临时行政当局特派团网页，http：//www. un. org/zh/peacekeeping/missions/unmik/。

由于这种角色上的巨大差异，联合国在冲突后国家的选举事务中发挥的作用也大为不同。在东帝汶和柬埔寨，联合国都是大选的组织和实际操办者，不过由于后者要受柬最高委员会的制约，东帝汶过渡当局独立发挥的空间更大。从1999—2002年过渡时期结束，联合国任命的选委会先后组织并举行了1999年的全民公决投票、2001年的制宪议会选举和2002年的总统选举。[①]在东斯，联合国负责“筹办选举、协助举行选举和核实其结果”，操办选举职责被交付地方自治机构。[②]在科索沃，联合国的选举援助则被置于欧盟的政治框架之内。

不过，联合国在这四地差不多都能发挥选委会或准选委会的职能，在选举事务当中的作用和角色非同一般。相较之下，联合国其他政治或维和特派团中的选举职能要小一些，基本是在该国选举管理机构的设定框架下提供不同形式的援助。当然，它们相互间的差异也非常大。在一些国家如阿富汗、伊拉克，联合国任命的专家或聘用的职员就直接进入该国的选委会，成为具有选举决策权的委员；在有些国家，联合国则只提供某种形式的外部支助活动，对选举进程影响相对要小。

二、选举援助在冲突后大选中的功能作用

与巩固民主体制下的周期性选举不同，冲突后的首次大选面临的政治环境非常脆弱微妙，社会群体和政治势力高度分化（参见表3—2）。与此同时，与选举相关的各种制度如选举机构、选举法规或者还未建立起来，或者立足未稳；要在非常有限的时间框架内完成大选的筹备和组织工作，挑战非同一般。考虑到不少冲突后国家此前并未举行过选举，或者距离上次选举有太长时间间隔，因而在选举筹备过程中，还需要进行选民登记、选民宣传和教育、政党与候选人的登记、一系列选举法律法规的制定等各项工作，这加重了冲突后大选推进的难度和负担。

① 秘书长报告：《加强联合国在提高定期真正选举原则的效率和促进民主化方面的作用》，联合国文件A/58/212，2003年8月4日，第44段。

② 安全理事会第1037（1996）号决议，联合国文件S/RES/1037（1996），1996年1月15日，执行部分第11（e）段。

表 3—2 冲突后大选与巩固民主国家的选举之比较

	冲突后大选	巩固民主国家的选举
功能	结束国内冲突，建立民主制度	政治力量对比的确认或改变
总体形势	不安全、军事化、暴力仍是选择、弱制度	相对稳定，言论、集会与组织的自由，法治
国家结构	脆弱的国家结构	稳固的国家结构
发生时间	和平协议谈判之后	周期性的，基于宪法安排
政治行为体	所有冲突方，不包括那些没有武装实力的政党	所有的政党，新的政党可能加入
政党	前武装组织、前政府政党	建立起来的政党
政治竞争	围绕冲突形成极化	基于社会分层的多元主义，有宽容的政治文化
国际行为体	外部行为体发挥重要作用，国际行为体的压力，邻国的政治介入	国内行为体居主导
结果	关系到族群和政治团体的生存以及资源和权力的分配	未来几年政治权力的归属

资料来源：Andrea Iff, ed. , *Ballots or Bullets*: *Potentials and Limitations of Elections in Conflict Contexts*, Swisspeace Annual Conference, 2010。

在这种情况下，外部行为体，尤其是作为国际社会代言人的联合国，对其选举事务有相当大的影响空间。举行大选的国家或地区亟需联合国在选举事务方面提供各种形式的援助，并通过“见证选举”的方式为该次大选赋予合法性；而联合国则需要通过不同形式的参与以敦促冲突各方所达成之和平协议的有效执行。总体来看，在冲突后的大选当中，联合国的选举援助意在达成两项目标：一是确保作为和平协议之一部分的大选的顺利推进，减少因选举引发的纠纷和暴力冲突；二是协助冲突后国家建立基本的选举制度并发展其自主的选举能力。为达成这两项目标，联合国主要在以下三个领域当中发挥重要作用：选举进程的推动、选举暴力的抑制、选举制度的建立及其能力培育。

（一）选举进程的推动

为推进大选进程，联合国在这方面的主要工作包括：推动政治协商进程，鼓励更多政党、派别及普通民众参加候选人登记、投票等选举进程，减少抵制选举的现象；监督、观察选举进程或协调、支助选举观察活动，通过国际社会的参与规范选举秩序；为选举募集和调配必要的资源。

1. 推动政治协商进程

1989 年的纳米比亚独立大选、1990 年的尼加拉瓜大选、1992 年的安哥拉大选、1993 年的萨尔瓦多和柬埔寨大选、1994 年的莫桑比克大选、1997 年的利比里亚大选以及 1998 年的波黑大选，在以上这些冲突后大选中，联合国及其维和行动对促成大选的举行都发挥了关键作用。洛佩兹—平托甚至认为没有联合国的行动，就不会出现这些他所定义的“和解大选”（reconciliation election）。①

大选结果并不仅仅由投票决定，成功的政治协商实际已经为大选的顺利举行铺平了道路。这方面的例子如 1994 年的南非选举，曼德拉及其领导的政党“非洲人国民大会”早在大选之前就透过精英内部复杂的政治协商获得了稳固地位。在这种情况下，选举其实只是对先前达成的共识的进一步确认和强化。② 联合国在政治协商过程中做了大量工作，仅秘书长特别代表在 1993 年底的访问中，就与南非当局、各政党、过渡时期代表、周边国家等进行了广泛的沟通和磋商。③在苏丹，联合国设立了特派团，推动苏丹中央政府和南苏丹政府之间的政治谈判。与此同时，应双方请求设立了

---

① Rafael López - Pintor, “Reconciliation Elections: A Post - cold War Experience”, In Krishna Kumar, ed., *Rebuilding Societies after Civil War: Critical Roles for International Assistance*, Boulder, Colorado: LynneRienner, 1997, pp. 43 - 62.

② Jon Abbink and Gerti Hesseling, eds., *Election Observation and Democratization in Africa*, New York: St. Martin's Press, 2000, pp. 44 - 45.

③ 秘书长大会、安理会报告：《秘书长关于南非问题的报告》，联合国文件 A/48/845 - S/1994/16，1994 年 1 月 10 日，第 8 - 34 段。

南部苏丹公民投票问题小组，配合特派团的任务并就选举提供技术和后勤援助。这些机构与南北双方的领导层保持密切联系，并与区域组织、一些会员国开展密集协调工作，协助解决公民投票可能出现的政治分歧。苏丹全国以及境外300万人最终在和平的气氛中投票，南苏丹共和国则于2011年7月9日成为独立国家。[①] 在几内亚，联合国西非办事处与西非国家经济共同体、非洲联盟、国际联络小组和其他行为体结成伙伴，推动该国军人政权在2009—2010年间的权力移交。为促成这场40余年的首次大选，秘书长西非问题特别代表与非盟和西非经共体使节在一名联合国特别派驻科纳克里的高级调解顾问的协助下，联合访问了该国20多次。几内亚首位经选举产生的总统阿尔法·孔德于2011年12月就职。[②] 在萨尔瓦多，秘书长德奎利亚尔及其特别代表在政府军和"法拉本多·马蒂民族解放阵线"之间的耐心调解，最终结束了双方长达12年的内战，此后的选举则奠定了这个国家的稳固基础。[③] 此外，在柬埔寨、东帝汶、危地马拉、纳米比亚等的行动也是这方面的成功案例。

联合国推动的政治协商范围包括和平协议的谈判、制宪机构组成、宪法原则的确定、过渡政府的人事组成等涉及权力分配和政府组成原则的关键议题。联合国会透过各种途径对政治协商进程施加影响，这其中包括安理会、大会的决议，秘书长或秘书长特别代表及联合国设在各区域的政治办事处的斡旋、调解，派往该地的特派团与其冲突各方和各攸关方的接触、磋商，协调地区性组织、周边大国或在该地有影响力的大国的活动，等等。

政治协商有利于冲突各方更好地达成协议并遵守协议的执行，从而成

---

① 秘书长大会报告：《加强联合国在提高定期真正选举原则的有效性和促进民主化中的作用》，联合国文件A/66/314，2011年8月19日，第15—16页；秘书长安理会报告：《预防性外交：取得成果》，联合国文件S/2011/552，2011年8月26日，第30段。

② 秘书长安理会报告：《预防性外交：取得成果》，联合国文件S/2011/552，2011年8月26日，第24段。秘书长大会报告：《加强联合国在提高定期真正选举原则的有效性和促进民主化中的作用》，联合国文件A/66/314，2011年8月19日，第38—41段。

③ Vikram K. Chand, "Democratisation from the Outside in: NGO and International Efforts to Promote Open Elections", *Third World Quarterly*, Vol. 18, No. 3, 1997, pp. 543 - 562.

功举行大选。不过，政治协商的效果也取决于冲突各方的“政治意愿、承诺和共识”[①]，尤其是冲突各方间的实力差距。当冲突方实力差距较大时，政治协商容易达成，如在1997年的利比里亚，查理斯·泰勒这个最大的军阀已经在7年的内战中获胜，随后的政治协商和7月的大选就推进得比较顺利。[②] 当冲突各方间的实力差距较小时，政治协商进程则相当困难，而且随时可能会被推翻，如在1992年的安哥拉[③]、2010年的科特迪瓦[④]。开发署在一份研究报告中将冲突后的情境区分出三种类型：自我执行（Self－Enforcing）模式，即其中一方取得支配性胜利，社会当中存在较大共识，如东帝汶、厄立特里亚；调解（Mediated）模式，即冲突各方赞同和平方案，但相互之间不信任，如柬埔寨和莫桑比克；冲突（Conflictual）模式，即其中一方取得暂时的军事优势，存在高冲突风险，如卢旺达、安哥拉。[⑤] 很显然，在三种不同模式下，联合国所推动的政治协商，无论其投入成本还是最终收效，都会存在巨大差异。

政治协商基本上是政治性的，往往风险很高。秘书长在报告中也承认，“增强无代表性领导人的权力，或支持一派而牺牲另一派的做法，会加剧冲突或制造新的紧张局势。”[⑥] 因而联合国在这方面的行动是非常谨慎的，力图避免自己陷入更多的冲突。不过，政治协商也是避免对象国滑向新的冲突、联合国被迫使用武力自卫的最有效方法，在2015年“和平行动问题高级别独立小组”提交的审议报告中，就将政治协商视为通往持久

---

① 秘书长大会、安理会报告：《秘书长关于冲突结束后立即建设和平的报告》，联合国文件A/63/881－S/2009/304，2009年6月11日，第10段。

② Jon Abbink and Gerti Hesseling, eds., *Election Observation and Democratization in Africa*, New York: St. Martin's Press, 2000, pp. 44－45.

③ 秘书长大会报告：《提高定期真正选举原则的效率》，联合国文件A/48/590，1993年11月18日，第10页。Further Report of the Secretary－General on the United Nations Angola Verification Mission（UNAVEM Ⅱ），UNDoc. S/23671，3 Mar 1992.

④ 秘书长大会报告：《加强联合国在提高定期真正选举原则的有效性和促进民主化中的作用》，联合国文件A/66/314，2011年8月19日，第13—14页。

⑤ Bergen Seminar Series, "Governance in Post－Conflict Situations", United Nations Development Programme & Chr. Michelsen Institute, 5－7 May 2004, pp. 3－4.

⑥ 秘书长大会、安理会报告：《秘书长关于冲突结束后立即建设和平的报告》，联合国文件A/63/881－S/2009/304，2009年6月11日，第12段。

和平的首要手段。①

2. 选举进程中的观察与监督

在冲突后的环境中，信心和信任的缺乏是普遍存在的状况。担心另一派别或候选人操纵选举，担心选举管理机构徇私舞弊，等等，这些都会对选举行为乃至投票率产生很大影响。萨拉·波奇（Sarah Birch）通过对1996—2002 年各种不同类型国家举行的 31 场选举的比较研究发现，选民对选举的信心与投票率之间有很强的相关性。当选民对大选的自由和公正有信心时，他们参加投票的可能性就更大。②对于冲突后的首次大选来说，各种政治势力的广泛参与以及高投票率是大选成功的重要标志。如果投票率过低，将对新当选的政府运行造成巨大困扰，不利于冲突后的和解进程及国家重建工作。

为确保大选当中各政治派别、政府机构、候选人等对选举法律法规的普遍遵守，联合国根据在冲突后大选中的角色和地位发挥不同的作用。有些情况下，如在东帝汶和柬埔寨，联合国直接主持大选；有些情况下，如在阿富汗和伊拉克，联合国则通过选举管理机构中由自己任命的选举专家发挥作用；在更多情况下，则透过派团参与选举的观察、核实或监督活动对选举过程施加影响。在 20 世纪 90 年代，联合国通过这种方式参与了很多国家的首次大选。90 年代末，冲突后的首次大选次数开始减少，主要的观察、核实或监督任务交付区域性组织、非政府组织，联合国则为这些组织所派团体提供后勤、技术援助，并协调它们相互间的活动，如观察员在各投票站的分布、最终结果的宣布等。

也就是在此期间，举行大选的国家邀请国际社会监督或观察其选举的比例大幅增长。数据显示，从 1975—2004 年，在非巩固民主国家的总统和议会选举中，邀请比例从 1975—1987 年间的平均 10% 左右增长至 2004 年

① 和平行动问题高级别独立小组的报告：《集中力量，促进和平：政治、伙伴关系和人民》，联合国文件 A/70/95 - S/2015/446，2015 年 6 月 17 日，第 23 页。

② Sarah Birch, "Perceptions of Electoral Fairness and Voter Turnout", *Comparative Political Studies*, Vol. 43, No. 12, 2010, pp. 1601 - 1622.

的 81.5%。[1] 国际社会的广泛参与鼓励了反对派别参与而不是抵制选举，而那些希望赢得选举的政党则有更强动机去邀请国际观察员，从而为其当选提供更多合法性和可信度。[2]

越来越高的选举观察比例有助于形成一种选举期间的行为规范，即卡赞斯坦所谓的“对特定行为体适当行为的集体期望”。[3] 在大多数的时候，鉴于自己的敏感身份，联合国并不轻易表达对选举所持的观点，它更多地是通过自己的这种“在场”及各种相关的调解、斡旋活动，为大选“保驾护航”，促使各方遵守选举规则，从而增加选举进程的可信度以及大选成功的几率。

在不少情况下，国际社会通过政治、经济、安全、技术等各方面的援助，在冲突后的社会构成强有力的影响网络，联合国的选举观察、监督活动会得到这些网络的有力支持，由此增加了违规者的成本。比如在 2007 年的塞拉利昂选举中，提供经费支助的开发署与其政府共同组成了一个指导委员会，其成员包括各个捐助方。这一委员会还得到一个由更多行为体构成的“攸关方会议”的支持。这一复杂网络使得执政党人民党（Sierra Leone People's Party）领导人不得不接受自己的败选结果。不同寻常的是，即便在选举中并未提供任何支持的伊朗大使，也一起参与了说服人民党的工作。[4]

在有些情况下，国际社会对规则破坏者予以直接惩罚。比如撤出国际观察员，此举意味着国际社会不可能赋予选举以合法性。在 2007 年的孟加拉，欧盟宣布撤出选举观察员的第二天，该国即进入紧急状态，并组成了

---

① Judith Kelley, “Assessing the Complex Evolution of Norms: The Rise of International Election Monitoring”, *International Organization* 62, Spring 2008, pp. 221 – 255.

② Vikram K. Chand, “Democratisation from the Outside in: NGO and International Efforts to Promote Open Elections”, *Third World Quarterly*, Vol. 18, No. 3, 1997, pp. 543 – 562.

③ 彼得·卡赞斯坦著：《文化规范与国家安全》，新华出版社中译本 2002 年版，第 20—21 页。

④ Department for International Development, “Electoral Assistance and Politics: Lessons for International Support”, UK: Department for International Development, 2010, p. 32.

军方支持的看守政府。[①] 在有些情况下，国际社会则会通过施加制裁的方式对违规者进行惩戒。[②] 而在2010年的科特迪瓦总统选举中，联合国对选举结果的核实尽管未能阻止此后暴力的蔓延，却导致拒绝接受败选结果的原任总统洛朗·巴博名誉扫地，并于次年4月遭逮捕，面临海牙国际刑事法院的审判。

3. 为选举募集和调配必要的资源

冲突后选举复杂且所费不赀，其成本通常要高于那些选举制度较为成熟的国家。以平均每位选民所费金额计，西方国家1—3美元，柬埔寨1993年大选则是45.5美元，安哥拉1992年大选为22美元，1994年莫桑比克和南非的大选则分别是10.2美元和11美元。[③] 高额的大选支出超出了这些国家或地区自身的承受能力。有些经济社会发展非常落后的国家如尼日尔、阿富汗、海地，既缺乏举行选举的经费保证，也没有足够的选举物资配给和采购能力。此外，冲突后大选的时间框架非常紧张，而国内的选举管理人员通常又不具备足够的选举经验。在这种情况下，联合国尤其是开发署、项目厅等机构往往发挥着极其重要的作用。联合国在这方面的工作主要有两项：选举经费的筹措以及选举物资的采购和运输。

在选举经费的筹措方面，部分资金是通过双边援助的方式直接注入受援国的账户，更多的经费则是开发署通过在受援国或地区所开展的选举援助项目多方募集而来。在圭亚那1997年的选举、莫桑比克和印度尼西亚1999年的选举、也门2000年的选举、塞拉利昂2001年的选举中，开发署都是最主要的资金募集者。

不同国家的项目和资金变化差别比较大。在有些国家如阿富汗，选举所需经费几乎全部由国外捐助供应，其他如1992—1993年的柬埔寨、1999—2002年的东帝汶、2005年的海地选举。在2004—2005年阿富汗大

① Department for International Development, "Electoral Assistance and Politics: Lessons for International Support", UK: Department for International Development, 2010, p. 27.

② Judith Kelley, "Assessing the Complex Evolution of Norms: The Rise of International Election Monitoring", *International Organization* 62, Spring 2008, pp. 246 - 247.

③ Rafael López - Pintor, "Electoral Management Bodies as Institutions of Governance", Bureau for *Development Policy* (UNDP), 2000, p. 75.

选中，甚至选举管理机构的工作人员的工资也由外来捐助提供。根据开发署统计数据，2004—2011 年间，募集资金超过 1 亿美元的国家有阿富汗（8.09 亿美元，2004—2011 年）、尼日利亚（1.12 亿美元，2006—2011 年）和苏丹（1.96 亿美元，2004—2011 年）。获得资金超过 2000 万美元以上的国家则包括阿根廷（2000 万）、孟加拉（6700 万）、贝宁（5100 万）、布隆迪（3000 万）、印度尼西亚（6000 万）、伊拉克（4000 万）和尼日尔（2900 万）。实际上，在有些国家，同一时间会有多个来自不同机构的选举援助项目在运作，这就使得其外来捐助的经费要远大于上述数额。①

后勤支助即选举物资的采购和调配，这方面的工作比较琐碎。采购的物资包括选举管理机构办公所需家具、电脑及配套软件、通讯及交通工具，选举登记或投票期间所需的各种表格、投票箱、投票屏、封条、墨水，投票或登记站所需桌椅、工作人员衣物和证件、摄像头、笔记本电脑等各种物品。② 在冲突后国家或地区，这些物品的采购和运输调配工作有的由联合国直接负责，有的则由联合国开发署或项目厅协助所在国或地区的选委会实施。如在刚果 2005 年的选举中，独立选举委员会就请联刚特派团将选举用品和设备从金沙萨运往全国 166 个点——145 个县府和 21 个城市。③在 2011 年南苏丹的公决投票中，联合国提供的后勤支助则包括在 8 个地点进行国外投票，并使用联合国的飞机将选举物资空运到一些较偏远的投票中心。④

（二）选举暴力的抑制

由于选举涉及权力和资源的分配，暴力事件经常与其相伴而生。菲律

① UNDP Evaluation Office, *Evaluation of UNDP Contribution to Strengthening Electoral Systems and Processes*, UNDP 2012, pp. 19 – 20.

② See EC/UNDP Partnership on Electoral Assistance website, www. ec – undp – electoralassistance. org.

③ 秘书长大会报告：《加强联合国在提高定期真正选举原则的效力和促进民主化方面的作用》，联合国文件 A/60/431，2005 年 10 月 14 日，第 51 段。

④ 秘书长大会报告：《加强联合国在提高定期真正选举原则的效力和促进民主化方面的作用》，联合国文件 A/66/314，2011 年 8 月 19 日，第 10 段。

宾2009年11月的地方选举中，某位候选人竟有57位亲戚和支持者死于反对派之手。在肯尼亚，2007年12月到2008年1月发生在大选后的示威，导致1113名平民无辜丧命。[①] 在科特迪瓦2010年有争议的总统选举中，由于巴博拒绝下台，两派武装冲突持续4个多月，致3000人死、超过100万人流离失所。[②] 菲斯彻（Fischer）发现在2001年举行选举的国家中，有24.6%的国家（57个国家当中有14个）出现了选举暴力。柏寇（Bekoe）通过研究1990—2005年间的非洲110场选举，发现其中的24.5%（27场选举）伴有与选举相关的死亡事件。[③] 相较之下，在冲突后的脆弱政治环境下，由于国家制度虚弱，存在派系或私人武装，政治对峙极化，民族主义、宗派主义和极端主义思潮盛行等原因，暴力更容易卷入选举进程，选举本身也更易于诱发冲突。[④] 在阿富汗、伊拉克、海地，包括后来转型比较成功的南非、柬埔寨、东帝汶等地，选举暴力都曾是一种致命威胁。

选举暴力特指选举进程中出现的暴力冲突。阿尔波特（Albert）将之界定为"选举前后或期间出现的所有形式的有组织行为或身体、心理和结构上的威胁，旨在恐吓、伤害、勒索某一政治攸关者，以表明、展示其观点或影响选举进程。"[⑤] 这种暴力行为可能以"骚乱、示威、国内战争、恐

---

① Philip Alston, "Report of the Special Rapporteur on Extrajudicial, Summary or Arbitrary Executions: Election - related Violence and Killings", UN Human Rights Council Document A/HRC/14/24/Add. 7, 21 May 2010, para. 2.

② See http: //zh. wikipedia. org/wiki/%E6%B4%9B%E6%9C%97%C2%B7%E5%B7%B4%E5%8D%9A.

③ Jeff Fischer, "Electoral Conflict and Violence: a Strategy for Study and Prevention", IFES white paper, 2002, p. 11; Bekoe, "Managing Electoral Conflict in Africa", 2010, (manuscript), p. 9. See Philip Alston, "Report of the Special Rapporteur on Extrajudicial, Summary or Arbitrary Executions: Election - related Violence and Killings", UN Human Rights Council document A/HRC/14/24/Add. 7, 21 May 2010, para. 29.

④ Benjamin Reilly, "Post - Conflict Elections: Constraints and Dangers", *International Peacekeeping*, Vol. 9, No. 2, 2002, pp. 118 - 139. Edward D. Mansfield and Jack Snyder, "Democratization and the Danger of War", *International Security*, Vol. 20, No. 1, 1995, pp. 5 - 38. Edward D. Mansfield and Jack Snyder, "Democratic Transitions, Institutional Strength, and War", *International Organization*, Vol. 56, No. 2, 2002, pp. 297 - 337.

⑤ IO. Albert, "Reconceptualising Electoral Violence in Nigeria", in IO. Albert, D. Marco & V. Adetula, eds., *Perspectives on the 2003 Elections in Nigeria*, Abuja: IDASA and Sterling - Holding Publishers, 2007, p. 133.

怖主义行为、军事政变和暗杀”等不同模式呈现。[①] 海伊德（Haid）则指出可能涉及“骚乱（允许的或煽动的）、抢劫（自发的或精心策划的）、恐吓（投票人或候选人）、暗杀（候选人或其支持者），或者直接的派别冲突（间接或直接使用武力）。[②] 选举暴力会降低投票率、影响选举登记与候选人参选、加深社会裂痕甚至导致选举无法举行。[③] 有些暴力意在阻止或破坏大选，比如极端伊斯兰势力在伊拉克和阿富汗的选举过程中发动的袭击。有些暴力则意在影响选举结果，如在肯尼亚2007年的选举中，政客通过鼓动暴力，以此改变一个地区的选民或民族构成，从而赢得国会席次。[④]

选举暴力之所以出现，可能是由于社会、经济、政治等选举之外的因素，如贫穷、有组织犯罪、私人武装盛行、社会体制不公、对立的宗教、种族等族群矛盾，也有可能直接源于选举进程中出现的各种问题，如缺乏公正和透明、不合适的选举制度、选举舞弊、不充分的选民教育等各种原因。[⑤]

由于选举暴力可能涉及所在国家或地区深层次的矛盾，所以这种暴力无法根除，不过外部的干预和援助却可以在一定程度上缓解或阻止暴力的大规模蔓延。柏寇对非洲大样本的研究表明，投票日相比选举前3个月和选举后3个月，是最稳定的时期。她发现，只有11%的伤亡出现在投票日，而选举前是46%，选举后是43%。[⑥] 这一结论得到不少其他相关研究

---

① David C. Rapoport and Leonard Weinberg, “Elections and Violence”, *Terrorism and Political Violence*, Vol. 12, No. 3 – 4, 2000, pp. 15 – 50.

② Christopher Haid, “Explaining Electoral Violence: Gunmen, Garrisons and Graft in Jamaican Politics”, February 2010, Working Paper, p. 2.

③ Kristine Höglund, “Electoral Violence in Conflict – ridden Societies: Concepts, Causes and Consequences”, *Terrorism and Political Violence*, Vol. 21, No. 3, 2009, pp. 417 – 419.

④ Kimuli Kasara, “Electoral Geography and Conflict in Kenya: Examining the Local – level Incidence of Violence in the Rift Valley after the 2007 Election”, Paper Presented at the 2008 American Political Science Association Meeting, Boston, MA., 2008.

⑤ Andrea Iff, Ed., *Ballots or Bullets: Potentials and Limitations of Elections in Conflict Contexts*, Swisspeace Annual Conference, 2010, p. 32.

⑥ Bekoe, “Managing Electoral Conflict in Africa”, See Philip Alston, “Report of the Special Rapporteur on Extrajudicial, Summary or Arbitrary Executions: Election – related Violence and Killings”, UN Human Rights Council Document A/HRC/14/24/Add. 7, 21 May 2010, para. 29.

的证实。造成这一现象的原因是多方面的，但投票当天联合国等国际社会的参与和关注是难以忽视的。克里尔（Collier）等人研究发现，联合国的和平干预行动对降低冲突发生有明显作用，如果将联合国在该国的和平干预行动所投入的经费增加一倍，则危机发生率将从40% 跌至31%。①

联合国通过多种途径阻止或缓解选举暴力。侯格兰德（Höglund）与贾斯泰德（Jarstad）提出了几种具体的管理策略：选举观察与监督，通过点名和羞辱（naming and shaming）方式预防选举暴力；在高度紧张的状态下发挥协调作用以解决选举相关争端；法律框架和制度的设计，消解暴力发生的条件；安全部队的威慑；通过选民教育，消除长期的暴力隐患。②库玛（Kumar）和奥塔维（Ottaway）则提到三种策略：一是促使冲突各派别之间定期举行政治商谈，在选举筹备以及举行选举期间，这种政治商谈能够促进相互间的理解与认知；二是协助制定和实施选举期间包括选民、候选人、政党、政府、外国观察员、媒体等在内的全面的行为规范和准则；三是开展深入广泛的选民教育活动，确保公众对选举有充分的理解和普遍的参与。③

概括来说，联合国的选举援助通过以下几种方式抑制选举暴力发生的几率及其规模：安全上部署国际军警人员或安全监督员并监督武装派别的"非军事化"、政治上运用调解与斡旋、技术上强化对其选举能力的支助和培育。第一种方式属于消极预防措施，不过对大选的成功至关重要，尤其是对派别武装的非军事化努力，不仅有助于降低选举期间的冲突几率，更关系到选举后的和平局面能否长久维持以及国家建设的成效。④ 第二种和第三种则是积极主动的举措。其中第二种可以是冲突出现之后的介入行

① Paul Collier, Anke Hoeffler, Måns Söderbom, "Post - Conflict Risks", *Journal of Peace Research*, Vol. 45, No. 4, Jul., 2008, pp. 461 - 478.

② K. Höglund & A. K Jarstad, "Strategies to Prevent and Manage Electoral Violence: Considerations for Policy", *Policy and Practice Brief*, ACCORD, No. 1, 2010.

③ K. Kumar and M. Ottaway, "General Conclusions and Priorities for Policy Research", in K. Kumar, ed., *Post - conflict Elections*, Lynne Rienner Publishers, 1998.

④ Terrence Lyons, "Post - conflict Elections and the Process of Demilitarizing Politics: The Role of the Electoral Administration", *Democratization*, Vol. 11, No. 3, 2004, pp. 36 - 62.

动，也可以是冲突出现之前的介入行动；而第三种则是从技术上防止选举暴力的出现，因而具有长远能力建设的意涵。由于对选举能力的支助和培育在其他各处还要提及，故这里主要介绍前两种方式。

在选举期间，部署军警人员或军事观察员在很多冲突后的国家几乎成为惯例。因授权不同，以联合国名义派遣过去的人数差别比较大，多则上万人，如柬埔寨；在没有维和任务的情况下可能只是少数的军事观察员。大多数情况下，都在百人以上。这些军人或警察通常来自多个会员国，在选举期间，他们或者直接负责安全工作，或者去监督或协助所在国的军警维持治安。在很多冲突后国家，由于安全部队和警察系统还未有效建立起来，联合国所派遣的军警人员往往能以有限的威慑，为大选注入巨大的信心。

在选举过程中，有些暴力的发动者追求的是有限目标，这时联合国的调解与斡旋行动可能会比较有效。比如在南非 1994 年 4 月份的大选中，围绕“非洲人国民大会党”与以夸祖鲁—纳塔尔地区的祖鲁族为主的“因卡塔自由党”之间的矛盾，是冲突爆发的最重要原因。南非人权委员会当月记录到 450 起与政治有关的杀戮事件，发生在夸祖鲁—纳塔尔地区的就达到 311 起。[①] 在联合国等国际和地区组织的密集斡旋下，两党最终就因卡塔党所关心的中央和省权力分享问题达成共识。因卡塔党同意参加大选后，暴力事件显著减少。[②] 联合国大会在第 66/163 号决议中特别建议，在会员国发出援助请求后，联合国可以调解和斡旋的方式提供选举援助。[③]

（三）选举制度的建立及其能力培育

推动选举进程与抑制选举暴力更多的是政治性的活动，而选举制度的建立及其能力培育主要涉及的则是技术援助活动，即联合国通过其专业性

① 秘书长安理会报告：《秘书长关于南非问题的报告》，联合国文件 S/1994/717，1994 年 6 月 16 日，第 7 页。

② 秘书长安理会报告：《秘书长关于南非问题的报告》，联合国文件 S/1994/717，1994 年 6 月 16 日，第 7 页。

③ 秘书长大会报告：《加强联合国在提高定期真正选举原则的有效性和促进民主化方面的作用》，联合国文件 A/68/301，2013 年 8 月 9 日，第 8 页。

的知识和技能为冲突后国家的选举事务提供咨询、建议和协助等各种类型的服务。具体来说，这方面的活动主要包括两部分：协助冲突后的国家设计和建立一套选举制度，如设置机构、制定法律法规等；提供选举进程中的各种技术服务，如培训选举工作人员、协助解决选举进程中出现的各种问题等。凭借丰富的选举援助经验和全面的选举知识网络，联合国在冲突后国家的选举制度设计、建立以及选举能力的培训方面，可以发挥难以忽视的重要作用。

冲突后国家通常并无现行的选举制度可以启用，为筹备和操办大选，需要建立一套适合自己的选举制度。由于选举制度的设计和建立牵涉很强的技术知识，一旦设立，就会对此后的政治生活产生刚性约束，再行变更将付出巨大成本。① 更重要的是，这一制度直接影响着未来的权力分配格局。比如南非在2004年议会选举时采用的是比例代表制，“非洲人国民大会党”赢得了69.69%的选票，其在国民议会当中分得了69.75%的议席，两者的比例高度均衡。反观2000年的蒙古选举，由于采用的是两轮的相对多数投票制，结果人民革命党虽只赢得52%的选票，却斩获了76个议席当中的72个。②投票方式的差异使得后者更容易形成一党独大的议会生态，而前者则更易导致多党制，选举制度的不同设计对政治的影响是显而易见的。③在冲突后的脆弱环境中，如果制度设计不当，很容易引发暴力冲突。

联合国在这方面的思路大体是：鼓励对象国设计能够预防权力垄断的政治机构，包括建立获得广泛信任和信赖的选举管理机构；采取适当措施使所有合格选民包括妇女和弱势群体参加选举；提高选举各个阶段的透明

① Mamoudou Gazibo, “The Forging of Institutional Autonomy: A Comparative Study of Electoral Management Commissions in Africa”, *Canadian Journal of Political Science*, Vol. 39, No. 3, September 2006, p. 629.

② Andrew Reynolds, Ben Reilly and Andrew Ellis, *Electoral System Design: The New International IDEA Handbook*, Stockholm: International IDEA, 2005, p. 27.

③ 不同选举制度方面的差异及其不同效应可参见 Andrew Reynolds, Ben Reilly and Andrew Ellis, *Electoral System Design: The New International IDEA Handbook*, Stockholm: International IDEA, 2005。

度；建立公正、迅速和方便的争端解决机制等。①

在柬埔寨、东帝汶等地，联合国作为过渡行政当局，在选举制度的设计、建立和能力培育方面能够发挥最大功效。如在柬埔寨1993年大选中，联合国所聘用的专家及选举事务人员在征询最高委员会的意见基础上，直接负责选举法规、程序的制定，并对大选进程和最终结果负责，整个选举由联合国驻柬选举事务主任领导，198名国际职员和数百名联合国志愿者在各省、市、区组织选举。在东帝汶1999年的独立公决投票中，秘书长特别代表负责颁布选举法规、程序，驻东选举事务主任领导选举进程，由国际人士组成的3人选举委员会则负责仲裁、听取选举过程中的申诉并核查结果。在科索沃，由科索沃—阿尔巴尼亚党派代表、民间团体及少数族群代表组成了12人委员会，联合国聘用的3位国际人士参与委员会并占据了握有否决权的主席职位。在东斯，联合国过渡当局握有大部分的选举法规制定权，选举事务主任则负责领导整个选举进程。

在有些冲突后国家，联合国虽未发挥如此大的权力，但仍对选举进程产生重要影响。比如在阿富汗、南非、伊拉克等国，联合国的选举事务官员或聘用的专家直接进入该国的选举管理机构，负责制定选举法规，管理、监督整个选举进程（见表3—3）。联合国方面的人员在这些选举管理机构当中通常只担任副手，在南非，联合国聘用的人士在选举委员会当中甚至不像其他几个例子那样握有投票权。不过，这种模式的功能即在于，联合国方面的选举专家可以通过这种“手把手”的技术传授、贴身的指导来提高选举的质量。这种模式既发挥了联合国在选举方面的知识技能优势，也体现了当地人在决定自己选举事务当中的自主权，方便了所在国长期选举能力方面的培育。

① 秘书长安理会报告：《预防性外交：取得成果》，联合国文件S/2011/552，2011年8月26日，第39段。

表 3—3　联合国在部分选举管理机构中的人员构成

国家	大选时间	选举管理机构名称	人员构成（国内人士 + 国际人士）
南非	1994 年	独立选举委员会	11 +5（没有投票权）
利比里亚	1997 年	独立选举委员会	7 +3（联合国 1 + 非统 1 + 西非经共体 1）
阿富汗*	2004—2005 年	联合选举管理机构	6 +5（2004），9 +4（2005）
伊拉克	2005 年	独立选举委员会	8 +1
波黑	2006 年	临时选举委员会	6 +3

*阿富汗在 2005 年的议会选举中，"联合选举管理机构"的人员构成变为"9 +4"结构。

资料来源：由笔者个人绘制。

有些国家的冲突后选举如 1990 年的尼加拉瓜选举、1992 年的安哥拉总统和议会选举、1993—1994 年的萨尔瓦多总统和立法会选举、1994 年的莫桑比克选举，都是由自己国家的选举委员会组织操办的。在这种情况下，联合国会为该国选举制度的设计和建立提供建议和咨询。在尼加拉瓜大选中，国家选举委员会经常寻求国际观察员的意见，后者参与其会议，尽管没有投票权。在莫桑比克，负责裁决选举纠纷的国际选举法庭中的 4 名成员中 3 名由国际专家担任。[①]与此同时，联合国通过驻该地特派团的选举事务官员、联合国志愿者以及开发署等机构，实地参与其具体的选举进程，如协助选民和候选人登记，协助组织投票和计票，协助制作选票、选民卡和候选人名单，负责对选举进程中出现的各种问题提供解决方案等。为提高其选举管理人员的能力，开发署还会开展相应的援助项目，用以聘用国际选举专家、支助所在国选举管理官员在国内外接受培训、提供与其他选举管理机构之间的双边交流等活动。

例如，为支助 2005 年利比里亚人自己组织的首次议会和总统选举，联利特派团设立了一个大约由 30 名工作人员和 150 多位联合国志愿人员组成的选举司，协助其多方面的能力建设。援助的主要领域包括选举运作、后勤和管理，选举法制定，预算编制和捐赠协调，公民/选民教育，数据库/信息技术，选民登记、投票和计票，政党关系、提名，选区划定，选举事

① Rafael López - Pintor, "Electoral Management Bodiesas Institutions of Governance", *Bureau for Development Policy* (UNDP), 2000, p. 93.

务人员的培训等。[①]

三、冲突后即时性选举援助的缺陷

联合国对冲突后国家的选举援助有助于大选的平稳推进及选后的政治转型，对其选举制度的建立和能力培育也能发挥一定的作用。不过，这种以支助某次大选为特征的选举援助模式也有其不可忽视的缺陷。

其一，这种援助模式基本集中在投票日前后。由于冲突后大选通常被视为“退出战略”的重要组成部分，一旦大选结束，新的政府宣告成立，联合国等外部行为体即纷纷撤出。[②] 因之，投票日前后的外来资源会蜂拥而至，随后投入进来的资源则会迅速锐减，出现所谓的“财政断崖”现象，让新政府举步维艰。与此同时，这些资源主要集中于保证大选的顺利举行上，这种短期的政治性需求远远压过了对其长期能力建设的考量。一言以蔽之，选举并未被视为通往国家建设的第一步，而是外部行为体兴趣下降的开始。

其二，和平协议的签署基本意味着举行大选，这在最近的15年间尤其如此。[③] 选举成了和平协议从愿景到现实的合法转化机制。不过，大选的时机选择非常重要，正如在阿富汗、伊拉克、叙利亚等多地参与冲突斡旋和战后重建的杰出外交家、前联合国秘书长特别代表拉赫达尔·卜拉希米所说，“只有恰当时间的选举，才能产生所有期望的好结果”。[④] 时机选择不当也可能会导致和平进程功亏一篑，加剧冲突或重返冲突。波兰凯蒂（Brancati）与斯奈德（Snyder）的研究发现，和平协议的签署与投票之间

---

① 秘书长人会报告：《加强联合国在提高定期真正选举原则的效力和促进民主化方面的作用》，联合国文件 A/60/431，2005 年 10 月 14 日，第 62 段。

② Andrea Iff, Ed., *Ballots or Bullets: Potentials and Limitations of Elections in Conflict Contexts*, Swisspeace Annual Conference, 2010, p. 59.

③ MichaelLund, “Engaging Fragile States: An International Policy Primer”, Woodrow Wilson International Center for Scholars, Project on Leadership & Building State Capacity, Washington DC, 2010, p. 55.

④ Lakhdar Brahimi, “State Building in Crisis and Post - conflict Countries”, Seventh Global Forum on Reinventing Government, June 2007.

的间隔时间近些年大大缩短。1989 年之前平均间隔时间是 5.6 年，1989 年之后则只有 2.7 年，缩短了一大半。[①] 由于时间被大幅压缩，选举的日程安排变得异常紧张，由于准备仓促，联合国对其援助的效果也遭到弱化。

其三，这种援助模式基本将选举视为平均间隔 4—5 年的一次性“事件”（one - off event）。然而可持续的选举制度与选举能力的建设并非一蹴可就之事，成功的选举也基于对整个选举进程和选举领域的均衡关注，包括政党法、选举体制设计、选举体制与政党体制的关系等更为广泛的制度框架，这些因素在选举援助之前的筹划中并未得到足够关注。[②] 在有些情况下，援助方倾向于自己辨别哪些方面的需求是重点，尽管这可能并不符合受援国选举管理机构的需求。通常，短期的有针对性的训练、临时性的选举物资以及选民教育是这种即时性援助经常喜欢做的领域。[③]

第三节　联合国中、长期选举援助的功效分析

为了克服即时性援助的缺陷，使选举援助更有效力，同时也迫于冲突后国家或转型国家对外部援助大量后续需求的现实压力，联合国开始提供越来越多的选举前与选举后的援助。在援助思维上，联合国也逐渐将选举前、选举及选举后视为一个完整的选举进程，并在此基础上，进一步发展出“选举周期”的援助路径。中、长期选举援助的主要目标在于受援国或地区在没有或很少外部资助的情况下能够自己组织未来的选举，因而协助其建立可持续的选举能力和选举制度成了这种援助类型的主要方向。本节

---

① Dawn Brancati & Jack L. Snyder, “Time to kill: the Impact of Election Timing on Post - conflict Stability”, Draft Paper, 2011, viewed at http: //brancati. wustl. edu/T2K_ Feb62011. pdf.

② Andrew Ellis, Paul Guerin & Ayman Ayoub, “Effective Electoral Assistance: Moving from Event - based Support to Process Support”, Sweden: International Institute for Democracy and Electoral Assistance, 2006, p. 6.

③ Andrew Ellis, Paul Guerin & Ayman Ayoub, “Effective Electoral Assistance: Moving from Event - based Support to Process Support”, Sweden: International Institute for Democracy and Electoral Assistance, 2006, p. 7.

分三部分：第一部分阐述联合国在选举模式和援助思维上的这种变化及由此导致援助功能领域的拓展；第二部分论述中、长期援助的主要援助领域及其与国家—社会建设之间的关联；第三部分以其中一个重点援助领域即选举机构为例，探讨联合国的中、长期援助在受援国制度和能力建设方面的作用。

一、从即时性援助到“选举周期”：联合国选举援助模式的演变及领域拓展

2000年左右，联合国在选举事务方面的援助内容开始出现变化。选援司和开发署等联合国机构逐渐开始重视对会员国中、长期选举能力的支助，包括其制度、人员能力以及与选举相关的综合基础设施的建设。在这当中，为选举前、后期提供各种类型的技术援助的数量逐渐多了起来。

（一）联合国有关选举援助授权任务的变化

之所以出现这种变化，除了前述即时性援助的缺陷之外，还源于以下三方面的原因。一是越来越多的国家已经举行过首次大选，并建立起基本的选举制度。以南撒哈拉非洲地区49国为例，1989—1994年间，这里有29个国家举行了首次大选，总统、议会等各类大选共计54次；1995—1997年，又有11个国家举行了15次首次大选。① 二是经历过首次大选的国家，初步的选举制度建立起来后，在很多情况下需要对其进行更特殊和专门的改革，例如引进新的投票技术，如电子投票、采用新技术进行选民登记、选举立法改革等，以进一步完善选举制度。这些要求或是源于公众对现行制度的不信任，或是有关当局希望加以变革、调整，以更趋现代化或更加适宜。② 三是针对不同情势，会员国要求联合国提供的选举援助越

① Michael Bratton, “Second Elections in Africa”, *Journal of Democracy*, Vol. 9, No. 3, 1998, p. 54.

② 秘书长大会报告：《加强联合国在提高定期真正选举原则的效率和促进民主化方面的作用》，联合国文件A/58/212，2003年8月4日，第9页。

来越多样化和专业化。例如在选民登记领域，联合国应要求所提供的援助就各不相同：在处于政权过渡期的国家如阿富汗，参与登记的实际组织和执行；在修订登记程序的地方，或者提供专家技术服务，如巴勒斯坦，或者担任执行伙伴，如塞拉利昂；在登记制度进行过修订的国家如牙买加，则作为第三方提供稽核，对结果进行质量评估。① 这些都对联合国的资源和能力形成巨大挑战，也迫使其对援助的程序和内容都进行优化和细化。

面对变化的形势和挑战，联合国不断对其选举援助工作进行反思和调整，这突出表现在秘书长的报告以及大会根据报告所出台的决议上。从1990—2011年，大会共出台了14份相关决议，通过将这些决议对选举援助新提出的要求列表，可以清晰地发现联合国在选举援助的内容和模式上的变化。20世纪90年代初期，联合国初步建立选举援助的架构，这时期决议的主要内容是援助机构自身的能力建设，包括发展援助经验、储备专家、协调联合国系统，以及与区域组织、非政府组织之间的选援活动等。随着选举能力和资源的积累，联合国对选举事务中期和长期的制度和能力建设方面的兴趣越来越大（参见表3—4）。

表3—4　联合国大会历次决议有关选举援助授权任务的变化（1990—2011）

授权的任务	首次提及该任务的大会届数													
	66	45	46	47	48	49	50	52	54	56	58	60	62	64
经会员国请求的选举援助	✓													
发展机构经验的传承		✓												
维护专家名册/数据库		✓												
与联合国其他部门和开发署的合作		✓												
与政府间组织的协调		✓												
人权问题咨询服务			✓											

① 秘书长大会报告：《加强联合国在提高定期真正选举原则的效率和促进民主化方面的作用》，联合国文件A/58/212，2003年8月4日，第10页。

续表

授权的任务	首次提及该任务的大会届数													
	66	45	46	47	48	49	50	52	54	56	58	60	62	64
选举前后的援助，包括需求评估特派团				✓										
巩固民主进程的方案				✓										
与非政府组织协调选举的筹备和观察工作				✓										
选举后的援助，以促进稳定和选举进程的连续性					✓									
联合国人权事务高专办对民主化的支持					✓									
开发署进行的公务员制度改革和施政					✓									
加强选举机构的能力						✓								
选举后的援助，以促进选举进程的可持续性							✓							
对各项请求不断变化的性质和对中期援助不断增加做出反应							✓							
在选举的整段时间内进行全面观察								✓						
支持与人权有关的民主化活动								✓						
支持和加强请求国现有能力								✓						
选举前、后期的整个选举进程中向请求国和选举机构提供技术咨询和其他援助									✓					
加强民主机构以及民间社会与政府之间的联系									✓					

续表

授权的任务	首次提及该任务的大会届数													
	66	45	46	47	48	49	50	52	54	56	58	60	62	64
提供具体类型的中期专家援助									✓					
鼓励增加联合国人权事务高专办的参与										✓				
鼓励其他组织传授知识与经验，以便推广最佳做法											✓			
加强民主机构以及民间社会与政府之间的联系											✓			
使选举专家名册更易于调阅，使专家来源更加多样												✓		
协调参与观察选举的众多政府间组织和非政府组织的方法和标准													✓	
酌情在包括选举前和选举后的整个选举周期中提供技术咨询和其他援助													✓	
考虑在可行时建立内部供资机制														✓
相关部门可应会员国请求，以调解和斡旋形式提供额外协助														✓

资料来源：General Assembly，U. N. Doc. A/RES/45/150（1990），A/RES/46/137（1991），A/RES/47/138（1992），A/RES/48/131（1993），A/RES/49/190（1994），A/RES/50/185（1995），A/RES/52/129（1997），A/RES/54/173（1999），A/RES/56/159（2001），A/RES/58/180（2003），A/RES/60/162（2005），A/RES/62/150（2007），A/RES/64/155（2009），A/RES/66/163（2011）；Report of the Office of Internal Oversight Services，“In – depth Evaluation of the Electoral Assistance Programme”，UN Doc. E/AC. 51/1999/3。

（二）从选举“三阶段”到“选举进程”

选援司要求会员国在“预定选举日之前至少4个月”向“协调人”发出正式申请。[①] 不过，从援助效果来看，受援国或地区及早发出援助请求比较好。开发署结合自己的项目经验认为，在选举前一年发出申请更有助于选举的成功推进。预留时间较短会导致选前的筹备和组织仓促，压缩选民/公民教育等关键活动开展的时间，提高选举物资的采购成本，并弱化援助的效果。[②] 与之相比，选举后的持续援助时间更长，对受援国的能力和制度建设更为必要，这方面的需求也更为急迫。

联合国在1993—1994年的两份决议（即第48/131（1993）和第49/190（1994）号决议）当中，首次提及“选举前、后”的援助，将其作为即时性援助的有效补充。不过由于资源和能力有限，这时期中、长期的选举援助项目还比较少。从援助思维上看，选举三个阶段式的划分还显得略为粗糙，主要的援助重心仍然集中在选举期间即投票日前后。

2001年的第56/159号决议在措词上出现了变化，决议首次提及“包括选举前、后期的整个选举进程”（the entire electoral process time - span including before and after elections）。[③] 新表述尽管仍是基于此前三阶段式的划分模式，不过已经有实质性改进，即将选举视为一种进程（process）而非一次性的事件（event），选举前与选举后因此成为此一完整进程不可或缺的组成部分。在这一思维框架下，加强对选举前、选举后的援助自然成了题中之义。其结果是这种“进程”式的援助模式导致联合国中、长期援助的比例大幅增长。

---

① 联合国秘书处政治事务部和联合国开发计划署：《关于选举援助的准则说明》，见秘书长大会报告：《提高定期真正选举原则的效率》，联合国文件A/56/344，2001年10月19日，第19页。

② UNDP, “Practice Note: Electoral Systems and Processes”, New York: UNDP, January 2004, pp. 8-9.

③ General Assembly, “Strengthening the Role of the United Nations in Enhancing the Effectiveness of the Principle of Periodic and Genuine Elections and the Promotion of Democratization”, UN Doc. A/RES/56/159, 20 February 2002, para. 5.

提出中、长期选举援助要求，突出体现在一些“第二代”项目上，即对由联合国在冲突后或转型环境下启动的选举援助项目，继续提供各种支助特别是技术援助。比如在塞拉利昂，该国 2004 年的大选在“联合国塞拉利昂特派团”选举小组的援助下顺利举行。此后，针对选举过程中存在的问题，选援司、联塞特派团和开发署联合开展一项能力建设项目，其中包括重新规划选区、审查和修订同选举相关的法律等，以为 2007 年的大选做准备。①

这种选举援助的特征是周期长、时间跨度大，可能从某次大选结束一直延续到下一次大选的开始。这使得联合国可以从容地规划项目，设计和实施涵盖内容更宽泛、更符合其需求的综合性项目。在尼日利亚，为支助 2003 年 4 月的大选，联合国开展了一项为期两年的援助项目。项目重点用于支助其民间社会组织，协助他们开展选民/公民教育，并通过他们对大约 1 万名本国观察员进行了培训和部署。在也门，联合国在协助其 2003 年 4 月议会和地方选举的同时，还开展了一项为期四年（2002—2006 年）的长期项目，重点资助其选举和公民投票最高委员会的能力建设。从项目开展到 2003 年 5 月第一阶段完成，一年时间里，开发署和选援司即从国际社会为其募集了 220 多万美元的运作资金。② 在阿富汗，联合国主持了 2003—2005 年的选民登记并协助其首次总统、议会选举之后，·又于 2006 年启动新的五年期（2006—2011 年）选举援助项目——“提升未来立法和选举能力”（Enhancing Legal and Electoral Capacity for Tomorrow，ELECT）。2011 年项目完成后，又开始为 2014 年的新一轮大选做准备，前后援助的时间长达十余年。

（三）“选举周期”的援助模式

由于援助周期加长，发展援助机构进一步对周期内的选举阶段和内容

---

① 秘书长大会报告：《加强联合国在提高定期真正选举原则的效力和促进民主化方面的作用》，联合国文件 A/60/431，2005 年 10 月 14 日，第 30 段。

② 秘书长大会报告：《加强联合国在提高定期真正选举原则的效率和促进民主化方面的作用》，联合国文件 A/58/212，2003 年 8 月 4 日，第 8 页。

进行细化，从而发展出一种“选举周期”的援助模式（the electoral cycle approach）。该模式是在2005年由欧盟委员会的斐比奥·巴基埃齐（Fabio Bargiacchi）、保罗·古尔林（Paul Guerin）、多米尼可·图斯纳蒂（Domenico Tuccinardi）以及民主和选举援助国际研究所的安东尼奥·斯宾纳利（Antonio Spinelli）、塞拉撒·兰勒拉（Theresa Lanela）等选举专家提出来的，用以培训开发署和欧盟的选举事务官员。[①] 当年塞拉利昂和尼日利亚依照这一路径接受援助，成为首批受益的国家。

这一新模式在提出后很快获得开发署等发展援助机构的广泛赞同，2006年4月在开发署和欧盟委员会共同签署的《实施选举援助的操作指南》（Operational Guidelines for the Implementation of Electoral Assistance）这一官方文件中，“选举周期”被正式作为两家机构实施选举援助项目的标准程序。[②] 2006年，欧盟委员会与民主和选举援助国际研究所分别出台了《选举援助方法指南》（EC Methodological Guide on Electoral Assistance）和《选举管理设计手册》（Handbook on Electoral Management Design），开发署则于次年编制了《选举援助实施指南》（Electoral Assistance Implementation Guide），这几份官方手册进一步发展完善了“选举周期”模式，并着力在自己的援助实践中加以推广。[③]

2009年大会第64/155号决议也确认了这一援助模式的价值，“联合国依据需求评估并根据请求国不断变化的需求，同时在顾及可持续性和成本效益的情况下，再酌情包括选举前和选举后期的整个选举周期中继续向请

① Fabio Bargiacchi, Mette Bakken, “The Electoral Cycle Approach: Effectiveness and Sustainability of Electoral Assistance”, *ISPI Working Paper*, July 2011, pp. 2 – 5.

② EC/UNDP, “Operational Guidelines for the Implementation of Electoral Assistance”, see at http://ec. europa. eu/europeaid/work/procedures/documents/implementation/international_ organisations/other_ documents_ related_ united_ nations/ec_ undp_ operational_ guidelines_ elect_ assist_ en. pdf.

③ European Commission, *EC Methodological Guide on Electoral Assistance*, Brussels: EC, 2006; AlanWall, Andrew Ellis, Ayman Ayoub, Carl W. Dundas, Joram Rukambe and Sara Staino, *Electoral Management Design: The International IDEA Handbook*, Stockholm: International IDEA, 2006; UNDP, *Electoral Assistance Implementation Guide*, New York: UNDP, 2007.

求国和选举机构提供技术咨询和其他援助，以帮助加强其民主过程。”① 同年，开发署启动了预算为 5000 万美元的三年期“全球选举周期项目”（Global Programme for Electoral Cycle Support），专门向一些国家提供援助。

依照这一模式，选举是持续的、周期性的统一进程，由 8 个不同阶段构成（见图 3—2）。每个阶段有相应的任务要素，它们之间相互影响，彼此依赖。对于成功的大选，任何一个任务要素都是不可缺少的。一个阶段的任务要素没有完成，就会对其他阶段或要素造成负面影响，比如前面的选民登记没有做好，就会影响其后的公民教育、选民信息、后勤安保、投票、计票等各个选举要素。②

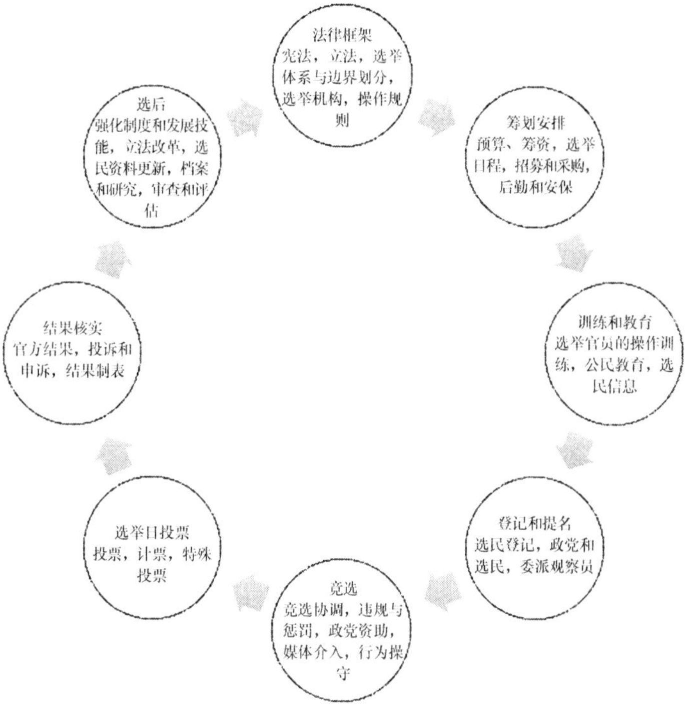

图 3—2　选举周期示意图

资料来源：由笔者个人绘制。

---

① 第六十四届大会决议：《加强联合国在推进定期真正选举和促进民主化方面的作用》，联合国文件 A/RES/64/155，2010 年 3 月 8 日，执行部分第 6 段。

② ACE Project，“The Electoral Cycle Approach”，see http：//aceproject. org/ace – en/focus/focus – on – effective – electoral – assistance/the – electoral – cycle – approach.

即时性援助集中于投票日前后，与之不同的是，在完整的选举周期模式中，投票只是其中的一个阶段，其成功与否很大程度上取决于其他几个阶段的进展。不仅如此，对于联合国等选援机构来说，其他阶段的支助对受援国或地区的自主能力建设更加重要。比如第一阶段即“法律框架”方面的援助，就涉及一系列关涉选举的基础性制度的设计和安排，包括宪法、选举法、政党法、政治捐助法等基本大法的制定和修改、公民资格与选举权认定、选举体系安排、选区划分、选举管理机构的模式选择等。这些不仅关系到后续选举进程能否顺利推动，更决定受援国或地区未来的政治模式和政治发展前景。

这一模式有助于更好地理解选举的复杂性。从时间跨度上来看，理想的选举周期是从一次选举的结束到下次选举的开始，差不多4—5年的时间，因而这种模式倡导的是中、长期的持续援助。与此同时，“选举周期”并未排除即时性的援助，相反，对选举周期不同阶段、任务和着力点的充分理解，有助于有效地筹备和提供更有针对性的即时性援助。对于任何匆忙的外部援助请求，联合国都可以利用这一工具评估其实际进展以及亟需援助的领域。在这一统一框架下供应的不同即时性援助，不仅降低了相互重叠和相互冲突的可能，减少了资源浪费，而且有助于不同援助和项目之间的相互整合，以共同致力于受援国长期选举制度和能力的提高。① 利用这一工具，受援国的选举管理机构也可以更迅速地掌握选举流程从而更充分地筹备和操办选举。

二、中、长期选举援助与国家—社会领域的建设

“选举周期”8个阶段涉及大量的任务要素，为协助受援国或地区的选举制度和选举能力建设，联合国主要从以下领域介入其选举进程：选举制改革、强化选举管理机构、建立可持续的选举进程、资源动员和协调、公民和选民教育、选举争端解决、扶持国内观察员、协助政党、强化媒介以

① UNDP, *Electoral Assistance Implementation Guide*, New York: UNDP, 2007, p. 3.

及增加妇女参与。

这10个领域体现了联合国中、长期选举援助尤其是技术援助的主要方向。从援助的路径来看，它们又大致可以归结为两类：国家层面的选举援助以及社会层面的选举援助。国家层面的选举援助旨在建立能够独立筹划、组织和操办国家和地方选举的一系列选举能力和选举制度，主要包括选举制改革、强化选举管理机构、建立可持续的选举进程、资源动员和协调、选举纠纷解决5个方面的援助。社会层面的选举援助则意在促进公民了解、熟悉选举及其整个进程，从而高质量、有序地参与进去，并能够自我组织、自我监督，这方面的努力主要包括公民和选民教育、扶持国内观察员、协助政党建设、强化媒介能力及增加妇女参与。前者的援助路径是从上到下，后者则由下而上，两者各有侧重，又彼此相互倚重。

在选举援助的国家层面，"选举制改革"主要涉及投票制的设计和改革，投票方式多种多样，技术性很强，民主和选举援助国际研究所（IDEA）详细列出了4大类12种不同的投票制，每一种都会对权力或议席分配产生迥异的政治影响。① 联合国在这方面的援助在于促使选举体系更具包容性、代表性，更加符合本国需要。选举管理机构负责选举的具体组织和操办，掌握与选举相关的一系列权力，包括法规的制定、选民、政党和候选人的登记和审核、组织投票和计票并宣布大选结果等。② "强化选举管理机构"旨在建立可持续性的选举管理机构，联合国通过支助其立法改革、为选举管理人员提供专业培训等援助，使之具备组织、操办各层次选举的

① 选举制分为多数制、比例代表制、混合制及其他四大类型。多数制又被细分为相对多数当选制（First Past the Post）、两轮制（The Two - Round System）、顺位投票制（The Alternative Vote）、连记投票制（Block Vote）、政党连记制（Party Block Vote）5种；混合制包括并联制（Parallel System）与混合比例代表制（Mixed Members Proportional）两种；比例代表制包括名单比例代表制（List Proportional Representation）与单记可转让投票制（The Single Transferable Vote）两种；其他则指不能归入上述三种类型的单记不可转让投票制（Single Non - Transferable Vote）、减记投票制（Limited Vote）以及波达计数制（Borda Count）。参见 Andrew Reynolds, Ben Reilly and Andrew Ellis, *Electoral System Design: The New International IDEA Handbook*, Stockholm: International IDEA, 2005, p. 28。

② Shaheen Mozaffar and Andreas Schedler, "The Comparative Study of Electoral Governance—Introduction", *International Political Science Review*, Vol. 23, No. 1, 2002, p. 8.

独立能力。“建立可持续的选举进程”主要聚焦于发展中国家的选举筹划、监督和预算能力，为一些国家引进更方便实用、低成本的高科技方案，同时也包括选民登记方面的支持。在“动员和协调资源”方面，联合国尤其开发署，通过“一揽子”资金资助或信托基金为其从国际社会筹集选举经费，并协调第三方的参与，使各种外部援助更加协调一致。“选举争端解决”主要是支助受援国或地区建立和发展其处理选举争端和申诉方面的机构和法律框架，从而增加选举的公正、透明和可信度；为减少由选举争端引发的暴力冲突，联合国还协助其建立相应的冲突预防和解决机制。

在社会层面，“公民和选民教育”主要解决的是“为何”、“怎样”以及“何时”参与选举的问题。在这方面，联合国主要活动包括协助受援国在选举期间开展教育、培训或宣传活动，支助民间社团组织，编发印制各种选民材料，在选举制度设计和法律框架当中施加政策影响等，旨在扩大民主参与尤其是社会弱势群体的参与。在一些选举暴力频发的地方，联合国开展的“公民和选民教育”也包括非暴力参与的问题。[①] 在选举有越来越多的国际观察员参与的同时，“扶持国内观察员”成了联合国发展其自主选举监督能力的重要举措，主要方式包括提供技术和知识培训、在选举期间为其提供后勤支助等。“强化媒介能力”主要是发展公立或私营媒介公正、负责任地参与大选进程的独立能力，促使报道更加专业、全面和均衡，从而为选民提供充足、真实、负责任的选举信息。[②] 联合国在不同国家采取不同的策略，在柬埔寨2003年与2008年的国会选举中，联合国提出“平等新闻”倡议，协助分配不同政党在国家媒介上的宣传时间；在塞拉利昂，帮助起草媒体从业法案；在刚果和阿富汗，协助其媒体委员会监督舆论报道。[③] 在印度、阿富汗、伊拉克、孟加拉等很多国家，“增加妇女参与”都是联合国援助的重要领域，通过宣传、培训等各种方式，消除妇女

① UNDP Democratic Governance Group, *Electoral Assistance Implementation Guide*, UNDP, 2007, pp. 44 – 45.

② Marie – Soleil Frère, *Elections and the Media in Post – Conflict Africa: Votes and Voices for Peace?* Zed Books, 2011, pp. 1 – 16.

③ UNDP Democratic Governance Group, *Electoral Assistance Implementation Guide*, UNDP, 2007, p. 48.

参与投票和竞选的制度性障碍，鼓励妇女参与各个选举阶段。在“协助政党建设”方面，选举援助一方面确保它们有序参与竞选进程，发挥选民教育功能，另一方面也为其提供技术指导，帮助改善竞选、外联和媒体战略等。

相较而言，公民社会的培育对长期的选举能力建设尤其是健全的民主化进程来说更加有利。但由于联合国可以投入的资源和精力有限，而社会层面的能力建设耗时长久，非一朝一夕可见成效；更重要的是，介入其社会进程将导致极力保持中立地位的联合国面临巨大政治风险，特别是在协助对象国的政党建设方面，卷入其政治权争的风险更大。因而联合国的资源相对来说偏向于国家层面的选举制度和能力建设。

在中、长期选举援助方面，开发署一直是主要的实施机构。以其2002—2012年的人力和资金分布为例，国家层面的选举援助占这期间总资源的55%，比投入在社会层面上的资源多了10%。从单个的援助领域来看，由于选举管理机构对选举进程担负责任最大、最直接，因而有1/4的资源流向了这一领域。“公民和选民教育”居第二，“建立可持续选举进程”占第三，各占19%和12%。三个领域的资源加在一起，高达56%。其他领域投入的资源都在10%以下，“选举争端解决”、“强化媒介能力”与“协助政党建设”占用资源最少，加在一起不到15%（见图3—3）。

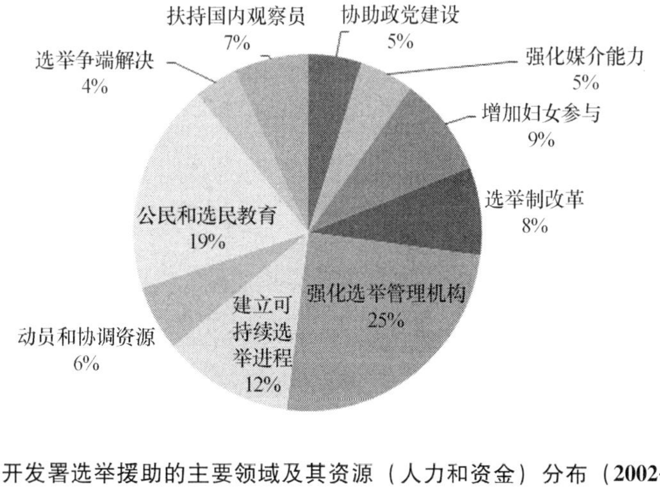

图3—3　开发署选举援助的主要领域及其资源（人力和资金）分布（2002—2012）

资料来源：UNDP Evaluation Office, *Evaluation of UNDP Contribution to Strengthening Electoral Systems and Processes*, UNDP, 2012, p. 22。

当然，在不同地区，开发署投入的资源比例有所差别。在非洲、亚洲、阿拉伯国家、拉美和加勒比，开发署都将最多的资源投入在“强化选举管理机构”这一领域，拉美加勒比地区甚至高达31%。而在欧洲和独联体国家，“选民和公民教育”投入的资源则最多，达到37%，其次才是选举机构。这显示在不同地区开发署的援助思路存在非常大的差异。在欧洲独联体地区，国家层面上的选举制度已经有较成熟的发展，因而更多的资源投入在社会层面的援助上，两者之间的比例是4:6。而在其他地区尤其亚洲和拉美加勒比地区，两者的比例刚好反过来，变成了6:4。值得一提的是，在“增加妇女参与”领域，除了基础较好的欧洲独联体地区比例较低外，其他地区投入的资源都在10%及以上，非洲和亚洲相对更高，分别为14%和12%，这显示出开发署在促进低比例代表人群方面的巨大努力（具体见下表）。[①] 成效也相当显著，数据统计显示，1989年以来，在安理会授权联合国提供选举援助的那些国家里，妇女在下议院或一院制议会当中平均占有23.3%的席位。[②] 而根据各国议会联盟收集的数据，截至2013年7月，全球平均比例为21.3%。[③]

表3—5　开发署在不同地区选举援助领域的比例变化（2002—2012）（%）

援助领域	非洲	亚洲	阿拉伯国家	欧洲独联体	拉美加勒比
选举制改革	2	13	7	6	12
强化选举管理机构	28	20	23	21	31
建立可持续的选举进程	14	11	19	6	10
动员和协调资源	8	10	6	2	5
公民和选民教育	19	15	9	37	12
选举争端解决	1	8	3	5	2

① UNDP Evaluation Office, *Evaluation of UNDP Contribution to Strengthening Electoral Systems and Processes*, UNDP, 2012, p. 21.

② 秘书长大会报告：《加强联合国在提高定期真正选举原则的有效性和促进民主化中的作用》，联合国文件A/68/301，2013年8月9日，第12页。

③ 秘书长大会报告：《加强联合国在提高定期真正选举原则的有效性和促进民主化中的作用》，联合国文件A/68/301，2013年8月9日，第6页。

续表

援助领域	非洲	亚洲	阿拉伯国家	欧洲独联体	拉美加勒比
扶持国内观察员	3	4	16	9	2
协助政党建设	7	2	4	2	11
强化媒介能力	4	5	3	8	5
增加妇女参与	14	12	10	4	10

资料来源：UNDP Evaluation Office，*Evaluation of UNDP Contribution to Strengthening Electoral Systems and Processes*，UNDP，2012，p. 22。（数字有所修正）

与即时性援助不同，中、长期援助所指的能力不再仅仅局限于成功举行某次选举，而是专业性的、包容性的以及可持续性的制度和进程。开发署进一步将其分解为相互联结在一起的三个层面的能力：体系、机构以及个人。体系层面的能力指的是维持可信赖选举的总体环境，包括选举制度、选举法，以及更深层次的政治体制、公民社会等基础设施的发展状况；机构层面的能力指的是筹备、组织和操办选举，以及以专业、独立和可持续的方式管理选举周期的能力；个人层面的能力则指包括边缘群体在内的合格选民、候选人等参与大选的能力。①

即时性援助的主要目标是确保大选的成功举行，建立基本的选举制度；中、长期援助的重点则转向完善其选举制度并发展其长期自主的选举能力。两者目标不同，在援助的方向上自然存在差异。尽管即时性援助并不存在完全相对应的援助领域，但将两者之间的差别用下表（见表3—6）来进行比较仍然是有益的。

此外，冲突后国家的即时性援助通常与特派团的维和或政治任务结合在一起，受援国内部要求联合国深度参与，监督不同派别对和平协议的执行和遵守情况；一些派别和地方势力也籍此寻求外部的政治和物质支持，这就使得这种援助具有较浓的政治色彩。② 而中、长期援助所面临的形势

① UNDP，*Electoral Assistance Implementation Guide*，New York：UNDP，2007，pp. 37 – 39.

② John Heathershaw & Daniel Lambach，“Introduction：Post – Conflict Spaces and Approaches to Statebuilding”，*Journal of Intervention and Statebuilding*，Vol. 2，No. 3，2008，pp. 269 – 289.

则不大一样，这时受援国已经基本确立有效的政治框架，外部角色在政治领域可能发挥的空间有限，因而援助的政治色彩相对淡化。

表 3—6　即时性援助与中、长期援助对比

援助领域	即时性援助	中、长期援助
选举制改革	建立有关选举的基本法律和制度框架	改革和完善选举制度，使其更符合国情，确保各项制度之间的协调和可持续发展
强化选举管理机构	建立临时或常设选举机构，确保成功举行大选	确保常设选举机构的稳定性、协调性和可持续性，发展和完善选举机构的专业技能
选举进程	为选举提供必要援助，确保大选的成功推进	发展国家的选举筹划、监督和预算能力，为其引进适宜、低廉的高科技方案
动员和协调资源	从国际社会筹集大选经费，协调第三方的参与	从国际社会筹集选举进程各阶段经费，协调第三方的参与，将其纳入到整体的项目支持框架当中
公民和选民教育	鼓励投票，教授如何参与大选和投票	提高公民的权利和责任意识，将选民教育转变成公民教育
选举争端解决	建立临时或常设的争端解决机制	完善争端解决的机制及相关的法律制度框架，建立一整套可持续的程序和规则
扶持国内观察员	为国内观察员提供必要的资源和技术	发展国内观察员独立的观察和监督能力
协助政党建设	协助政党参与大选	发展政党的参与意识和参与能力，协助完善其竞选、外联和媒体技能
强化媒介能力	协助媒介参与和报道大选，确保每位候选人都有机会利用媒介	发展媒介参与大选的独立能力，使其报道更加专业、公正和全面
增加妇女参与	确保更多的妇女群体参与大选	协助消除妇女参与的制度性障碍，提高妇女参与的意识和能力

资料来源：由笔者个人绘制。

从援助的形式来看，中、长期援助采用较多的是技术援助，即有关选举事务的技能和知识传授。这种援助主要针对受援国的实际问题和实际需求，一方面更有定向性和针对性，另 ·方面也会更多考虑受援国的自身特征，发展更符合其本土特征的选举制度和选举能力。这对其国家建设来说，无疑有更深远的意义。

三、中、长期选举援助与选举机构的制度和能力建设

在所有援助当中，协助受援国或地区选举管理机构的能力建设是最关键、也是投入资源相对较多的一个领域。选举管理机构不仅负责选举的组织和操办，主导着整个选举进程，还是选举规则的制定、执行和裁决者，对一些敏感的政治活动如政治捐助、政党登记和监督、大众政治参与等也负有职责（参见表3—7）。因而，其自身的制度设计和能力水平很大程度上决定着选举的成功与否。施瓦兹（Roland Schwartz）通过研究坦桑尼亚、乌干达和肯尼亚的案例，就发现选举暴力的出现与选民对选举管理机构的能力或其独立性缺乏信心直接相关。[①] 在20世纪90年代，这种选民与选举管理机构之间的“公信力鸿沟”，驱动了很多国家（包括部分西方国家）对其选举管理机构进行调整和变革。[②]

表3—7 选举机构在选举规则的制定、执行和裁决当中的具体作用

阶段	内 容
选举规则制定	投票制度，选区人口数量，选区划分，议会规模，选举时间表，选民资格选民登记，政党和候选人登记，竞选资助和规则，选举观察，选票设计，投票站设立，投票、计票和结果制表，选举管理机构，争端解决机构
选举规则执行	选民、候选人、政党登记，选举观察团登记，选民教育，选举组织，投票、计票和宣布结果
选举规则裁决	申诉登记，案件调查，公布和执行

资料来源：Shaheen Mozaffar and Andreas Schedler，“The Comparative Study of Electoral Governance—Introduction”，*International Political Science Review*，2002，Vol. 23，No. 1，p. 8。

① Roland Schwartz，“Political and Electoral Violence in East Africa”，*Working Papers on Conflict Management* No. 2，Freidrich Ebert Stiftung & Centre for Conflict Research，2001，pp. 9 - 10.

② Alan Wallet al.，*Electoral Management Design：The International IDEA Handbook*，Stockholm：International IDEA，2006，p. 1.

尽管各国的选举管理机构差异很大，不过它们要处理的议题却大致相同。联合国选举援助的目标即在于汇集全球范围有关选举管理机构的知识和经验，诸如其角色地位、组织结构、运作模式、融资和管理方式等，从中总结相对成功的经验和失败的教训，从而为不同国家提供最适宜的解决方案。① 其援助的长期目标，是发展当地可信的、经济的选举能力，提高各级选举管理机构及其人员的知识与操作技能，使其能够自行设计、规划与完成整个选举进程。开发署一般为这种援助项目提供种子基金，选举援助司则从其花名册上选派高级技术专家实施和监测项目的运行。两者密切协作，根据受援国的特殊需求，在很多国家联合开展内容不同的中、长期项目。在圭亚那，开发署与其他援助方共同支持该国选委会长达20年，使其从临时性的、缺乏经验并被广泛质疑的机构，发展成为一个值得信赖的常设机构，并独立举办了2011年的国家大选。② 当选举管理机构建立起来后，援助则转向该国的特殊需求。例如在巴基斯坦，联合国开展一项关于加强选举委员会和促进其权力下放的三年期项目，向尼日利亚全国独立选举委员会提供通讯部门援助，支助柬埔寨国家委员会筹备地方选举等。③

除了提供必要的资金、设施装备外，联合国的中、长期援助主要从选举管理机构的制度和能力建设两方面入手。具体说来，就是协助受援国选举机构的体系设计和改革，对其机构人员（包括中央和地方各层次人员）进行能力培训，使其能够高效、专业、可持续地推进选举。由于前者还涉及选举法、政党组织法等更深层改革，因而对选举管理机构的援助经常与“选举制改革”等国家层面的援助结合在一起开展。

在选举管理机构的制度建设方面，联合国的作用是就一系列制度框架的建立和完善提供专业建议和咨询，内容涉及选举委员会及申诉委员会的行政结构和组织、选举流程的设计与改进、中央选举委员会与地方各级选举机构

---

① Alan Wallet al., *Electoral Management Design: The International IDEA Handbook*, Stockholm: International IDEA, 2006, p. 1.

② UNDP Evaluation Office, *Evaluation of UNDP Contribution to Strengthening Electoral Systems and Processes*, UNDP, 2012, p. 36.

③ 秘书长大会报告：《提高定期真正选举原则的效率》，联合国文件A/56/344，2001年10月19日，第7页。

之间的权限划分、预算与财会制度、工作人员的招募与培训等。由于援助时间较长，在阿富汗、东帝汶等地甚至延续数个周期，联合国此时可以充分发挥其专业知识和权威地位，协助受援国选举管理机构的完善。不过，与即时性援助不同，由于受援国的选举机构已有初步架构，因而这种中、长期援助并非是重新设计和建立新的机构，而是对既有制度框架的部分修正和调整。

选举管理机构大致可以分为三类：独立自主型、政府型以及位于两者之间的半自主混合模式。[①] 洛佩兹—平特对 148 个国家的大样本分析发现，独立自主型选举管理机构目前受到越来越多新兴民主国家的青睐，高达 53% 的国家是在其独立选委会的组织下举行选举的。相较之下，20% 左右的国家大选由其政府机构比如内政部组织，美国以及部分西欧、亚洲、太平洋、中东、北非国家可以划归这一类型。半自主混合型的选举机构模式则将大选的组织和操办与大选的监督、规则制定及裁决职权分开行使，前者由政府部门负责，后者由法律界人士或政党代表等组成的独立机构负责。这种模式在欧洲大陆国家以及法国的前非洲殖民地较为多见，目前占比 27% 左右（见表 3—8）。[②]

表 3—8　世界不同地区选举机构模式的分布状况（%）

类型	北美西欧	拉美加勒比	亚洲太平洋	中东和马格里布地区	中东欧	南撒哈拉地区	全球
政府机构	43	12	30	45	/	8	20
半自主型	43	18	7	33	33	39	27
自主型	14	70	63	22	67	53	53

资料来源：Rafael López – Pinto, *Electoral Management Bodies as Institutions of Governance*, Bureau for Development Policy（UNDP）, 2000, p. 25。

① 还有一些划分方式，比如根据人员构成可区分为政府模式、司法模式、专家模式和多党模式；根据功能特征可区分为独立模式、分权模式或者政府模式。参见 Rafael López – Pintor, *Electoral Management Bodies as Institutions of Governance*, Bureau for Development Policy（UNDP）, 2000, pp. 21 – 29。

② Rafael López – Pintor, *Electoral Management Bodies as Institutions of Governance*, Bureau for Development Policy（UNDP）, 2000, pp. 21 – 29.

洛佩兹—平特的研究显示，选举管理机构的模式选择不仅是其国内政治互动的结果，同时也深受其传统和地缘政治文化的影响。联合国的选举援助要协助受援国改进选举机构，必须使其与整个体系更加协调。这样无疑对选援机构和人员提出了远比即时性援助更高的知识和技术要求。为达致目标，联合国在援助过程中不得不加深对受援国本土知识的研究，所派遣的援助专家也尽量从那些有较大相似性的国家包括较成功的邻国选择。选援司为此不断扩充其专家资料库，纳入越来越多发展中国家的专业人才，目前专家库人数已经增长到1200人以上。与此同时，通过适度放权使受援国获得更多的项目主导权，由联合国提供必要的项目资金、技术支持，在有些情况下决定援建重点，在有些情况下则直接将资金注入受援机构，由其自身决定发展重点与方向。

南撒哈拉多达53%的国家采用的是较主流的自主型选举委员会（见表3—8），不过考察一下南部非洲发展共同体的10多个国家，却发现这一地区除南非选择自主型选举机构外，多数国家采用半自主型模式（见表3—9）。即便同属半自主模式，不同国家的选举机构之间仍存在巨大差异。比如安哥拉的选委会成员由其总统任命，博茨瓦纳的“独立选举委员会”成员由司法机构任命，莱索托则由国王在国务理事会的建议下任命。这一地区20世纪90年代以来一直是联合国选举援助的重要区域，尽管联合国的援助在选举机构模式的形成当中只能发挥有限作用，但从中依然能够反映出联合国中、长期的选举援助对当地本土性和区域性因素的高度重视。

表3—9　南部非洲发展共同体国家的选举机构模式

国家	机构名称	形成时间	任命机构	类型
安哥拉	国家选举委员会	2004	总统	半自主
博茨瓦纳	独立选举委员会	1998	司法机构	半自主
民主刚果	独立选举委员会	2005	过渡时期宪法	半自主
莱索托	独立选举委员会	1993	国王在国务理事会建议下任命	半自主
马拉维	马拉维选举委员会	1994	总统	半自主
毛里求斯	选举监督委员会	1968	总理建议并咨询反对党后由总统任命	半自主

续表

国家	机构名称	形成时间	任命机构	类型
莫桑比克	国家选举委员会	2002	总统	半自主
纳米比亚	纳米比亚选举委员会	1992	总统在国会批准的名单基础上任命	半自主
南非	南非选举委员会	1996	在国会建议基础上任命	自主
斯威士兰	选举和选区委员会	2005	国王在司法委员会建议之下任命	政府机构
坦桑尼亚	国家选举委员会	1977	总统	半自主
马达加斯加	国家选举理事会	1992	总统	半自主
赞比亚	赞比亚选举委员会	1996	总统	半自主
津巴布韦	津巴布韦选举委员会	2005	总统	半自主

资料来源：根据网页资料整理。http：//www. eisa. org. za/WEP/comemb. htm。

选举管理机构的能力建设是联合国中、长期选举援助的另一重点努力方向。能力建设或能力发展是20世纪90年代以来援助机构应用比较多的词汇，其目的是在外在的正向引导和激励下，达到内生性的持续增长。选举管理机构所谓的“能力”，指的是个体和机构或机构的某一部门能够高效、专业、可持续地履行其职责。能力建设即指增强选举管理机构所聘人员及机构的组织、管理、实施和应对技能，并不断调试使整个选举系统相互协调，以适应外部的环境变化。中、长期援助所培育的能力不再仅仅局限于确保某次选举的成功，而是要发展选举机构的专业性、自主性以及可持续性，促进个体、机构与整个系统之间的协同共生。[①]

在选举援助的初期，联合国选援人员和所聘专家可以直接在它们的选举机构当中受聘任职，亲身参与选举机构的决策和执行，在阿富汗、南非和伊拉克等国的首次大选当中，都有联合国所派遣的人员进入其选委会。通过这种“手把手”的技术传授和“贴身”的技术指导，联合国方面的选举专家可以协助完善选举流程、提高选举的质量。

不过，对于中、长期援助来说，更通行的做法是扶植全部由本土人士组成的选举机构。在东帝汶，联合国组织该地1999年的公民表决以及

① UNDP, *Electoral Assistance Implementation Guide*, New York：UNDP, 2007, pp. 37 – 39.

2002年的总统大选之后，东帝汶人逐渐接管了自己的选举组织管理工作。联合国选援司则继续向新成立的东帝汶选举管理机构及其秘书处提供支助，包括派遣选举管理顾问和各领域专家，与开发署一起共同协助其秘书处编制技术援助方案、协助地方选举、帮助设计和组织选民登记程序等。[①]在柬埔寨、海地、阿富汗等不少举办过首次大选的国家，联合国的这种做法比较常见。

随着自主能力的提升，联合国选援人员在选举管理机构当中的角色逐步淡化，由大选的直接“组织者”或者“教官”身份，转变为平等的“协作者”。当本土人士完全能够自己组织选举后，选援人员就趋向边缘化，只在旁边充当随时接受咨询和提供建议的“技术人员”。

能力建设的主要途径是培训和各种交流互鉴活动。由于选举管理机构的运作状况很大程度上依赖于秘书处的能力和表现，因而秘书处的能力建设往往是援助的重中之重。培训可以采用讲习班、模拟选举、散发材料、现场示范、提供音像图示制品等多种方式，内容涉及选举的基本知识和基本操作技能，也会针对受援国的特定状况，为其引进诸如电子投票、快速计票等新的选举方法或技术。联合国会开发相应的培训手册或比较实用的操作指南，详细分解选举进程，提供各种选择，提示注意事项。还会资助核心人员去大学接受系统的有关选举的学历教育或自己组织相关的课程培训，后者如开发署、选援司与澳大利亚选委会等联合开发的“民主、治理与选举的基础知识”（Building Resources in Democracy，Governance and Elections，BRIDGE）课程，该课程由24个独立的学习单元构成，有英、法、俄、西班牙等十多种语言版本。[②]截至目前，已有38个国家的4千余名专业管理人员接受过这一课程培训，该课程成为培训选举管理人才的最重要课程。联合国还联合某些组织或机构共同开发一些网络数据库，比如与民主和选举援助国际研究所等共同组建了“选举管理与成本”（ACE）

① 秘书长大会报告：《加强联合国在提高定期真正选举原则的效力和促进民主化方面的作用》，联合国文件A/60/431，2005年10月14日，第29段。

② Alan Wall et al.，*Electoral Management Design*：*The International IDEA Handbook*，Stockholm：International IDEA，2006，p. 159.

选举知识网络，该网络既包括各国的选举资料和数据，同时也提供各方面的操作范本和操作要点，内容非常丰富、实用。①

在交流互鉴活动方面，除了支助受援国内部选援机构和人员的相互交流外，联合国还与一些地区组织、非政府组织以及某些国家选委会等结成伙伴关系，构建了一个密集的外联网络。这些外联网络主要包含两类：一类是专门提供选举援助的组织或机构，如欧盟、非盟、美洲国家组织等地区性组织，卡特中心、美国国际开发署、英国的国际发展部、澳大利亚选举委员会等；一类是由各国选举管理机构组成的政府间组织，世界各地区基本上都成立了选举机构联合会，1999 年还首次召开全球选举机构网络会议，在其第六届年会上，由东道主韩国倡议成立了世界选举机构联合会（Association of World Election Bodies）。联合国的选援活动得到了这些组织和机构的有力协助，联合国则在其中发挥组织或协调作用。通过与它们之间频繁的外联活动，定期或不定期地举办各种类型的现场观摩、专题研讨会，相互交流了观念、信息和经验。这些活动同时也推动了同行评议（peer review）机制的建立，外在压力和规范认知使受援国有更足的动力推进自身制度和能力的建设。

联合国在选举机构的制度和能力建设方面积累了大量经验，相对而言，这也是联合国选举援助成效较为显著的一个领域。不过，选举机构能否维持其能力很大程度上还取决于受援国自身的实际状况。比如在海地，国际选举援助已经持续了 20 余年，但由于该国并不存在常设选举机构，这大大弱化了其援助效果。这种情况同样出现在马拉维，该国法律要求每次选举都要成立新的选举管理机构。② 国内政治的差异无疑为选举援助的开展带来巨大挑战。

---

① http：//aceproject. org/.

② UNDP Evaluation Office，*Evaluation of UNDP Contribution to Strengthening Electoral Systems and Processes*，UNDP，2012，p. 37.

小 结

本章旨在阐释由于国际情势的变化，联合国这种外部援助对一些发展中国家的国家建设能够发挥积极作用。从援助时长来看，联合国所提供的援助可区分为即时性的与中长期的。前者以冲突后国家为主要受援对象，是联合国提供的较多的援助类型。不过由于即时性援助存在不少缺陷，为了使选举援助更具有效力，联合国开始采用越来越多的选举前与选举后的援助乃至整个“选举周期”的援助路径。

在冲突后的大选当中，联合国主要在三个方面发挥重要作用：选举进程的推动、选举暴力的抑制、选举制度的建立及其能力培育。选举援助意在达成两项目标：一是确保作为和平协议之一部分的大选的顺利推进，减少因选举引发的纠纷和暴力冲突；二是协助冲突后国家建立基本的选举制度并发展其自主的选举能力。中、长期选举援助的主要目标则是：受援国或地区在没有或很少外部资助的情况下能够自己组织未来的选举，因而协助其建立可持续的选举能力和选举制度成了这种援助类型的主要方向。中、长期援助既注重选举制度改革、强化选举管理机构、建立可持续的选举进程、资源动员和协调、选举纠纷解决等国家层面的援助，也关注公民和选民教育、支持国内观察者、协助政党、强化媒介以及增加妇女参与等社会领域的能力培育。这些领域在不同国家和地区存在差异，总体来看，联合国援助方向偏重于国家层面的选举制度和能力建设。

第四章　联合国选举援助与阿富汗 2003—2005 年大选

2001 年塔利班政权倒台后，阿富汗的国家重建任重道远。为了协助其走上正常国家的道路，国际社会为阿富汗提供了巨额援助。从 2002 年到 2011 年 3 月，通过波恩会议（2001）、东京会议（2002）、柏林会议（2004）、伦敦会议（2006）、巴黎会议（2008）等数次阿富汗国际捐助大会，国际社会承诺的捐助金额高达 571.49 亿美元。①

这些外来援助或用于民生工程，如基础设施的重建、兴办教育、医疗等社会服务机构，或用于促进其经济增长，也有相当一部分资源投入到扶植培育阿富汗新生的国家能力上，比如美国帮助训练 7 万国防军、德国协助训练 5 万警察、日本支助其解除派系武装和复员、英国协力打击毒品种植和流散、意大利促进其司法制度上的改革。② 除了这种双边的援建模式之外，多边机构如联合国在阿富汗的国家能力建设当中也发挥着难以忽视的作用，仅 2010 年，开发署就通过国际自愿捐助方式同时在阿开展数个旨在培育和发展其国家能力的项目（参见表 4—1）。在联合国的各类援助中，通过对阿富汗全国和地方选举的支助，以建立选举制度框架并提升其选举能力的援助即是其中之一。

---

① See Rhoda Margesson, "United Nations Assistance Mission in Afghanistan: Background and Policy Issues", December 27, 2010, Congressional Research Service (CRS) Report for Congress, Appendix F. Afghanistan International CommunityDonors List, pp. 7 – 9, pp. 26 – 27.

② Larry P. Goodson, "Afghanistan in 2004: Electoral Progress and an Opium Boom", *Asian Survey*, Vol. 45, No. 1, January/February 2005, p. 89.

表 4—1　开发署 2010 年在阿开展的主要国家能力建设项目

项目名称	2010 捐助额（万美元）	捐助方
责任和透明	559.4	丹麦、加拿大和英国
阿富汗次国家治理项目	3320.6	欧盟、英国、意大利、瑞士、挪威、荷兰、加拿大、开发署
提升未来立法和选举能力	16612.5	美国、德国、欧盟、丹麦、法国、意大利、日本、荷兰、挪威、加拿大、英国、澳大利亚、瑞典、芬兰等国
阿富汗公正和人权	782.6	丹麦、德国、挪威、瑞士、欧盟、加拿大、英国、荷兰
国家制度建设项目	550.8	意大利、印度、瑞士、加拿大、澳大利亚和开发署
国家治理项目	8.2	开发署
开发署支持阿富汗和平与复员项目	6566.1	日本和德国
解散非法武装团体	922.5	日本、挪威、英国、荷兰、意大利、开发署和阿富汗
阿富汗法律和秩序信托基金	76469.7	美国、日本、英国、丹麦、芬兰、德国、意大利、荷兰、挪威、瑞士、欧盟等
国家灾难管理项目	153.4	开发署

资料来源：UNDP Afghanistan Annual Report 2010，p. 11、p. 13。

在联合国选举援助的历史上，阿富汗是一个非常特殊的案例，从 2003 年 3 月联合国阿富汗援助团（United Nations Assistance Mission in Afghanistan，UNAMA）设立选举股，专司 2004 年总统选举和次年议会选举前的选民登记及相关的选举援助工作，到此后开发署于 2006 年启动新的五年期（2006—2011 年）选举援助项目——“提升未来立法和选举能力”（Enhancing Legal and Electoral Capacity for Tomorrow，ELECT），联合国参与阿选举事务时间长达 8 年以上（目前仍是其积极参与者），经历了 2004 年举行的总统选举，2005 年举行的议会和地方选举，2009 年的总统选举，2010 年的议会和地方选举，前后投入的资金（这里仅计算由联合国拨款及通过开发署筹措的各国捐助两部分）超过 8 亿美元。如此大规模、长时段的选举援助在联合国的历史上并不多见。

2001 年后的阿富汗是一个典型的“弱国家”。尽管 1919 年就挣脱英国的殖民统治，成为亚洲较早独立的国家，不过由于国内宗教、族群和地方矛盾错综复杂，加之位居亚洲大陆的腹部，处在历史上多个大国的结合部，导致阿富汗历来内外纷争战乱不绝。1970 中期开始尤为明显，在沿袭近百年的巴拉克查依王朝统治于 1973 年被推翻后，阿富汗先后历经共和国（1973—1978 年）、民主共和国（1978—1992 年）、伊斯兰国（1992—1996 年）、阿富汗伊斯兰酋长国（1996—2001 年）四轮血腥暴力制度更替。① 其间穆罕默德·达乌德·可汗集团、人民民主党、圣战者、塔利班、北方联盟等轮番上台，军阀割据，外部则由美国、巴基斯坦等国家渗透干预，1979 年苏联人在自己扶植的卡尔迈勒政权遭到反对后，更直接出兵，直至 1989 年最终撤离。② 和主流理论预设不同，23 年的战争并未成为阿富汗强化其国家能力的催化剂，反而由于持续的外来干涉和四分五裂的内部争斗，导致阿富汗国家制度极为虚弱。在 2001 年美国率领的北约部队将塔利班政权推翻后，阿富汗的国家军队和警察在 10 多年间无法自立，只能由北约领导的国际安全援助部队（International Security Assistance Force）重兵留守，协助提供内外安保。③ 在选举方面，2001 年后的“阿富汗既没有国家选举机构，也没有选举登记制度，更没有规定选举的进行和政党职能的

---

① http://zh.wikipedia.org/wiki/%E9%98%BF%E5%AF%8C%E6%B1%97.

② 路易斯·杜普雷著，黄民兴译：《阿富汗现代史纲要》，西北大学中东研究所（内部资料），2002 年 7 月，第 258—291 页。

③ “国际安全援助部队”于 2001 年开始部署在阿富汗，2003 年指挥权交由北约组织。安理会第 1386（2001）决议“授权成立”，以“协助阿富汗……维持安全”。见安理会：“第 1386（2001）号决议”，联合国文件 S/RES/1386，2001 年 12 月 20 日，执行部分第一段。此后安理会第 1413（2002），1444（2002），1510（2003），1563（2004），1623（2005），1707（2006），1776（2007），1817（2008），1833（2008），1890（2009），1917（2010），及第 1943（2010）决议将其授权期限延长，联合国为其设立信托基金，“国际安全援助部队”则通过秘书长报告任务的执行进展状况。

法律。”①

本章从选举制度的建立和完善入手，分析联合国在阿富汗2004年的总统选举与2005年的议会选举过程中的角色和作用，探讨联合国的这种外部选举援助是通过什么样的方式、在哪些方面影响阿富汗的选举进程，并进而对其国家重建产生效应的。本章拟分五节，第一节阐述阿富汗的选前形势与“波恩进程”的规划；第二节阐述联合国选举援助与阿富汗选举管理机构的建立和发展；第三节阐述联合国在阿富汗选举前的选民登记进程中的作用与角色；第四节阐述联合国的选举援助与2004总统大选和2005年的议会选举；最后一部分为本章内容小结。

第一节　联合国选举援助与“波恩进程”

塔利班政权倒台后，协助阿富汗的战后重建成了联合国的重要职责。2001年12月5日，在联合国秘书长特别代表拉赫达尔·卜拉希米（Lakhdar Brahimi）先生的主持和美、俄、中、德等10多个国家代表的见证下，阿富汗的四方代表②最终在德国波恩就结束内部冲突、促进全国和解签署了《关于在阿富汗重建永久政府机构之前的临时安排的协定》（Agreement on Provisional Arrangement in Afghanistan, Pending the Reestablishment of Permanent Government of Afghanistan），即所谓的《波恩协定》。

一、《波恩协定》与联合国援阿机构的设立

协定文本内容涉及一个为期6个月的临时政府（Afghan Interim Author-

① 第五十七届大会秘书长报告：《阿富汗局势及其对国际和平与安全的影响》，联合国文件A/57/762 - S/2003/333，2003年3月18日，第5页。

② 参加波恩会谈的阿富汗四方代表分别是：北方联盟，抵抗和推翻塔利班政权的军事政治联盟，代表团规模最为庞大；塞浦路斯派，主要系流亡在国外的前阿富汗政要；白沙瓦派，代表阿富汗最大民族普什图族；罗马派，主要由流亡在欧洲的王室代表组成，其代表人物是前国王查希尔。

ity）的组成和职权、过渡政府（Transitional Islamic State of Afghanistan）的组建方式和职权以及多国维和部队进驻等问题。[①] 鉴于由四派磋商产生的临时政府并不具有广泛的国内代表性，同时阿富汗的国家重建也急需国际社会的大力而持续的援助，协定赋予了联合国重要职权。其中包括：要求安理会授权一支安全部队部署到阿富汗，过渡期间秘书长特别代表在阿富汗享有广泛的斡旋、监测、调查、咨询等各项职权。此外，在协定附件三题为"联合国阿富汗问题会谈的与会者对联合国的请求"的文件中，还特别请求联合国尽快"在大选前进行选民登记"工作。[②]

根据这一广泛授权，次年 3 月 28 日，安理会通过第 1401（2002）号决议，决定设立"联合国阿富汗援助特派团"（United Nations Assistance Mission to Afghanistan，以下简称"联阿援助团"）。[③] 援助团由秘书长驻阿特别代表领导，负责协调联合国系统，如移民组织、儿童基金、粮农组织、人权高专办、开发署、项目事务厅等在阿所有的 10 多个部门机构及数个国家项目的行动，其职责包括促进阿富汗的政治和解进程、贯彻安理会和大会的决议，并协助联合国各机构在阿开展的社会、经济、文化等各领域的项目之实施。援助团在阿富汗 8 个区域和 10 多个省拥有办事机构，雇佣职员 1 千余人。[④] 其总部设在喀布尔，下辖政治司、人权股、分析计划

---

① 《关于在阿富汗重建永久政府机构之前的临时安排的协定》（波恩协定），见 2001 年 12 月 5 日秘书长给安全理事会主席的信，联合国文件 S/2001/1154，特别是协定正文部分。

② 《关于在阿富汗重建永久政府机构之前的临时安排的协定》（波恩协定），见 2001 年 12 月 5 日秘书长给安全理事会主席的信，联合国文件 S/2001/1154 附件三，第 10 页。

③ 安理会第 1401（2002）号决议，联合国文件 S/RES/1401（2002），2002 年 3 月 28 日，执行部分第一段。由于由国际安全援助部队负责安全事务，援助团只是一个受维和部领导的政治特派团，最初为期 12 个月，期满后安理会重新授权。安全理事会第 1471（2003）号决议、第 1536（2004）号决议、第 1589（2005）号决议、第 1662（2006）号决议、第 1746（2007）号决议、第 1806（2008）号决议、第 1868（2009）号决议、第 1917（2010）号决议、第 1974（2011）号决议以及第 2041（2012）号决议延长了特派团的任务。其最初授权任务见秘书长报告：《阿富汗局势及其对国际和平与安全的影响》，联合国文件 A/56/875 - S/2002/278，2002 年 3 月 18 日，第 12 页。

④ 现有职员 1500 人左右，80% 是阿富汗当地人。参见 Rhoda Margesson，"United Nations Assistance Mission in Afghanistan：Background and Policy Issues"，December 27，2010，Congressional Research Service（CRS）Report for Congress，p. 4。

股、发展战略支助股等部门。[1] 由于数次阿富汗国际捐助大会所筹资金皆交予联合国，由其负责项目落实，因而援助团在阿富汗的国家重建进程中发挥的作用相当重大。

规划的首次大选的时间相当紧迫，《波恩协定》要求在临时政府成立（2001 年 12 月 22 日）后的两年半内即 2004 年 6 月底前举行“自由和公平选举”，以“选出具有充分代表性的政府”。[2] 鉴于选举日程的临近以及阿富汗缺乏选举经验，2003 年 2 月 15 日，阿过渡政府总统卡尔扎伊写信给当时的联合国秘书长安南，要求“将帮助筹备和组织选举进程以及协调国际选举援助的任务交给联阿援助团”，秘书长对此给予了肯定的答复并随后向安理会建议增加“联阿援助团”的选举职能。[3] 安理会 3 月 28 日在其第 1471 号决议中赞同秘书长的建议，批准“在联阿援助团内设立一个选举事务部门”。[4]“联阿援助团”选举股（Electoral Unit）据此设立（设在政治司之下），联合国为此将援助团下半年的预算追加了 1230 万美元。

这样，根据《波恩协定》和安理会第 1471 号决议的授权，在 2004—2005 年阿富汗的“奠基大选”中，联合国除了负责选举前的选民登记之外，还广泛深入地参与到选举进程当中。对于刚刚走出长期战乱阴影的阿富汗来说，联合国的这些努力有力地促进了其国家能力的重建进程。

二、阿富汗的选前形势

依照《波恩协定》，阿富汗临时政府在 2002 年 6 月被过渡政府取代，后者由 1500 名阿富汗代表组成的“紧急支尔格大会”（Emergency Loya Jir-

① See UNDP Evaluation Office，“Assessment of Development Results：Islamic Republic of Afghanistan”，UNDP May 2009，p. 134.

② 《关于在阿富汗重建永久政府机构之前的临时安排的协定》（波恩协定），见 2001 年 12 月 5 日秘书长给安全理事会主席的信，联合国文件 S/2001/1154，第 2—3 页。

③ 第五十七届大会秘书长报告：《阿富汗局势及其对国际和平与安全的影响》，联合国文件 A/57/762 - S/2003/333，2003 年 3 月 18 日，第 5 页。

④ 安理会第 1471（2003）号决议，联合国文件 S/RES/1471（2003），2003 年 3 月 28 日，执行部分第二段。

ga）选举任命。[①] 该政府原来的授权期限是两年，其重要职能之一，就是负责推动首届总统和议会选举。《波恩协定》要求在 2004 年 6 月底前一次性完成首届总统和议会大选，不过，这一时间安排很快被证明不现实。

首先障碍来自于国家的权力分散。秘书长在 2002 年 7 月的报告中深刻分析指出，“整个阿富汗四分五裂，……长期战争产生和维持了无数的派别，它们在各自控制的地区有着经济和政治既得利益。因此，有不同政治和族裔背景的各种各样指挥官的军事割据填补了塔利班倒台后留下的政治空间。”[②] “行政当局征集税收的能力有限，这主要是因为地方当局截收关税用作自己的行政费用，从而减少对喀布尔的依赖和加强自己的人力和政治实力。”这进一步限制了行政当局“提供各种服务、修建道路和创造就业机会的能力。……当地居民继续向本地的指挥官和现有的地方当局寻求支助，从而加强了本已大权独揽的地方实体。”[③] 在这种情况下，“省政府同中央政府的关系是疏远和散乱的，实行中央控制的尝试往往受到地区军人和省长的阻挠。”[④]

其次，派系武装的遣散和国家军队的组建问题。权力的分散致使过渡政府“无法执行一项宣布属于各政治派系的所有武装团体为非法并命令解散这些武装团体的法令”。[⑤] 这也与美国的阿富汗政策有关，2003 年之前，联盟部队的主要目标是剿除塔利班和基地组织的残余势力。因此之故，美国一开始不仅没有全力支持遣散阿富汗各派系拥有的民兵组织，反而将其视为打击塔利班和基地组织的重要伙伴，这就使得阿富汗最初组建新的国

① “支尔格（Loya Jirga）大会”是阿富汗的一种传统部族和地方首领大会，具有政治协商的功能，参见 http://zh.wikipedia.org/wiki/%E6%94%AF%E5%B0%94%E6%A0%BC%E5%A4%A7%E4%BC%9A。

② 大会第五十六届会秘书长的报告：《阿富汗局势及其对国际和平与安全的影响》，联合国文件 A/56/1000 - S/2002/737，2002 年 7 月 11 日，第 2 页。

③ 大会第五十六届会秘书长的报告：《阿富汗局势及其对国际和平与安全的影响》，联合国文件 A/56/1000 - S/2002/737，2002 年 7 月 11 日，第 2 页。

④ 大会第五十六届会秘书长的报告：《阿富汗局势及其对国际和平与安全的影响》，联合国文件 A/56/1000 - S/2002/737，2002 年 7 月 11 日，第 2 页。

⑤ 大会第五十七届会秘书长的报告：《阿富汗局势及其对国际和平与安全的影响》，联合国文件 A/57/487 - S/2002/1173，2002 年 10 月 21 日，第 3 页。

家军队的努力遭遇挫折。2003 年之后，美国才将重心调整，开始强调阿富汗的国家制度建设是其最终退出战略的重要基础。[1]

再次，由于缺乏强有力的安全部队和警察，过渡政府面临着严峻的安全形势。攻击不仅来自于塔利班和基地组织，阿富汗内部敌对的政治和军事力量之间也经常“发生派系冲突，导致同一族群内和不同族群间的暴力行动。”[2]“全国各地敌对党派之间的冲突继续发生，没有一个区域能够避免。”[3] 秘书长在 2003 年 3 月的报告中明确指出：“安全问题依然是阿富汗和平进程面临的最严峻挑战”。[4] 糟糕的安全和政治形势又影响到政治协商以及与选举相关的制宪、选举法的制定等法治进程以及联合国主持的选民登记的进程，最终致使重新调整波恩进程、更慎重地推进大选变得难以避免。

第四，阿富汗的社会经济发展程度非常之低。2003 年其人类发展指数在世界 178 个国家当中排名第 173 位，70% 以上的民众生活在贫困线以下，其千年发展目标指数低于绝大多数的撒哈拉以南国家。由于长期战乱，多数人没有接受教育，男性成人识字率为 43.2%，女性则只有 14.1%。[5] 基础设施建设同样落后，以公路为例，全国初级公路只有 4499 千米，其中 62% 的公路年久失修，很多地区的运输只能依靠牲口。[6] 社会经济发展的滞后状况无疑为选举工作的开展造成巨大的障碍。

① David Haeri and Guillaume Blanc, “The 2004 Presidential Elections in Afghanistan: Lessons Learned”, Department of Peacekeeping Operations or of the United Nations, September 2005, p. 7.

② 大会第五十六届会秘书长的报告：《阿富汗局势及其对国际和平与安全的影响》，联合国文件 A/56/875 - S/2002/278，2002 年 3 月 18 日，第 6 页。

③ 大会第五十七届会秘书长的报告：《阿富汗局势及其对国际和平与安全的影响》，联合国文件 A/57/487 - S/2002/1173，2002 年 10 月 21 日，第 7 页。

④ 第五十七届大会秘书长报告：《阿富汗局势及其对国际和平与安全的影响》，联合国文件 A/57/762 - S/2003/333，2003 年 3 月 18 日，第 6 页。

⑤ UNDP Evaluation Office, “Assessment of Development Results: Islamic Republic of Afghanistan”, May 2009, p. 124.

⑥ Joint Electoral Management Body, “2004 Afghanistan Presidential Election Operational Plan Outline”, 3/08/2004, p. 56.

三、“联阿援助团”与“波恩进程”的调整

国际社会从2002年底开始向“联阿援助团”和阿富汗政府施压，要求履行《波恩协定》规定的时间路线图，部分阿富汗派系领导人也不希望“先缴械，后选举”，以致推迟大选。在激烈辩论中，“联阿援助团”坚定地站在延缓执行波恩进程的一边，并籍其特殊身份，在劝服国内和国际社会接受新安排当中发挥了极其重要的作用。“联阿援助团”的理由是，大选时间的安排不应与国家建设的总体努力分离，若不首先为可信和持久的选举创造必要的政治和法律条件，仓促推进的选举只会带来负面效应。秘书长阿富汗事务特别代表卜拉希米特别强调，选举要取得进展，必须拥有最低限度的有效政府；没有对统一安全部队的控制权和税收，一个选举产生的立法和行政机构并不能实质性地发挥作用。①

2003年6月，“联阿援助团”起草的《阿富汗2004年选举进程方案草案》呈交安理会。草案列举了在选举前需要完成的四个主要领域的工作：确保可信的政治环境包括选举法、政党法、媒体利用法的颁布及政治活动和言论空间的拓展；确保筹备和举行选举过程中的安全，包括3万警察的训练和国内、国际武装部队的协调；至少复员列入复员计划的10万名士兵中的40%，并储存所有重武器；完成选举进程每一阶段的关键技术筹备等。② 这份草案同时提交2004年召开的有关阿富汗问题的“柏林会议”（3月31日至4月1日），并得到国际社会的支持。③ 草案有助于将国际社会的关注点从狭隘地强调选举转移到一个更广泛的国家建设项目上来，这对阿富汗迈向更加稳定和长远的未来显然更有意义。对于后者，国际社会则负有共同责任。

---

① David Haeri and Guillaume Blanc, “The 2004 Presidential Elections in Afghanistan: Lessons Learned”, Department of Peacekeeping Operations or of the United Nations, September 2005, pp. 6 - 7.

② David Haeri and Guillaume Blanc, “The 2004 Presidential Elections in Afghanistan: Lessons Learned”, Department of Peacekeeping Operations or of the United Nations, September 2005, p. 6.

③ 第五十八届大会秘书长报告：《阿富汗局势及其对国际和平与安全的影响》，联合国文件 A/58/868 - S/2004/634，2004年8月12日，第3页。

从2003年下半年开始，阿富汗四个领域的工作逐渐有所进展：国防部得到重组；解除武装、复员进程得到联合国开发署的支助，并由日本领导，到2004年9—10月，已有2万多名士兵重返社会；国家军队则有约1.5万人在美国和法国的协助下接受了训练；近3万名警察在美国和德国支助下接受了训练。① 与此同时，一系列和选举相关的法律法规相继颁布出台，包括2003年的政党法、2004年3月的媒体法和5月的选举法等。这些法律既完善了大选及国家的制度框架，同时也为政治问题的解决提供了法律依据。比如选举法一项条款规定，候选人如与武装民兵保持联系，就失去参选资格。根据政党法相关条款，司法部也拒绝登记与武装派别有关联的团体。②

其中最重要的是2003年12月10日新宪法草案的通过及其在阿富汗社会当中获得的广泛支持，这为大选奠定了坚实的基础。新宪的起草时间有一年多，最终通过的宪法留有辩论的明显痕迹，同时也解决了一些国内不同派系间的焦点分歧，比如总统和议会的权限划分，对少数族群的权利保护如承认其语言等。③ 在系列法律规定的起草过程中，秘书长特别代表在不同派系间穿梭，“联阿援助团”及其聘任专家则与过渡政府紧密合作，为其提供相关的法律和技术支助。

做出推迟大选的决定是在2003年3月，但具体时间的确定是在一年后的7月。④ 与《波恩协定》限定的2004年6月期限相比，总统选举时间被推迟到2004年10月份。立法选举则由于选区未划分（阿内政部职权）、

---

① 第五十九届大会秘书长报告：《阿富汗局势及其对国际和平与安全的影响》，联合国文件A/59/581－S/2004/925，2004年11月26日，第6—7页。

② 第五十九届大会秘书长报告：《阿富汗局势及其对国际和平与安全的影响》，联合国文件A/59/581－S/2004/925，2004年11月26日，第6页。

③ 宪法确立了总统制，但同时强调议会对行政部门的控制。宪法授予中央政府多数权力，规定建立一个由最高法院领导的独立司法系统以及一个符合伊斯兰教“信仰和教义”的法律框架。同时，为维护少数群体的利益，宪法将所有族群纳入民族的定义，确定达里语和普什图语为官方语言，一地大多数人使用的其他语言同时也为该地的官方语言。宪法还规定男女享有平等权利，保障议会下院的妇女代表比例至少达到25%。参见第五十九届大会秘书长报告：《阿富汗局势及其对国际和平与安全的影响》，联合国文件A/59/581－S/2004/925，2004年11月26日，第3页。

④ Joint Electoral Management Body, Statement of the JEMB on the Date of Elections, see http://www.iec.org.af/public_html/Statements%20Of%20JEMB/Statement%20of%20the%20JEMB.pdf.

选民登记没有完成以及需要完善选举法等技术原因延至2005 年4 月（后又推迟到9 月份）。[①] 波恩进程的重新调整是在巨大争议中做出的，不过，其总体框架依然得以保留。最重要的是，这一调整给这场经历了23 年战争后的首次大选的举行争取了充足的政治和法律上的准备，它不仅使大选更加可信，更通过大选倒逼了阿富汗的政治协商进程和国家基本制度的建设步伐。大选时间的推延使那些不愿放弃武装、竭力维持自我利益的派系领导人面临巨大压力，这加快了国家军队的组建工作。显然，没有国际社会，包括“联阿援助团”在其中发挥的积极作用，这种推迟的后果是难以想象的。

第二节　阿富汗选举机构的建立与完善

由于阿富汗并不存在现存的选举管理机构，为推进“波恩进程”，联合国的首要职责就是协助阿富汗建立这一机构及相关制度，并对所涉人员进行能力培训。从 2003 年初到 2005 年，联合国不仅直接负责筹集、发放选举管理机构人员的薪水，为其提供办公所需包括家具、计算机等各种用品，还与阿方人士共同组成了新的机构——联合选举管理机构（Joint Electoral Management Body，JEMB），直接参与其选民登记和大选进程的决策和执行。选举管理机构的组建和能力建设成了联合国选举援助的重点对象。

① 总统选举比较简单，相比之下，“立法选举给安全部队、各政党、公民教育和后勤带来的负担沉重得多，不得不对人口分布以及省、区边界的划分做出复杂而可能有争议的决定。”例如，由于没有准确的人口普查统计数字，各省分配下议院席位的工作难以推进并容易引发政治纷争。议会上院则必须在 32 个省和 380 多个区举行无记名投票选举理事会之后再选举产生。参见第五十八届大会秘书长报告：《阿富汗局势及其对国际和平与安全的影响》，联合国文件 A/58/742 - S/2004/230，2004 年 3 月 19 日，第 5 页。第五十九届大会秘书长报告：《阿富汗局势及其对国际和平与安全的影响》，联合国文件 A/59/744 - S/2005/183，2004 年 3 月 18 日，第 2—3 页。

一、阿富汗选举机构的建立及其运作

“联阿援助团”选举股于2003年3月设立后，为便利阿富汗在选举事务上与援助团进行合作，阿富汗过渡政府总统卡尔扎伊在7月26日发布了两项总统令：建立临时选举委员会（Interim Afghan Electoral Commission，IAEC）的第39号总统令和建立联合选举管理机构的第40号总统令。而在此之前，“联阿援助团”的选举股由于赋有选民登记的职责，暂时担任了阿富汗国家选委会的角色。① IAEC由6名阿富汗人士组成，主要负责“在所有选举事务上向政府建议，并在选民登记当中与联阿援助团合作”，其具体职责包括：招募公民教育和选民登记工作人员、向过渡政府建议起草和颁布选举法、筹备选举等。② 根据第40号总统令，JEMB的成员除了IAEC成员外，还包括5名国际专家，后者由联合国秘书长阿富汗特别代表任命。总统令第十条要求JEMB做出决定时需全体一致同意，若不能达成一致，在必要时“可以”提交总统决定。③

次年2月18日，卡尔扎伊总统发布第110号总统令，增设了JEMB秘书处，由阿富汗总统任命秘书处主任一职，其与“联阿援助团”的选举事务顾问（UNAMA Electoral Advisor）共同进入JEMB机构，但两者皆无投票权。④ 这样JEMB共由13名成员组成，阿富汗人Zakim Shah任主席，国际

---

① See Reginald Austin, “Afghanistan: An Electoral Management Body Evolves”, pp. 114 - 115, http://www.idea.int/publications/emd/upload/EMD_ CS_ Afghanistan.pdf.

② Decree on the Establishment of the Interim Afghan Electoral Commission (IAEC), 26 July 2003, see http://www.iec.org.af/public_ html/About% 20JEMB/Legal% 20Framework/Basic% 20Legislation/Decree% 20on% 20the% 20establishemnt% 20of% 20the% 20IAEC/Decree% 20on% 20the% 20establishment% 20of% 20the% 20IAEC% 20 (English).pdf.

③ Decree on the Establishment of the Joint Electoral Management Body (JEMB), 26 July 2003, see http://www.iec.org.af/public_ html/About% 20JEMB/Legal% 20Framework/Basic% 20Legislation/Decree% 20on% 20the% 20establishemnt% 20of% 20the% 20JEMB/Decree% 20on% 20the% 20establishment% 20of% 20the% 20JEMB% 20 (English).pdf.

④ Decree of the President of the Islamic Transitional State of Afghanistan on Elements for Convening Elections during the Transitional Period, 18 Feb 2004, Article 3&5, see http://www.iec.org.af/public_ html/About% 20JEMB/Legal% 20Framework/Basic% 20Legislation/Decree% 20Elements% 20Conv% 20Elections% 20during% 20Trans% 20Per/Decree% 20Elements% 20Conv% 20Elections% 20during% 20Trans% 20Per (English).pdf.

选举事务专家 J. Kennedy 出任副主席，JEMB 下属的四个分委会分别由两方人士共同执掌，其具体人员构成和职权分类详见表 4—2。

表 4—2　联合选举管理机构（JEMB）的人员构成（2003—2004）

阿富汗人士	国际选举专家
Zakim Shah，主席	
Faqir Bahram，下属政党观察和监督分委会委员	J. Ray Kennedy，副主席，美国人，下属执行分委会委员
Zahida Ansari，下属法律分委会委员	Jose Maria Aranaz，西班牙人，下属法律分委会委员
Gothai Khawrai（女），下属公共信息分委会委员	Lily Munir（女），印尼人，下属公共信息分委会委员
Eng. Qaeym Qudbuddin，下属执行分委会委员	Svante Renstrom，下属执行分委会委员
Suleyman Yari，下属政党观察和监督分委会委员	Surinder Mendiratta，印度人，下属政党观察和监督分委会委员
Ghulam Farooq Wardak，秘书处主任，无投票权	Reginald Austin，教授，津巴布韦人，UNAMA 的选举事务顾问，无投票权

资料来源：Independent Election Commission of Afghanistan：2004 Afghan Elections Project。

第 110 号总统令大幅提升了 JEMB 在 2004—2005 年总统、议会包括地方选举过程中的地位和作用。根据这项法令，JEMB 赋有“筹备、组织、举行和监督选举进程的全权”。① 总统令第二条列出了总共 13 项 JEMB 享有的权力，其中主要包括：批准选举程序法；登记选举候选人；颁布和印发政党和和候选人媒介使用规则；批准竞选和选举程序；听取申诉；调

① Decree of the President of the Islamic Transitional State of Afghanistan on Elements for Convening Elections during the Transitional Period，18 Feb 2004，Article 1，see http：//www. iec. org. af/public_html/About% 20JEMB/Legal% 20Framework/Basic% 20Legislation/Decree% 20Elements% 20Conv% 20Elections% 20during% 20Trans% 20Per/Decree% 20Elements% 20Conv% 20Elections% 20during% 20Trans%20Per（English）. pdf.

查；邀请国际和国内选举观察团；确认和宣布选举最终结果等。[①] 2004 年 5 月 27 日，卡尔扎伊总统颁布实施的选举法，进一步确认 JEMB 是阿富汗整个过渡时期的“选举委员会”，拥有其标准的合法地位和全部权力。[②]

作为标准的“选举委员会”，JEMB 在国际社会和阿富汗过渡政府的支持下，全力操办了 2004 年的总统选举，颁布了包括《选举登记规定》（2004 年 2 月 10 日）、《政党及政党实体行为准则》（2004 年 4 月 1 日）、《选举官员行为准则》（2004 年 4 月 8 日）、《国内和国际观察员行为准则》（2004 年 4 月 10 日）、《选民登记申诉规则》（2004 年 4 月 18 日）等在内的数十条符合国际选举标准的选举法规，对大选时间和程序的确定、选民登记、提名、竞选、投票、计票、结果宣布等各个环节进行规范和管理。[③] 在 1 年多的时间中，尽管具有过渡性质，JEMB 却初步建立起阿富汗的选举规章制度。

JEMB 是选举事务的决策机构，秘书处则是其具体执行机构，其成员主要由 2003 年召集的制宪“支尔格”委员会秘书处的工作人员组成。获得总统任命的 Wardak 主任曾筹备和组织过“支尔格”大会 1500 名地方代表的选举，从中获得了丰富的经验。另外“联阿援助团”的选举事务主任担任秘书处主任的“技术顾问”，开发署为其提供物资采购、人力资源和财政上的支助，“联阿援助团”的选举股则成为 JEMB 秘书处的一部分。从下面的 JEMB 秘书处的架构示意图可以发现，“联阿援助团”选举股及其聘用的专家在选举的具体操作过程中发挥着极其重要的作用，他们充任执行、安全、后勤、法律、数据录入、程序和训练各个关键选举领域的技术顾问。其中执行顾问职责尤其重大，该职位负责指导着从中央秘书处到

① Decree of the President of the Islamic Transitional State of Afghanistan on Elements for Convening Elections during the Transitional Period, 18 Feb 2004, see http: //www. iec. org. af/public_ html/About% 20JEMB/Legal% 20Framework/Basic% 20Legislation/Decree% 20Elements% 20Conv% 20Elections% 20during% 20Trans% 20Per/Decree% 20Elements % 20Conv% 20Elections% 20during% 20Trans% 20 Per (English) . pdf.

② Decree of the President of the Transitional Islamic State of Afghanistan on the Adoption of Electoral Law, 27 May 2004, Article 61, Chapter XI, see http: //www. iec. org. af/public _ html/About% 20JEMB/Legal% 20Framework/Basic% 20Legislation/Electoral% 20law/English% 20Decree. pdf.

③ JEMB 在 2003 年和 2004 年做出的决定可参见 http: //www. iec. org. af/public_ html/。

4 个大区域、8 个地区及 34 省的地方选举事务的具体执行过程。

在阿富汗地方，8 个地区（分别位于郝特拉、马扎里沙里夫、昆都士、巴米扬、喀布尔、贾拉拉巴德、坎大哈与加德兹 8 个中心城市）分别由一名阿富汗籍协调员和一名国际顾问负责，每个地区对口管理 4 个左右省级选举事务。而在 34 个省这一层次，同样各自由 1 名实地协调员和国际专家负责管理。省级选举机构的职员还包括后勤、公共信息及训练方面的国际顾问各 1 名，他们辅助相应的国内同行工作。①

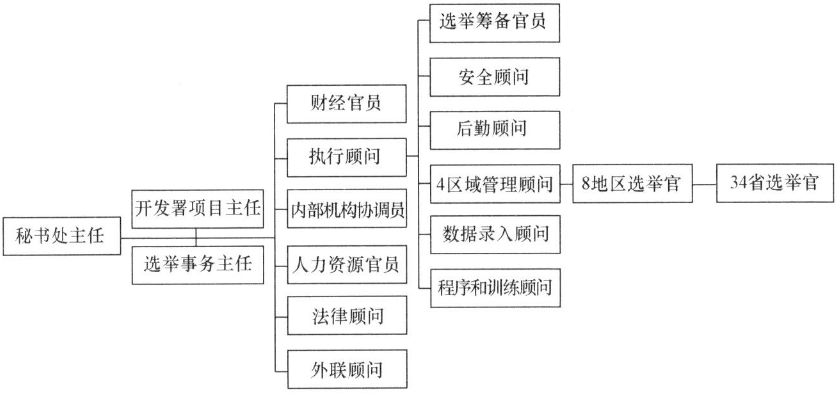

图 4—1　联合选举管理机构（JEMB）秘书处架构与联合国顾问设置示意图

资料来源：Independent Election Commission of Afghanistan：2004 Afghan Elections Project。

这样，从选举事务的决策机构 JEMB 到具体的执行部门秘书处及至各省选举机构，联合国都广泛深入地参与其进程，并负责对阿方人士提供现场的支助和指导。这一全方位、“配对”式的架构大大便利了双向的学习和交流，为选举的成功举行以及选举进程的“阿富汗化”提供了重要基础。

① Joint Electoral Management Body, “2004 Afghanistan Presidential Election Operational Plan Outline”, 3/08/2004, p. 16.

二、阿富汗选举管理机构的发展与完善

2004 年总统大选结束后，阿组建了正式政府机构。2005 年 1 月 19 日，根据宪法第 156 条和第 159 条有关组建独立选举委员会的规定，阿富汗总统卡尔扎伊颁布第 21 号总统令，任命 9 名阿富汗人士组成“独立选举委员会”。[①] 此前的“临时选举委员会”正式升级为“独立选举委员会”（Independent Election Commission）。不过，由于《波恩协定》要求“选出具有充分代表性的政府”，其中包括议会。[②] 因而在 2005 年的这场议会选举中，联合国仍赋有“帮助筹备和组织选举进程以及协调国际选举援助的任务”。

秘书长驻阿特别代表任命了 4 名国际专家，他们与阿富汗“独立选举委员”的 9 名人士共同组成新的 JEMB（见表 4—3）。[③] 和上届 JEMB 一样，新组成的 JEMB 行使“选举法”赋予“独立选举委员”的所有相关权力，如选举规则和程序的制定、选民和候选人的登记、实施投票和计票、宣布结果、最终结果的核实验证以及选举进程中涉及的一系列权力。根据选举法第 57 条，JEMB 一直延续至议会产生即过渡时期结束为止。[④] 在一年左右的运行期间，JEMB 做出了 100 余项决定，通过了 16 项法规。JEMB 成员每周召开 3 次会议，听取秘书处有关选举筹备的进展报告，就政策、法规和程序等做出决定。[⑤] JEMB 进一步完善了其地方组织结构，在各省和多

---

① Decree of the President of the Islamic Republic of Afghanistan on the Formation of the Independent Electoral Commission, 19 Jan 2004, Article 1&2, seehttp: //www. iec. org. af/jemb. org/eng/Legal% 20Framework/Decree% 20on% 20the% 20Establishment% 20of% 20the% 20IAEC% 20 (English) 2005. pdf.

② 参见《关于在阿富汗重建永久政府机构之前的临时安排的协定》(《波恩协定》)，见 2001 年 12 月 5 日秘书长给安全理事会主席的信，联合国文件 S/2001/1154，第 2—3 页。

③ Decree of the President of the Islamic Republic of Afghanistan on Holding National Assembly, Provincial Council and District Council Elections, 6 May 2005, see http: //www. iec. org. af/jemb. org/eng/Legal% 20Framework/Basic% 20Legislation/decree24eng. pdf.

④ Islamic Republic of Afghanistan Electoral Law, see http: //www. iec. org. af/jemb. org/eng/Legal% 20Framework/Basic% 20Legislation/Electoral% 20law/English% 20Decree. pdf.

⑤ Joint Electoral Management Body Final Report, “National Assembly and Provincial Council Elections 2005”, December 2005, p. 8.

数区设立了相应的选委会。

对比两届 JEMB，可以很容易发现，联合国在阿富汗 2004 年的总统选举和 2005 年的议会选举中的作用是存在明显区别的。上届的 JEMB 组成结构是 6:5，即阿方人员 6 人、国际选举专家 5 人；这届的组成结构则是 9:4，阿方人员数量远远多于秘书长特别代表任命的选举专家。不仅如此，阿方人员还控制着主席和一个副主席职位。在各个分委会当中，阿方人员也发挥着绝对的主导作用。

表 4—3　联合选举管理机构（JEMB）的人员构成（2005）

阿富汗人士	国际选举专家
Besmillah Besmil，主席	
Ayoob Asil，副主席，法律分委会委员	Julian Type，副主席，澳大利亚人
Mohammad Nazari，政党、候选人、观察员和对外关系分委会委员，前 JEMB 的实地协调员	Noor Mohammad，印度人
Najla Ayob（女），公共信息分委会委员，前 JEMB 的外联部官员	Staffan Darnolf，瑞典人
Mastora Estanikzai（女），政党、候选人、观察员和对外关系分委会委员，前教育部官员	Rebecca Cox，英国人
Abdul Hakim Murad，执行分委会委员，前 JEMB 的区域协调员	Peter Erben，丹麦人，选举事务主任，无投票权
Keshan Singh Honaryar，安全分委会委员与管理分委会委员，前矿产工业部首席顾问	
Samayullah Taza，执行分委会委员，协助筹备过 2004 年大选	
Momina Yari（女），法律分委会委员，前紧急支尔格和制宪支尔格大会代表，并被指定为宪法委员会的首位女性代表	

资料来源：根据 2005 年议会选举网页资料整理，JEMB 成员资料可见 http：//www. iec. org. af/jemb. org/eng/composition. html；各分委会构成资料可参见：Decision of the Joint Electoral Management Body，2 Mar 2005，see。http：//www. iec. org. af/jemb. org/eng/Decision%202005/2005 – 1. pdf。

JEMB 的人员构成体现出了“阿富汗化”的过渡特征。不过，作为JEMB执行机构的秘书处，其主任职位上届是由卡尔扎伊总统任命的阿籍人士出任，“联阿援助团”的选举事务主任为其提供技术援助，两者共同成为JEMB不具投票权的成员。这届秘书处则有很大不同，秘书处主任这一关键岗位直接由“联阿援助团”的选举事务主任兼任，由其领导这一庞大的选举事务执行机构。① 秘书处虽处于JEMB的全程监督之下，并对其负责，且在必要情况下，JEMB可向总统建议免去其主任职务。② 不过，这一职位却非同寻常，秘书处主任总共领导着541名国际职员和近8000名国内职员。在投票日当天，国内职员甚至一度达到18万人，另外还管理有6万名安全官员。③

秘书处的领导体制总体上保留着2004年总统选举时的组织结构：在首都喀布尔设立总部，在8个地区和34省设办事机构。秘书处总部下设外部关系、法律服务、后勤支持、项目管理、培训和能力建设等10个部门（详见图4—2）。④ 各个部门职责分工清晰，并由专人负责，整个体制呈现出流畅的垂直管理的特征，同时信息通过每日汇报制度也得以有效流通，与2004年相比有了较大的改革和完善。⑤ 以“联阿援助团”和阿政府间的协议，秘书处的联合国职员有责任提供支持、合作和建议，而“联阿援助团”则应采取所有必要措施，监督和执行JEMB的决定。⑥

---

① 担任秘书处主任的丹麦人皮特·厄本（Peter Erben），在参加“联阿援助团”之前，已经在科索沃、尼泊尔、巴基斯坦、印尼等多国从事过国际选举援助工作。2004年由其指挥在伊朗和巴基斯坦两国的阿富汗难民的登记和投票工作。由于其在组织2005年议会选举中的巨大贡献，获颁阿富汗的最高奖章并被丹麦女王授予爵士勋位。详细资料可参见 http://en.wikipedia.org/wiki/Peter_Erben。

② Decree of the President of the Islamic Republic of Afghanistan on Holding National Assembly, Provincial Council and District Council Elections, 6 May 2005, Article 3, see http://www.iec.org.af/jemb.org/eng/Legal%20Framework/Basic%20Legislation/decree24eng.pdf.

③ Joint Electoral Management Body Final Report, National Assembly and Provincial Council Elections 2005, December 2005, p. 10.

④ Joint Electoral Management Body Final Report, National Assembly and Provincial Council Elections 2005, December 2005, p. 10.

⑤ Joint Electoral Management Body Final Report, National Assembly and Provincial Council Elections 2005, December 2005, p. 24.

⑥ Decree of the President of the Islamic Republic of Afghanistan on Holding National Assembly, Provincial Council and District Council Elections, 6 May 2005, Article 3, see http://www.iec.org.af/jemb.org/eng/Legal%20Framework/Basic%20Legislation/decree24eng.pdf.

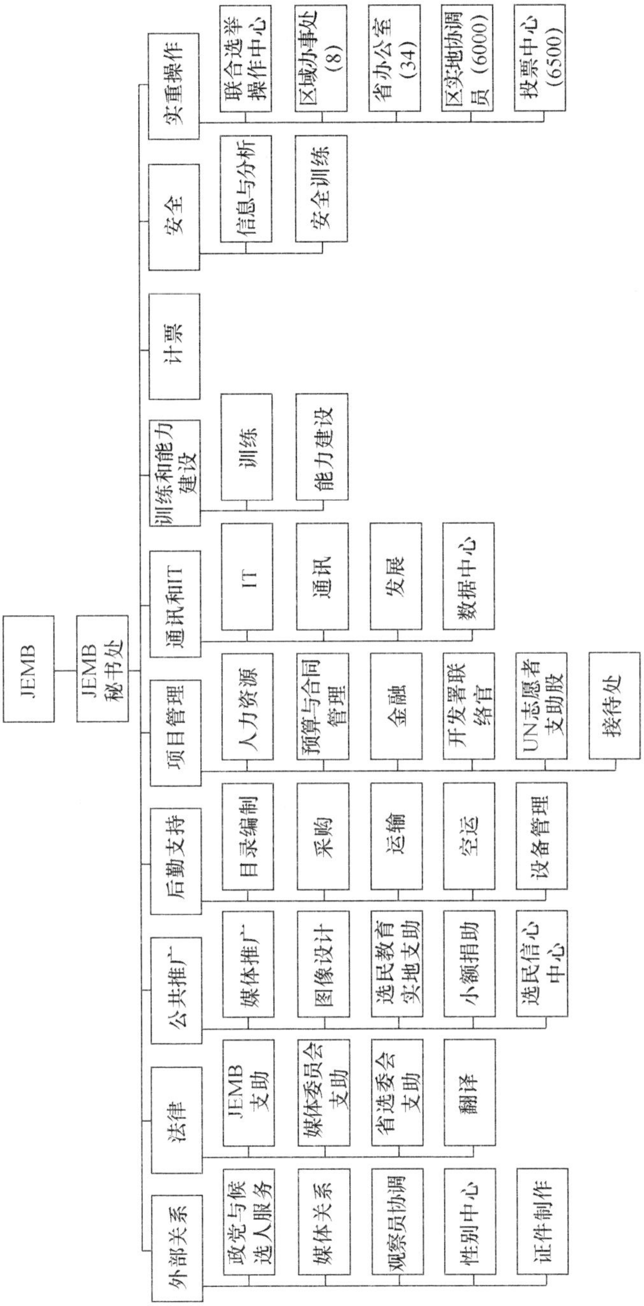

图4—2　调整后的2005年JEMB秘书处架构图

资料来源：Wolesi Jirga & Provincial Council Elections Website,http://www.iec.org.af/jemb.org/index.html。

在2005年的议会选举中，根据选举法第51条以及2005年6月7日的第24号总统令，JEMB设立了媒体委员会（Media Commission），对其直接负责。委员会由3名阿籍委员和2名国际委员组成。[①] 媒体委员会的职责主要有三方面：监督竞选过程中的媒介报道以确保公正、准确；处理有关报道公正性的申诉及其他违反媒体行为准则的行为；在官方竞选期间实施和监督受资助的广告宣传项目，使每位候选人都有平等利用媒介的机会。在整个项目运作期间，多达3060位候选人以及77%的女性候选人受益于该项目。[②]

此外，2005年5月，《选举法》做了一项重要修正，就是设立独立于选委会和政府机构之外的选举申诉委员会（Electoral Complaints Commission）。依照2004年的《选举法》，有关投票方面的争议交付投票站委员会处理，有关计票及其结果方面的争议应在当时当地提出，或在结果宣布后提交省级选举机构直至独立选委会。[③] 这种争议和申诉方式相当分散，很难保证选举过程的公正性和权威性。实际上，在2004的年总统大选中，针对部分候选人有关选举舞弊的指控，当时是由JEMB与援助团共同提名的3名国际专家小组处理的。

新设立的申诉委员会由3名秘书长特别代表任命的国际委员和2名国内委员组成，后2名委员分别由阿最高法院和独立人权委员会任命。委员会总部设在喀布尔，在各省设有代理处。[④] 根据《选举法》第52（3）条及第53条，委员会受理包括选民和候选人登记、竞选、投票、计票等选举进程中的所有申诉案件。有关申诉一般首先提交当地的省代理机构，由其做出初步处理，然后申诉委员会进行复查。申诉委员会做出的决定不可更

① Decision of the Joint Electoral Management Body, 19 July 2005, see http://www.iec.org.af/jemb.org/eng/Decision%202005/2005-44.pdf.

② Joint Electoral Management Body Secretariat Report, 2005 Wolesi Jirga and Provincial Council Elections, December 2005, p. 24.

③ Decree of the President of the Transitional Islamic State of Afghanistan on the Adoption of Electoral Law, 27 May 2004, Article 57, see http://www.iec.org.af/public_html/About%20JEMB/Legal%20Framework/Basic%20Legislation/Electoral%20law/English%20Decree.pdf.

④ Islamic Republic of Afghanistan Electoral Law, Article 52, see http://www.iec.org.af/jemb.org/eng/Legal%20Framework/Basic%20Legislation/Electoral%20law/English%20Decree.pdf.

改，除非发现新证据。针对舞弊行为，委员会可处以警告、10 万阿富汗币以下的罚款、要求重新计票、取消候选人资格、禁止违规人员参与选举管理等形式处罚。[①] 申诉委员会设立后，受理了大约 5400 项投诉，其中约 3300 项获得裁定。共有 54 名候选人被选举投诉委员会取消资格，其中 34 人是因与武装组织有染，12 人源于未辞去公职，5 人是由于递交的候选资格支持者签名人数不足，还有 3 名被查使用舞弊或恐吓手段。[②]

在联合国的全方位指导下，阿富汗的选举管理机构经过两个阶段的发展，从一个临时性的机构逐渐发展成具有独立能力的自主机构，阿富汗因此基本具备了独立组织、操办选举的能力。到 2009—2010 年阿富汗举行第二次总统、议会选举时，选举管理机构"独立选举委员会"及其秘书处重要职位已经全部由阿富汗人自己担任了。委员会由主席、副主席各一名以及 5 名委员组成，委员会成员由总统任命，任期 3 年，任期内不得更换。根据选举法，独立选举委员会独立于政府机构。其下设秘书处，由选举事务主任和两位副主任领导。[③]

第三节　阿富汗选民登记及选民教育的推进

选民登记是《波恩协定》分配给联合国的重要职责。自 1978 年以来，阿富汗一直未举行选举，也没有进行过人口普查，因而并不存在可靠的人口数据。在这种情况下，联合国主持的这一登记很显然是迈向可信选举的重要一步。

---

① The Electoral Complaints Commission (ECC), see http: //www. iec. org. af/jemb. org/eng/electoral_ system/ecc_ fa. pdf. Islamic Republic of Afghanistan Electoral Law, Article 52, 53&54, see http: //www. iec. org. af/jemb. org/eng/Legal% 20Framework/Basic% 20Legislation/Electoral% 20law/English% 20Decree. pdf.

② 第六十届大会秘书长报告：《阿富汗局势及其对国际和平与安全的影响》，联合国文件 A/60/712 - S/2006/145，2006 年 3 月 7 日，第 2 页。

③ EU Election Observation Mission to the Islamic Republic of Afghanistan, "Final Report on the Presidential and Provincial Council Elections", 20 August 2009, p. 18.

“联阿援助团”选举股于2003年3月设立后，首批3人组成员当月抵达阿富汗。由于联合国批准的当年（4—12月）选举事务经费只有1230万美元，只能供应选举股在此期间招募工作人员、在阿境内建立组织网络和选民登记前的运营费用。“联阿援助团”转而与开发署展开对话，由后者负责募集国际社会的自愿捐助，协调国际社会如非政府组织及公民社会团体的参与等。开发署随后设立“选举登记项目”并协调项目的开展。项目由阿富汗临时选委会、开发署和援助团选举股等机构联合执行，其中临时选委会由于经验有限，仅限于征募选民教育官员和登记人员、为登记进程提供交通，并在此过程中接受开发署等机构的能力训练。在JEMB的监督下，选举股在项目实施过程中负有首要责任，其职责包括交通与数据录入等后勤支助、登记程序手册和指南等技术支助、训练、公民教育、公共宣传以及类似登记物件、登记表格等关键物资的供应等。①

参与登记进程的联合国机构除了援助团和开发署外，项目厅和联合国志愿者也是重要贡献者。例如，在登记过程中，数千名联合国志愿者参与了选民教育、训练、登记监督、行政支助、翻译、数据录入等方面的具体实施工作，其中2003年和2004年两年共计有1900名志愿者直接参与了数据录入，登记监督和翻译方面的志愿者则各自在2000人以上（其中多数属于受过训练的阿富汗当地人）。② 项目厅则负责部分物资的采购和职员如登记小组组长和成员的招募工作。

援助团选举股在首都喀布尔设立了登记中心，在8个中心城市设立了办公室，在省一级也建立了临时的办公场所。登记过程由选举股股长统一负责，其下设执行、外联、公共宣传、数据中心等部门，主要职位都由选举股聘用的国际人士担任。除了数据中心的303位数据录入人员（由选举股招聘、训练并由国际专家领导）和12名司机外，喀布尔登记中心另外

① Transitional Islamic State of Afghanistan, United Nations Assistance Mission to Afghanistan, United Nations Development Programme, “Voter Registration Project for Afghanistan”, AFG/03/020/01/34, pp. 17 – 19.

② Transitional Islamic State of Afghanistan, United Nations Assistance Mission to Afghanistan, United Nations Development Programme, “Voter Registration Project for Afghanistan”, AFG/03/020/01/34, pp. 24 – 25.

由 51 名国际人士和 38 位阿富汗人士组成。8 个地区办公室则分别由 1 名地区协调员负责，协助其工作的有 1 名后勤官员（联合国志愿者）、4 名选民教育官员和 4 名训练官员，选民教育和训练官员分别由联合国志愿者和阿方人士担任，另有 4 名阿方翻译。8 个办公室又分别对口协调省级层次的选民登记工作。①

具体登记过程则交付主要由阿富汗人组成的登记小组完成，每个小组按性别分为两个小队，每个小队又各由身份鉴定人员、摄像师、选民登记卡制作人员 3 人组成。当一个点的工作结束后，登记小组转向下一个登记点。这些登记人员由联合国项目厅负责招聘并按日支付薪水，选举股则从国际社会征聘了 255 名登记监督员分布在各个登记场所，每个监督员负责几个登记点的登记工作。② 选民登记的这一架构（见图 4—3）和人员配备，体现了联合国在这一进程中的组织领导作用。不过，具体执行岗位的本地化也保证了在这场长达 8 个多月的选民登记过程中，阿富汗人有足够机会从中得到学习和锻炼。

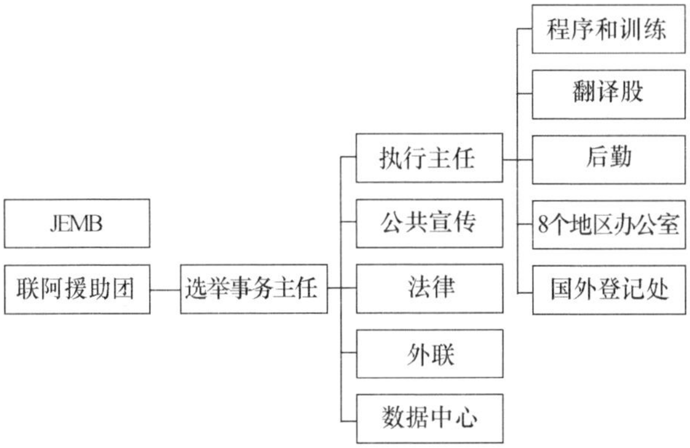

图 4—3　阿富汗选民登记组织架构（2003—2004）

资料来源：由笔者个人绘制。

---

① Electoral Unit of United Nations Assistance Mission in Afghanistan, "Voter Registration in Afghanistan Operational Plan (Version 1)", 31 July 2003, pp. 10 – 13.

② Electoral Unit of United Nations Assistance Mission in Afghanistan, "Voter Registration in Afghanistan Operational Plan (Version 1)", 31 July 2003, pp. 30 – 31.

“选民登记”除了最后呈交符合国际标准并足以为2004年的国家大选所用的选民册之外，还有更广泛的能力和制度建设方面的目的：一方面通过综合的选民教育/公共信息项目，帮助阿富汗人（包括普通选民、政党、社团成员及候选人等）了解自己在决定国家未来的选举中的作用；另一方面，协助建立和发展当时并不存在的选举制度包括提升“临时选委会”的能力，为选举建立起相应的法律框架。[①]

项目经费预算为7659万美元，最终支出9587.2万。[②] 原计划从2003年10月开始，由于一开始捐助金额非常有限（9月中旬只接收150万美元），登记进程随即分两个阶段展开。[③] 第一阶段从2003年12月到次年4月，第二阶段为2004年5月至8月，最终选民册于9月份亦即在总统大选前夕递交JEMB。第一阶段集中于8个主要中心城市，期间登记选民187.7万。在第二阶段，选民登记扩大到所有的省会城市并延伸至356个区乃至农村县，这一阶段登记选民869.1万人。第一阶段平均有200个小组在80个地方开展登记工作，而第二阶段则扩大到3500个小组，1800个地方的5000多登记点，参与登记的工作人员超过14000人。[④]

此外，对于因1979年以后的战争流亡至周边国家巴基斯坦和伊朗的阿富汗难民，则在“联阿援助团”的协调下由国际移民组织（The International Organization for Migration）代为登记，经费由开发署提供。援助团和JEMB为在巴基斯坦的难民设计了专门的登记表格，采购了登记、投票材料和相关物资后再由其运送至巴基斯坦和伊朗。国际移民组织在4天的登记期限（2004.10.1—10.4）中在巴设置了1600多个登记点，最终登记选

---

① Transitional Islamic State of Afghanistan, United Nations Assistance Mission to Afghanistan, United Nations Development Programme, “Voter Registration Project for Afghanistan”, AFG/03/020/01/34, p. 3.

② 资金由开发署募集，捐助方有澳大利亚、比利时、加拿大、丹麦、欧盟委员会、芬兰、德国、意大利、日本、挪威、南非、瑞典、瑞士、英国和美国15国（组织）。参见UNDP: United Nations Development Programmein Afghanistan, 2005, p. 11。

③ David Haeri and Guillaume Blanc, “The 2004 Presidential Elections in Afghanistan: Lessons Learned”, Department of Peacekeeping Operations of the United Nations, September 2005, pp. 12 - 13.

④ 第五十八届大会秘书长报告：《阿富汗局势及其对国际和平与安全的影响》，联合国文件A/58/868 - S/2004/634，2004年8月12日，第3—4页。

民 73.8 万。[①] 由于伊朗已经为流亡至该地的难民进行过登记，因而该地的阿富汗选民直接使用伊政府发放的难民身份证（Amayesh ID card）投票，不再另行登记。

在选民教育和公共宣传方面，选举股采用了多种形式，比如制作广播、电影、电视等节目，印发标语、传单、小册子、简报及常见问题解答等材料并将其翻译成达利语和普什图两种地方语，在城市主要社区进行登记动员等。在针对普通选民的宣传活动过程中，选民教员或培训员也发挥着重要作用。选举股对大批直接面对选民的教员或培训员采用“滚雪球”式的“培训培训者”模式：首先在首都喀布尔由登记中心的员工培训 40 名国际和国内的培训员，然后由后者在各省会城市培训 300 名国内培训员；这 300 名培训员结业后再被部署到各省、区选民登记办事处，负责所在省区选民“面对面”的教育宣传和培训活动。[②] 此外，在 JEMB 和“联阿援助团”的配合下，选民登记活动也得到了阿富汗境内外的非政府机构、公民社团以及联合国志愿者的大力协助。由于选民登记采用的是自愿登记方式，即 18 周岁以上的合格选民自己携带能够证明身份的文件材料前往登记场所，因而登记宣传和选民动员活动的广泛开展对成功的选民登记至关重要。

在选民登记过程中，登记小组面临严峻的安全、地理、经济、后勤等各方面的巨大挑战。有不少偏远地方登记小组需要数天才能到达，其中安全状况最为恶劣，2004 年上半年，25% 的行政区被划归高风险区，另有 47% 被视为中度风险。[③] 暴力事件不仅发生在危险的南部地区，在低风险的北部和西部地区也不时出现，有时攻击矛头直指选举登记人员。在第二阶段的登记过程中，12 名登记工作人员遇袭身亡，33 人受伤。仅 2004 年

---

① Joint Electoral Management Body, “2004 Afghanistan Presidential Election Operational Plan Outline”, 3/08/2004, pp. 19 – 22.

② Electoral Unit of United Nations Assistance Mission in Afghanistan, “Voter Registration in Afghanistan Operational Plan (Version 1)”, 31 July 2003, pp. 15 – 16.

③ Larry P. Goodson, “Afghanistan in 2004: Electoral Progress and an Opium Boom”, Asian Survey, Vol. 45, No. 1 (January/February 2005), p. 89.

8月，就发生了21起和选举相关的安全事件。[①] 首次人员伤亡事件出现在东部，6月26日和7月8日，驶向楠格哈尔省登记地点的车辆两次遭遇爆炸袭击，负责登记的4名阿富汗女工作人员死亡。在南部，7月24日，乌鲁兹甘省一位联合选举管理机构小组长和一位村长遭到伏击。4天后，加兹尼省一个设在清真寺的选民登记点发生爆炸。[②] 选举股与阿富汗的国家军队、联合国的安全协调员、安全援助部队之间紧密协调，尽量在较有安全保障的地方开展登记工作。

文化也是选举登记的重要障碍。为了呼吁更多的妇女出来登记并参加此后的大选，选举股劝服宗教、部族领袖出面呼吁。与此同时，从宣传、法律、组织等方面采取措施，比如要求总统在制定的《选举法》当中保障妇女在议会当中的固定席位，设立女性专用登记点，由女性工作者负责登记工作，大量招聘女性登记工作人员等。选举股的措施发挥了明显的作用。在第一阶段8个中心城市的登记选民中，妇女只占29%；第二阶段随着登记场所向边缘甚至农村地区扩展，登记选民中的妇女比例反而大幅上升至总数的41.2%。不过，各地区的情况参差不齐：在南方，妇女仅占21%；而中部高地妇女选民登记的人数超过了男性。具体见表4—4的统计数字。[③]

选举股在登记过程中，总体上倾向于“本地化”策略，以适应阿富汗的行政权力结构向地方分权化的特征，在公共宣传和选民教育中尊重阿富汗的传统和多样性。选举股力图通过强调阿富汗人在筹备、实施和培训当中的参与，积极征聘妇女以及透过与公民社团间的伙伴关系等方式，推进登记和宣传进程。[④]

---

① Andrew Reynolds and Andrew Wilder, “Free, Fair or Flawed: Challenges for Legitimate Elections in Afghanistan”, Afghanistan Research and Evaluation Unit (AREU) Briefing Paper Series, September 2004, p. 6.

② 第五十八届大会秘书长报告：《阿富汗局势及其对国际和平与安全的影响》，联合国文件A/58/868－S/2004/634，2004年8月12日，第5页。

③ 第五十八届大会秘书长报告：《阿富汗局势及其对国际和平与安全的影响》，联合国文件A/58/868－S/2004/634，2004年8月12日，第3—4页。

④ Joint Electoral Management Body, “2004 Afghanistan Presidential Election Operational Plan Outline”, 3/08/2004, p. 21.

表 4—4　阿富汗选民登记人数及男女比例

地区	登记数字	地区	登记数字
中部	1878655（男 62%，女 38%）	南部	1383698（男 79%，女 21%）
中部高地	493999（男 47%、女 53%）	东南部	1347469（男 53%、女 47%）
东部	1249334（男 58%、女 42%）	西部	1257104（男 54%、女 46%）
北部	1480626（男 52%、女 48%）	东北部	1471968（男 55%、女 45%）
		共计	10562853（男 59%、女 41%）

资料来源：由笔者个人绘制。

联合国的选民登记尽管投入巨大①，也未在《波恩协定》限定时间内完成，不过最终却使 1100 多万阿富汗人首次拥有了统一的可作为身份证的选民卡，并初步建立起选民登记数据库。此项工作无疑为 1 个多月后的总统大选，尤其次年的议会选举（涉及选区划分和议会议席的分配等）的成功举行奠定了坚实的基础。

2005 年 6 月 25 到 7 月 21 日，就在议会投票日的前 3 个月，JEMB 秘书处组织了一场为期 4 周的选民登记更新行动，项目厅和开发署提供了经费资助，并参与其选民教育及登记活动，联合国难民署则协助难民回归和参与投票。有几个原因导致选民信息需要更新：部分难民在上次登记后回到阿富汗，联合国难民署估计 2005 年上半年，大约有 20 万人回归，其中 40% 左右属合格选民；部分年轻人达到了 18 周岁；一些选民在上次由于安全等原因未登记；一些选民遗失选民卡；还有一些选民需要更正登记卡信息等。②

秘书处开放了 1000 多个登记点，部署了 5125 名登记工作人员和 1844 名选民教育员。在四周时间当中，新增登记选民 1694431 人。这使有效登记的选民人数比上年增加了 13.9%，达到了 1200 万以上，妇女选民则由

---

① 同样是冲突后的选民登记，比阿富汗人口还略多的伊拉克，在为 2005 年的首次大选所做的选民登记中，费用只有 8300 万美元左右。See Rafael López - Pintor & Jeff Fischer, "Getting to the CORE: A Globe Survey on the Cost of Registration and Elections", Center for Transnational and Post - Conflict Governance, IFES and the Bureau for Development Policy, UNDP, 2006, p. 134。

② Joint Electoral Management Body Secretariat, "Voter Registration Update Period End - of - Period Report", 21 July 2005, p. 4.

之前的41%增至44%。[①]

在新登记的选民中，去年登记信息错误前往登记站更正的只占0.9%，而且其中的44%是由于在登记期间省区重新划分造成的。[②] 这从另外一个角度反映出，2003—2004年联合国所开展的选民登记是较为成功的。

第四节　联合国选举援助与阿富汗的首次大选

《波恩协定》要求阿富汗在国际社会的协助下举行“自由和公平的选举”，以“选出具有充分代表性的政府”。[③] 在这一框架内，从2004年10月到2005年9月，JEMB及其秘书处在联合国的协助下先后组织了四场选举，包括2004年10月的总统选举、2005年9月的国民议会（上、下两院）和省议会选举。本节将分别阐述联合国在2004年和2005年的选举当中发挥的具体作用。

一、联合国选举援助与阿富汗2004年总统选举

在2004年10月9日举行的总统选举中，包括过渡政府总统卡尔扎伊在内的18名候选人参加了竞选（多数以独立身份参选），有1名女性参选。共有8128940位选民参加了投票，占登记选民总数的69.2%，其中妇女占42%。无效选票104404张，占总选票的1.3%。在巴基斯坦和伊朗同时设置了投票站，分别有58万和24万当地阿富汗难民前往投票。[④] 最终

---

① Joint Electoral Management Body Secretariat, "Voter Registration Update Period End - of - Period Report", 21 July 2005, pp. 4 - 9.

② Joint Electoral Management Body Secretariat, "Voter Registration Update Period End - of - Period Report", 21 July 2005, p. 9.

③ 《关于在阿富汗重建永久政府机构之前的临时安排的协定》（波恩协定），见2001年12月5日秘书长给安全理事会主席的信，联合国文件S/2001/1154，第2—3页。

④ 第五十九届大会秘书长报告：《阿富汗局势及其对国际和平与安全的影响》，联合国文件A/59/581 - S/2004/925，2004年11月26日，第4页。

卡尔扎伊以 55.4% 的票数首轮当选。（见表 4—5）①

表 4—5 阿富汗 2004 年大选投票及选票分布情况

候选人	政党	得票数	百分比（%）
Abdul Latif Pedram	Hezb - e - Congra - e - Mili Afghanistan	110160	1.4
Hamid Karzai	独立	4443029	55.4
Hamayon Shah Asifi	独立	26224	0.3
Mir Mohammad Mahfouz Nedaee	独立	16054	0.2
Haji Mohammad Mohaqiq	独立	935325	11.7
Syed Ishaq Gilani	Nuhzat - e - Hambastagee Mili Afghanistan	80081	1.0
Abdul Satar Serat	独立	30201	0.4
Abdul Hafiz Mansoor	独立	19728	0.2
Ghulam Farooq Nijrabi	Hezb - e - Istiqlal - e - Afghanistan	24232	0.3
Ahmad Shah Ahmadzai	独立	60199	0.8
Abdul Hasseb Aryan	独立	8373	0.1
Wakil Mangal	独立	11770	0.1
Abdul Hadi Khalilzai	独立	18082	0.2
Mohammad Ebrahim Rashid	独立	14242	0.2
Yonous Qanooni	Hezb - e - Nuhzhat - e - Mili Afghanistan	1306503	16.3
Massooda Jalal	独立	91415	1.1
Syed Abdul Hadi Dabir	独立	24057	0.3
Abdul Rashid Dostum	独立	804861	10.0
有效选票		8024536	100.0
无效选票		104404	
总投票数		8128940	

资料来源：阿富汗选委会，http：//www.iec.org.af/。

大选由 JEMB 组织。整个选举过程大体平稳，不算太低的投票率和只

① 第五十九届大会秘书长报告：《阿富汗局势及其对国际和平与安全的影响》，联合国文件 A/60/224 - S/2005/525，2005 年 8 月 12 日，第 3—4 页。

有1%左右的无效投票，显示“选举工作取得全面成功”。[①] 为选举提供部分支持的欧安组织“阿富汗选举支助团”在其报告中也指出，“考虑到安全和基础设施问题，选举成就非凡”。[②] 不过也出现了一些争议，比如由于不正确地使用擦不去的墨水这一技术性问题，导致多名候选人指责选举舞弊。一些反对党候选人在选举中因此吁请选民抵制投票，不过选民大多未受影响。针对多名候选人声称存在的这一违规现象，JEMB 与援助团共同提名一个独立的 3 名国际专家小组，调查这一申诉。11 月 2 日，小组呈交 JEMB 调查报告，报告确认存在这一技术性问题，不过认为发现的违规现象“对总的选举结果不产生实质影响”。这一问题也因此并未影响卡尔扎伊当选的合法性以及民众和国际社会对阿富汗民主进程的信心。[③]

2004 年的这场奠基选举，对阿富汗政权的平稳过渡乃至该国未来的和平与稳定无疑极其重要。在选举过程中，JEMB 及其秘书处除了面临安全上的巨大挑战之外，还必须应对诸如人力资源、基础设施、文化、财政等众多棘手问题。比如能否招募到并及时培训多达 12.5 万名投票站工作人员和 5 万名左右的计票工作人员，就相当不确定。即使此前得到培训的 1 万多名选举登记人员全部参与投票事务，仍有 10 万多人的缺口。这 10 万多人中，至少 5 万人左右识字，以鉴定选票并主持 2.5 万投票站的投票事务，这对文盲率高达 90% 以上的阿富汗来说，无疑是巨大挑战。与此同时，由于男女分开投票，女性工作人员也需要至少 5 万人左右。[④]

为了协助 JEMB 组织好这场大选，联合国除了通过“联阿援助团”来协调阿富汗国家军队和国际安全援助部队以创造更加安全的选举环境外，开发署还在 2004 年 5 月启动了“2004 阿富汗选举项目”（2004 Afghan E-

① 第五十九届大会秘书长报告：《阿富汗局势及其对国际和平与安全的影响》，联合国文件 A/59/581 - S/2004/925，2004 年 11 月 26 日，第 2 页。

② OSCE, "Report by OSCE Election Support Team to Afghanistan: Recommendations", October 18, 2004, p. 3.

③ Report of the Independent Panel of Election Experts on the 2004 Afghanistan Presidential Elections.

④ Andrew Reynolds and Andrew Wilder, "Free, Fair or Flawed: Challenges for Legitimate Elections in Afghanistan", Afghanistan Research and Evaluation Unit (AREU) Briefing Paper Series, September 2004, p. 9.

lections Project），项目时间从 5 月 1 日至 12 月 31 日，计划筹措资金 107817858 美元，以供当年总统和议会选举之用。[①] 7 月份 JEMB 宣布议会选举延期后，2004 年的这一项目随即专门为总统大选提供支助，当年项目筹资 10228.3 万美元。[②]

项目意在促成“2004 年 9 月阿富汗出现自由、公正的选举，并创建国家管理未来选举的可持续能力”。[③] 为实现这一目标，开发署制订了 6 个领域的分目标及其实施策略，详见表 4—6。

表 4—6　开发署“2004 阿富汗选举项目”的实施框架

目标	行动	资金投入（美元）
动员足够的捐助资源并将其有效而迅速地分配，确保阿富汗自由公正大选的筹备和组织	动员捐助，建立和维持融资机制，以便于捐助协调并为捐助者提供及时、准确和完整的信息	资源动员和管理 433630
伊朗和巴基斯坦的阿富汗难民参与大选	阿富汗难民登记，确保他们能够参与投票	国外选民登记和投票 37608980
在和平环境下有效管理和举行选举，使其符合国际标准	为 JEMB 秘书处提供支助；在全国招募、部署并训练阿富汗选举事务官员；为和平的选举进程提供安全环境，尤其是协助内务部履行安全职责	支助秘书处 11330721 招募、部署并训练 43247907 安全 12030400
向阿富汗公众提供公众信息和公民教育	使用多种媒介和手段向选民提供公共信息，同时支助公民社团在公民教育中的作用	公民教育和选民信息 2653280

① United Nations Assistance Mission in Afghanistan, “United Nations Development Programme & Joint Electoral Management Board”, 2004 Afghanistan Elections Project, p. 3.

② 资金由开发署募集，捐助方有中国、澳大利亚、加拿大、丹麦、欧盟委员会、芬兰、德国、希腊、爱尔兰、意大利、日本、荷兰、新西兰、挪威、瑞典、瑞士、英国和美国 18 国（组织）。参见 UNDP: United Nations Development Programme in Afghanistan, 2005, p. 11。

③ United Nations Assistance Mission in Afghanistan, United Nations Development Programme & Joint Electoral Management Board, “2004 Afghanistan Elections Project”, p. 2.

续表

目标	行动	资金投入（美元）
支助媒体委员会，促使同等使用媒介的环境成熟	建立媒体委员会，监督竞选过程中的新闻报道和媒体使用情况	媒介监督 256470
协调国内和国际的选举观察活动	建立观察办公室，协调国内和国际选举观察员的观察活动	协调观察员 256470

资料来源：UNDP，2004 Afghan Elections Project，pp. 5 - 10。

从表 4—6 可以发现，选举项目的不少经费投入在支助选举机构 JEMB 及其秘书处上，其中“招募、部署并训练阿富汗选举事务官员”及“为 JEMB 秘书处提供支助”两项即耗费总经费的一半左右。由于 JEMB 组织内有秘书长特别代表任命的 5 名国际专家负责“一对一”支助对应的阿富汗成员，相较而言，秘书处则是选举事务的具体实施者，因而开发署的项目经费主要投入在支助 JEMB 的秘书处及其开展的工作上。支助方式包括为其采购选举物资、设备，为其提供交通和通讯服务等；与此同时，还协助其在全国范围内招募 17.5 万名投票和计票工作人员并对其进行部署和训练。为完成后一任务，开发署为培训项目提供资金资助，同时由其聘用了 4748 名职员，其中包括 300 多名来自国外的选举事务专业人士和联合国志愿者，共同协助培训项目的开展。①

此外，支出经费占总经费 1/3 以上的“国外选民登记和投票”一项也可划归支助选举管理机构 JEMB 及其秘书处这一类。加上主要用于支助内务部（负责管辖阿富汗新组建的国家军队和警察的内阁部）的 1200 多万，可以很容易验证这一项目上面所提的宗旨，即一方面确保大选的成功，另一方面着力扶持阿富汗国家层面上的能力建设。

发展自我管理、组织选举的国家层面的能力，无疑是项目最为关切的。总体来看，2004 年的这场奠基大选，联合国在其中地位超常，发挥了极其重要的作用。从 JEMB 到其执行机构秘书处，都由联合国任命的选举

① United Nations Assistance Mission in Afghanistan, United Nations Development Programme & Joint Electoral Management Board, “2004 Afghanistan Elections Project”, pp. 6 - 7.

专家、选举股的选举事务主任及其工作人员直接参与选举决策和执行进程，并向对应的阿方人士提供贴身指导（参见本章第二节）。秘书长的特别代表、“联阿援助团”在选举进程中居间斡旋协调，开发署则负责筹资和提供技术援助和外部如后勤等支助，联合国的这些努力为大选的成功举行做出了巨大贡献。不过，与前述“选民登记”不同，“联阿援助团”负责登记的整个进程，是其具体执行者；而这场选举则是在阿富汗人士主导之下举办的，尽管这些阿方人士仍离不开联合国全方位的扶植。

在公民社会的培育这一方面，开发署虽然没有将其列为重点，不过也提供了数量不菲的资金，并通过能力培训、召开研讨会、项目实施等方式，促进了包括媒介、政党社团、公民个人在内的更广泛公民社会的发育和发展。

阿富汗的公民社会团体是 2004 年大选的重要推动者。由于阿富汗的政党没有充分发育（竞争 2004 年总统职位的 18 位候选人，14 位以个人身份参选，包括当选的卡尔扎伊，详见表 4—5），社团组织由此成了联结选举管理机构与普通选民之间的关键纽带，在选民动员、公民教育、信息宣传、选举监督等各方面发挥了积极作用。

以选举观察为例，在 2004 年的大选中，国际组织只派员 121 人。部分源于众多欧洲国家直接参与了大选进程，所以欧安组织派遣的是 35—45 人的一个“支助小组”，欧洲联盟则派遣了 25 人组成的“民主和选举支助团”。这两支队伍虽全程观察选举，但选后并不像普通观察团那样发表评论。真正执行观察任务的是东南亚的自由选举网络派遣的 36 名选举观察员，他们受亚洲基金资助。大量投票站点的观察和监督任务都是由阿富汗国内社团自己组织的，其中由 13 个公民社团组织组成的“阿富汗自由公正选举基金”（Free and Fair Elections Foundation of Afghanistan），在选举观察当中发挥主要作用。[①] 选举最终动员了 5321 名国内观察员，从而确保每个投票点都由专人监督。另外，有数万名政党和候选人工作人员，以及国

① Andrew Reynolds and Andrew Wilder, “Free, Fair or Flawed: Challenges for Legitimate Elections in Afghanistan”, Afghanistan Research and Evaluation Unit (AREU) Briefing Paper Series, September 2004, pp. 8 - 9.

内和国际媒体监测了选举情况。[①] 开发署不仅为一些国内社团提供了经费和能力培训项目，而且负责协调国际、国内观察员的活动，包括提供后勤、交通、信息等方面的支助。

二、联合国选举援助与阿富汗2005年的议会选举

与2004年的总统大选相比，2005年的国民议会（上、下两院）和省议会选举受到的国际关注的程度要低一些。不过，其挑战却更加艰巨。这次选举是继1969年之后的首次议会选举，不仅选委会要进行详尽的人口统计以确定议会议席并划分选区，而且是在国家、省两级同时举行，参与竞选的候选人数量也要庞大得多。JEMB及其秘书处必须为2005年的选举制定一套新的选举程序和选举规则，其任务之复杂繁重可想而知。为了选举的规范化，JEMB及其秘书处还协助修订了2004年的《选举法》，修订的内容除了增设选举申诉委员会外，对候选人提名程序、省议会妇女议席的分配（至少1/4）也做出了新的规定。[②]

根据这份修订后的《选举法》，议会下院即人民院（Wolesi Jirga）由直接选举产生，共计249个席位，其中古支（Kutchi）游牧族10席，剩余239席依据人口数量比例在各省间分配，各省以此划分相应选区。为保证妇女在议会当中的参政率，《选举法》规定妇女议员数量不得少于省数量的2倍，即68席。省议会也通过直接选举产生，议席数量则根据人口多寡确定，多则29位议员，少则9名议员。国民议会上院即长老院（Meshrano Jirga）则在省、区议会组成之后通过间接选举方式产生，其中1/3由省议会选举产生（每个省的省议会选出一名代表），1/3由区议会选举产生（由于此前不存在区议会，所以长老院中的区议会议席采用过渡方式），

① 参见第五十九届大会秘书长报告：《阿富汗局势及其对国际和平与安全的影响》，联合国文件A/59/581－S/2004/925，2004年11月26日，第4页。

② Islamic Republic of Afghanistan Electoral Law, Chapter Ⅶ, see http://www.iec.org.af/jemb.org/eng/Legal%20Framework/Basic%20Legislation/Electoral%20law/English%20Decree.pdf.

1/3由总统任命。①

由于长老院组成时间较晚（至少在省议会产生之后1个月），而且由间接选举产生，因而2005年的选举主要指人民院和省议会的选举。两者都是在JEMB的统一组织下，依循大致相同的选举程序，投票日定在9月18日。在整个选举进程中，“联阿援助团”负责提供政治支持并协调所有联合国驻阿系统的行动。开发署负责筹资，并对JEMB尤其秘书处职员进行选举能力建设方面的技术培训。2005年阿议会选举经费预算1.72亿美元（1500万未到账），其中仅支付JEMB总部运营费用及JEMB秘书处职员薪水就达到了110万。② 但与2004年的选举不同，开发署并不直接负责国际援助项目的运作。由于项目厅在行政和项目实施方面更有优势，2005年的联合国对阿选举进程中的外部支助交由其负责，项目厅依据JEMB秘书处主任的要求招聘国际职员、采购物资、协助印制和分发运输选举材料等系列工作。为确保国际援助的顺畅有效，项目厅的两名职员进入JEMB，成为其委员。③ 项目厅负责招聘选举过程中的国际职员，其中不少是联合国志愿者，他们参与了选民教育、技能培训、监票计票等选举进程中的多项活动。④ 联合国秘书处的选举援助司则依据其选举专家花名册招募较高职位的国际选举专家。⑤ 此外选援司还负责评估阿富汗的选举需求及其进度，并就选举相关的技术和政治议题向联合国总部及驻阿各机构通报讯息。

选举的首要挑战是候选人的提名工作，该项工作在5月份开展，持续

---

① Islamic Republic of Afghanistan Electoral Law, Chapter Ⅵ & Ⅶ, see http://www.iec.org.af/jemb.org/eng/Legal%20Framework/Basic%20Legislation/Electoral%20law/English%20Decree.pdf.

② UNDP Project Annual Report, Afghan Elections Project Extension (Transitional Phase), see http://www.undp.org.af/whoweare/UNDPinAfghanistan/Projects/Reports/ELECT/Elections%2000036824_ _ Transitional%20Phase%20Annual%20Project%20Report%202006.pdf.

③ Report of Election Evaluation Mission, “Afghanistan Voter Registration 2003 and Elections 2004/2005 (MAIN REPORT)”, 14 MAY 2006, p.12.

④ Joint Electoral Management Body, “Final Report: National Assembly and Provincial Council Elections 2005”, December 2005, p.4.

⑤ 聘用的国际职员可以分为三类：专家、中层职业人员和普通职员，后者包括登记站、投票站和计票中心这样的实地职位，多数由联合国志愿者担任。由于阿富汗恶劣的安全局势和社会条件，招聘到合格的国际职员并不容易。参见Report of Election Evaluation Mission, “Afghanistan Voter Registration 2003 and Elections 2004/2005”, April 2005, p.15。

了整整1个月，共计6103人登记。候选人初步名单出来并经过大范围的宣传后，申诉委员会通过受理投诉方式进行资格复审，有17人被取消资格（此后又有37人被申诉委员会认定不符资格）。[①] 最终有5800人参加竞选（部分退选）：竞选人民院席位的候选人2775名（其中妇女328名），省议会候选人3025名（其中妇女247名），他们分别竞逐249个人民院议席和总共420个省议会议席。[②]

为筹备投票，JEMB秘书处征聘了超过16万投票站工作人员以及6万名安全人员，其中通过项目厅征聘的国际职员有541名，比2004年总统大选多出近一倍。培训采用2004年大选时的“滚雪球”式模式，即首先在一周多的时间当中对130名国际培训员和他们的国内同行进行有关投票程序、投票中心管理和计票程序的培训，然后这些培训员分赴各省对6000名阿富汗的地区实地协调员和他们的副手进行培训，后者再负责培训所有的投票站工作人员。6000名地区实地协调员多从当地招聘，JEMB秘书处赋予其招募、监督、训练和支付投票站工作人员薪水等广泛职权，由于这些人对地方情况比较熟悉，大大提高了实际操作的效率。[③]

选举过程中的技术能力培训无疑是促使选举得以成功的关键，培训的对象除了投票工作人员，还包括1800多名向选民普及选举知识的公民教育员以及参加选举的候选人等。联合国系统尤其开发署和项目厅在培训资金的募集、专业技术的传授以及同国际社会的联系方面具有较大优势，因而在培训当中发挥着重要作用。而且协助秘书处制定和执行培训方案、编制培训手册、为其培训项目募集资金、资助民间组织协助培训等。其中选举管理机构尤其秘书处是重点对象，他们不仅通过其JEMB、秘书处，以及部署在一些省、区选委会当中的国际或国内职员贴身指导其身边的阿富汗同行，而且为其采购建立和装修独立选委会在总部、区域和省级的办公机

① Joint Electoral Management Body, “Final Report: National Assembly and Provincial Council Elections 2005”, December 2005, pp. 10 – 12.

② Andrew Wilder, “A House Divided: Analyzing the 2005 Elections”, Kabul: Afghanistan Research and Evaluation Unit, 2005, pp. 9 – 10.

③ Joint Electoral Management Body, “Final Report: National Assembly and Provincial Council Elections 2005”, December 2005, p. 24.

构和其他机构，与此同时，还协助秘书处建立了选举档案，使得所有的重要文件都有达利语、普什图语和英语三种语言版本，以备将来查询利用。①

整个选举被分成了 69 场单独的投票：34 个省每位选民有两张选票，分别选出人民院议员和省议员，另在全国范围内专门为古支游牧族设置一场投票，供其选出人民院为其保留的 10 个议席。秘书处在全国设置了 6267 处投票中心，比总统大选时多出 1000 余个，投票站共计 26240 个。项目厅为投票提供了重要的后勤支助，包括协调英国和奥地利两家公司印制 4000 万张选票（由于没有准确的人口数据，所以印制的选票数量相当大，以防投票站缺少选票，总统大选时是 2150 万张），采购大批投票箱、选票封条、墨水等各种选举物资。这些物资最后通过 18 架货机、9 架直升机、1200 辆卡车以及 1247 头驴、306 匹马、24 只骆驼安全送达 34 省的投票中心。②

在协调选举观察员方面，监督观察此次选举进程的人数是去年选举时的 3 倍，达到了 22 万之多，其中包括 10370 名阿富汗独立观察员、781 名国际观察员以及 1280 家媒体代表。③ 根据 JEMB 特别授权，“联阿援助团”和开发署所雇职员可对投票中心和计票中心工作进行监督。④ 2005 年的选举尽管比总统大选复杂得多，因为候选人较多，首都喀布尔的人民院与省议会选举选票都有 7 页之多，楠格哈尔和哈拉德两省的省议会选票也有 7 页。⑤ 不过由于组织和选民教育活动较为得当，人民院和省议会的有效投票都维持在 92% 以上（见表 4—7）。

---

① Joint Electoral Management Body Secretariat Report, “2005 Wolesi Jirga and Provincial Council Elections”, December 2005, p. 20.

② Joint Electoral Management Body, “Election Day Report: Wolesi Jirga and Provincial Council Elections 2005”, 26 September 2005. pp. 5 – 6.

③ Joint Electoral Management Body, “Election Day Report: Wolesi Jirga and Provincial Council Elections 2005”, 26 September 2005, p. 3.

④ Joint Electoral Management Body, “Decision 2005 – 63: UNAMA and UNDP Access to Polling and Counting”, 11 Sep 2005, p. 1.

⑤ Joint Electoral Management Body, “Final Report: National Assembly and Provincial Council Elections 2005”, December 2005, p. 12.

表 4—7　阿富汗 2005 年议会选举投票情况

地区	登记选民人数	有效投票（%）		无效投票（%）		空白选票（%）	
		人民院	省议会	人民院	省议会	人民院	省议会
北部	1587669	93.8	92.4	3.6	4.2	2.6	3.4
东北部	1608522	93.0	91.2	3.5	4.1	3.5	4.7
中部	2221653	96.1	94.5	2.2	1.8	1.7	3.7
东部	1434629	96.3	95.7	1.7	1.6	2.0	2.7
东南部	1976573	98.5	98.2	0.7	0.7	0.8	1.1
南部	1526636	91.6	94.4	5.9	2.5	2.5	3.1
西部	1657952	93.8	92.4	3.7	3.6	2.5	4.0
中部高地	429597	94.3	94.7	4.3	1.9	1.4	3.4
古支族	534105	97.8	/	1.3	/	0.9	/
共计	12977336	95.0	94.1	2.9	2.7	2.1	3.2

资料来源：JEMB website. http：//results. jemb. org/reports. asp。

680 多万阿富汗民众前往投票，在排除了存在舞弊行为的无效投票（人民院大约 2.5%）之后，人民院和省议会投票率都大致接近 50%。尽管比总统大选时下降了近 20%，不过考虑到与总统大选相比，此次选举的影响力要小得多，加之投票比上次大选要复杂得多，所以并不算太大意外。此次投票与总统选举投票率变化见表 4—8。

表 4—8　人民院选举与总统选举投票率的地区变化

地区	登记选民人数	人民院选举投票率（%）	省议会投票率（%）	总统选举投票率（%）	投票率变化幅度（%）
北部	1587669	58.8	58.7	77.5	-18.7
东北部	1608522	60.9	60.8	70.3	-9.4
中部	2221653	35.9	35.7	59.6	-23.7
东部	1434629	47.2	47.1	54.8	-7.6
东南部	1976573	54.8	54.7	87.4	-32.6
南部	1526636	28.7	28.8	53.4	-24.7
西部	1657952	61.3	61.3	88.2	-26.9

续表

地区	登记选民人数	人民院选举投票率（%）	省议会投票率（%）	总统选举投票率（%）	投票率变化幅度（%）
中部高地	429597	65.9	65.8	60.4	+5.5
古支族	534105	38.3	/	/	/
共计	12977336	49.4	49.8	69.2	-19.8

资料来源：JEMB website. http：//results. jemb. org/reports. asp。

国际社会对这次大选总体上评价是积极的，如国际共和学会（International Republican Institute）在其观察团最后报告中指出，“选举总体看起来组织良好，选举官员专业。”① 不过也存在一些批评，如议会选举当中采用的“单记名不可转让投票制”（single non - transferable vote）即惹来众议。这是一种“半比例代表制”，虽然一个选区内有多个议席，不过每位选民只能将选票投给其中一位候选人，而不能表达多个意向，最终由该选区内得票较多的几位候选人获得所分配议席。多数在阿选举专家赞同更为均衡的“比例代表制”，以使阿富汗不同群体在议会当中都能分配到一定议席。卡尔扎伊政府力排众议选用这一投票制的目的，本来是想抑制与武装组织有染因而形象不佳的政党发展。但与此同时，由于民众对众多候选人了解有限，他们会将选票投给最知名的候选人，这样反而导致一些武装组织的前指挥官和重要人物进入议会。② 更重要的是，这种投票制度由于采取“赢者通吃”，即得票最多的人当选模式，不利于冲突后的和解，这为此后阿富汗地方武装的再次复兴埋下了祸根。

---

① Election Observation Mission Final Report, “Afghanistan Parliamentary and Provincial Council Elections September 18, 2005”, The International Republican Institute, 2005, p. 2.

② UNDP Evaluation Office, “Assessment of Development Results: Islamic Republic of Afghanistan”, May 2009, pp. 37 - 41.

小 结

联合国在阿富汗的冲突后选举中发挥了极其重要的作用。具体说来，其发挥的作用主要体现在四个方面：波恩进程与国家建设的推进；选举机构的建立、完善及其实际运作；选民登记及选民教育活动的开展；选举进程中的技术、后勤等综合援助。

在联合国的协助下，阿富汗顺利完成了2004—2005年的首次总统和议会选举，使这个极度贫困落后、长期陷入大规模内战的国家20多年来首次拥有全国范围内的有效中央政府，并建立了一系列与选举相关的基本制度，如选民信息、法律、机构等，在此过程中，现代国家的一些观念如公民意识、妇女参政等也逐渐萌芽。以妇女参政为例，不仅成千上万的妇女冲破宗教、传统文化的影响，参与到总统和议会竞选、投票等政治进程，还直接成为制宪支尔格大会、独立选举委员会、国民议会等机构的正式成员，并受宪法的保护。

不过，选举自身无法解决这个国家存在的各种根深蒂固的问题。① 由于长期战乱，与贫弱的国家共生的是大量的非正式制度，如宗族、地方军阀，它们在地方供应着某种程度上应由国家提供的诸如安全、福利之类的公共产品，这使得这些非正式制度在阿富汗盘根错节，具有难以忽视的重要影响力。② 有些非正式制度能够与重建后的国家相互融合，比如宗族势力，但有些却会对国家的正式制度产生负面效应，如地方军阀。由于初建起来的国家制度比较孱弱，这些起着负面作用的非正式制度依然具有较强的竞争能力。比如在选举过程中，申诉委员会并不能将所有的前军阀头目

① Vishal Chandra, "Politics in Post - Taliban Afghanistan: An Assessment", *Strategic Analysis*, Vol. 29, No. 2, Apr - Jun 2005, pp. 222 - 249. Astri Suhrke, "Reconstruction as Modernisation: The 'Post - Conflict' Project in Afghanistan", Third World Quarterly, Vol. 28, No. 7, 2007, pp. 1291 - 1308.

② Daniel G. Ogbaharya, "(Re -) building Governance in Post - Conflict Africa: The Role of the State and Informal Institutions", *Development in Practice*, Vol. 18, No. 3, Jun., 2008, pp. 395 - 402.

排除于 2005 年的议会大选之外。实际上，卡尔扎伊总统常常会使用权力分享的方式来绥靖这些政治势力。在政治协商的进程中，这种方式并不是不可取的。[①] 不过，在不能有效解除其武装势力及影响力的情况下，这种幕后的政治交易却弱化了选举的效应，并导致地方军阀的做大和国家制度的损害，致使 2006 年开始地方叛乱次数及引发的伤亡数字没有下降，反而出现上升。[②] 阿富汗国家虚弱的根源是多方面的，需要多方面的综合治理。

---

① 相关争议可参见：A. Mehler，"Not Always in the People's Interest：Power - sharing Arrangements in African Peace Agreements"，GIGA German Institute of Global and Area Studies，Hamburg，2008；C. Barnes，"Renegotiating the Political Settlement in War - to - Peace Transitions"，Conciliation Resources，London，2009；S. Lindemann，"Do Inclusive Elite Bargains Matter? A Research Framework for Understanding the Causes of Civil War in Sub - Saharan Africa"，Crisis States Research Centre，London School of Economics（LSE），London，2008。

② Seth G. Jones，"The Rise of Afghanistan's Insurgency：State Failure and Jihad"，*International Security*，Vol. 32，No. 4，Spring 2008，pp. 7 - 8.

第五章　不足与超越：联合国选举援助的挑战与未来发展

选举援助是全球政治演进的微妙缩影，这一活动的出现和拓展显示了联合国在冷战后的权势扩张，也体现了国际—国内的频繁互动及由此引发的治理边界和治理主体的变迁。本书从源起与发展、运作机制及功效三个方面对联合国选举援助这种特殊的跨国活动进行了较为详尽的剖析。本章主要分析这种援助的缺陷、未来发展趋向及中国在其中的参与角色。

第一节　联合国选举援助的局限

首先可以肯定的是，选举难以愈合一些国家的深层次矛盾，在一个存在极化对立倾向的社会，尤其当族群冲突围绕“共同体”或“基本事项”，而非可通过宪政安排予以缓解的“政府层次”或“议题层次”时，选举很有可能会加剧社会和国家的分裂，引发内战或分离。① 在这种情况下，选举援助能够发挥的空间非常有限。国际社会曾对2005年伊拉克比例代表制的试行抱有厚望，但不想最终加剧了权力争夺，宗派暴力不但没有缓和反而愈演愈烈。担任过联合国驻阿富汗、伊拉克、叙利亚等多地的秘书长特使的知名联合国外交官拉赫达尔·卜拉希米（Lakhdar Brahimi）因此告诫，

① Giovanni Sartori, *Parties and Party Systems: A Framework for Analysis*, Cambridge: Cambridge University Press, 1976, p. 16.

“必须将民主化作为社会转型和制度建立的持续过程，制度建立不应是一个可以识别的‘事件’……民主化既不始于选举，也不止于选举。”①

本节主要从联合国自身的视角，分析这一援助存在的不足和缺陷。除此之外，国际、区域、受援国或地区内部也存在多种影响这种援助效果的干扰因素，如国家精英群体举行公正选举的意志、国家对自身主权的关切与援助方的自主性、国家总体的制度框架、多个不同外部援助项目之间的协调程度等等。单就联合国自身而言，其援助的不足和缺陷体现在以下四个方面：选举援助很难摆脱西方国家的主导和控制局面，后者从观念、资金、人员等各方面对其形成强有力影响；选举援助很难平衡政治和技术间的两难；选举援助难以超越“地方性知识”，外来援助难以在当地扎根；援助存在不同目标和不同机构的冲突，减损了援助效果。

一、西方国家主导和控制

知识和技能显然无法和“权力”相隔离，在“发展话语”下总是掩盖着无声的“权力进程”。作为拥有近200个会员国的多边国际组织，联合国试图以一个中立的、权威的身份为受援国提供所需要的各种形式的援助。比如大会第62/7号决议指出，“虽然民主政体有一些共同特征，但并不存在一种单一的民主模式”，而且“民主不属于任何一个国家或地区”。②但西方国家在选举制度上的成熟、理论上的深厚积淀、强大的议题设置和观念扩散能力以及资源供应上的支配地位，使得联合国在这一领域很难摆脱其影响和控制。联合国选举援助也因之在一定程度上成为西方权势和意识形态扩张的工具。

作为民主推进战略的一部分，选举领域是西方国家积极寻求介入的重要领域。1991年第46/137号决议即是由美国联合一些欧洲国家提出的。此后“选举原则”系列决议在一步步赋予联合国更大职权的同时，也为西

① 世界银行：《2011年世界发展报告：冲突、安全与发展》（概述），第15页。

② 秘书长关于民主的指导说明，参见 http：//www. un. org/zh/events/democracyday/pdf/1055022C. pdf。

方国家的民主拓展和意识形态扩张奠定了更坚实的基础。西方国家还通过其庞大的民主援助网络（参见第二章）影响联合国的选举援助活动。它们或者与联合国建立合作伙伴关系，或相互交流经验、共同编写援助手册，或进行人员事务方面的培训，这些活动对联合国有关民主和选举的观念形成具有重要影响。

另一个重要影响来源是选举援助的人员构成。选举援助司联系的1200多名专家，绝大多数来自西方国家。选援司所派遣的对选举申请进行审核的需求评估团以及各类提供实地援助的特派团，西方国家的人员不仅占优，职位上也多居主导地位。在全球活跃的其他选举援助网络更强化了西方的主导地位，比如在尼加拉瓜1990年的大选中，参与大选的国际观察员主要来自西方国家（见表5—1），联合国观察团很难脱离这些组织的影响。

表5—1　尼加拉瓜1990年大选中的观察员

观察团	人数	观察团	人数
美洲国家组织	418	姐妹城市项目	357
联合国观察团	237	拉丁美洲组织	413
卡特中心	78	亚洲组织	7
欧洲组织	360	非洲组织	6
北美组织	696	澳洲组织	6
共计	2578		

资料来源：UN Doc. A/44/927，Appendix Ⅱ，p. 12。

西方国家更是援助所需资源的主要捐助者。在海地1990年系列选举的国际援助大会上，美国通过联合国提供了150万美元的捐助，此后又增加了225万古德（海地流通铸币）。加拿大为其提供了选举材料，如纸张、选票箱、投票间、封签、塑料袋、标签和信封。法国宣布提供1100万法朗，以支付印刷选票和进行公民教育运动的开支。德国则捐助100万德国马克，用于支付部分印刷费。[①] 在阿富汗，开发署于 2006 年启动新的五年期（2006—2011）选举援助项目——“提升未来立法和选举能力”（ELECT），截至 2010 年，共有 26 个捐助方，捐助金额共计 3.8 亿美元。从表 5—2 可以明显发现，这些资金主要来自西方国家。由于捐助方在向开发署捐助资金时，可以指定所捐资金的使用方向，这无疑为其影响开发署的选举援助活动及阿富汗的内部事务留下了重要空间。

表 5—2　阿富汗 ELECT 项目主要捐助国及其金额（千美元）（2006—2010）

捐助国	承诺额	捐助国	承诺额
澳大利亚	4210	日本	56161
比利时	1405	卢森堡	106
加拿大	22688	荷兰	11169
克罗地亚	50	挪威	13272
丹麦	5141	韩国	1000
英国国际发展部	19208	瑞典	8055
爱沙尼亚	40	西班牙	1943
欧盟	50000	瑞士	1305
芬兰	1042	土耳其	5000
法国	1279	英国	10042
德国	27000	联合国民主基金	320
印度	1000	联合国开发署	1268
爱尔兰	66	美国国际开发署	123500
意大利	15461	总额	381731

资料来源：United Nations Development Programme Afghanistan, Enhancing Legal and Electoral Capacity for Tomorrow（ELECT）Annual Progress Report, 2010。

① 大会第四十五届会议：《联合国核查海地选举观察团的第一份报告》，联合国文件 A/45/870 附件，1990 年 12 月 14 日，第 16 页。

二、政治和技术间的两难

作为一种跨国活动，联合国所提供的选举援助将外部有关选举和投票方面的专门知识和技术传递和分享给了对象国或地区，弥补其知识和技术上的不足和缺陷。从这一意义上，它具有典型的技术性援助的特征，具体说来，这种技术性特征表现在以下几方面。

其一，技术援助主要提供的是知识和技能方面的引导和协助，具有典型的“问题解决”倾向。技术援助要解决的主要问题有：对象国需要建设什么样的能力、要建设这方面能力需要寻求何种外部援助、如何进行这方面的能力建设。例如，选举援助司为联合国会员国提供有关选举立法、组织大选、投票唱票等从制度完善和机构建立到具体操作各方面的知识普及和技能培训。

其二，技术援助将国家能力建设科学化、工程技术化。技术援助并不寻求从宏观整体上影响对象国的国家建设，而是通过将复杂的国家能力及其建设进程技术化分解，希望在更为微观的实际操作层面发挥影响力。联合国尤其开发署制订了系列内容详尽的“技术指南”，并通过建立准则、标准和分享最佳做法等操作手法，帮助成员国理解和建立相关的国家能力。

其三，由于技术援助需要高度的专业知识，因而技术援助的主要实施角色是技术专家。这些专家或者充当受援国技术顾问，或者全程参与、亲手示范，或者与受援方建立平等协作的伙伴关系。① 由于这类援助是基于专业知识之上的技能传授，使其无须面对受援国国内太大的社会压力，有助于形成相对于社会压力之下的国家机构及相关制度的自主性。

这样，技术援助虽将目标定位在国家能力的增强上，却呈现出某种“去政治化”、“弱权力化”和“弱意识形态化”的特征。但另一方面，由

① Douglas P. Championet al., “Choosing a Consulting Role: Principles and Dynamics of Matching Role to Situation”, In Jan Ubels et al., Capacity Development in Practice, London, Washington, DC: Earthscan, 2010, pp. 59 -61.

于选举与政治、权力紧密结合在一起，因而联合国所提供的这类援助，很容易涉及受援国的国内政治进程，影响其官僚集团、官僚与政客以及社会利益集团之间或之内的权力分配。①

由此导致的后果是，在有些情况下，联合国的选举援助因为尽量回避受援国的政治议题而大大弱化了其援助效果。巴基斯坦就是一个典型的例子。在过去10年里，国际社会为改进其选举体系包括选举委员会的缺陷做了大量努力，但由于这些援助没有也无法触动巴国内部关键性的政治现实如司法和行政的关系，导致援助只能是边边角角的修正，弱化了外部援助的效果。② 在也门，即便开发署在擅长的选举管理机构的专业化和长期能力建设方面，也因为政治原因无法将技术援助转化成实质上的改变。在2007年的孟加拉，由于陷入政治僵局，开发署暂停项目实施。当看守政府组成新的选委会后，项目才重新激活。③

在有些情况下，对政治议题的过分关注又会模糊选举援助的本来目的，甚至成为大国介入受援国内部权争或进行意识形态扩张的工具。1990—1991年间的海地大选就是这样，在联合国的观察下，让—贝特朗·阿里斯蒂德合法当选。但联合国的观察团结束任务不到一年时间，阿里斯蒂德政权即被军事政变推翻。美国随后就以维护阿里斯蒂德合法当选政权为由，促使安理会通过决议，授权由其领导的多国部队逼迫军事当局交权，联合国在其中的角色引发争议。

在有些情况下，尽管没有明显的大国干预行动，仍将联合国置于高政治风险之中。在1992年安哥拉冲突后的首次总统和议会大选中，联合国派遣了400名观察员（除其中1/4由会员国选派外，多数来自联合国系统），负责观察和核实包括选民登记在内的整个选举进程，并对选举争议进行

① Milton J. Esman, "Development Assistance in Public Administration: Requiem or Renewal", *Public Administration Review*, Vol. 40, No. 5, 1980, p. 428.

② Department for International Development, "Electoral Assistance and Politics: Lessons for International Support", UK: Department for International Development, 2010, p. 21.

③ UNDP Evaluation Office, Evaluation of UNDP Contribution to Strengthening Electoral Systems and Processes, 2012, p. 41.

调查。[①] 当核查团认为大选虽存在缺陷，但总体上是公正自由的时候，安盟却宣称有大规模和有计划的欺诈行为，并拒绝接受选举结果。[②] 这使联合国面临这样一个巨大困境：要不要采取政治甚至军事行动以维护自己所认可的合法选举。在安哥拉，联合国核查团最终无功而返，撤离该地。

在多数情况下尤其冲突后的首次大选中，联合国的选举援助是与政治特派行动相互配合的，这些特派团穿梭于各个派别之间，以中立的身份促成选举领域的变革。在有些情况下，联合国则试图通过其政治性的调解和斡旋行动以及通过决议、声明或者透过国际、区域组织施加等多种方式影响受援国或地区的政治进程，以推动援助的有效开展。

联合国的选举援助旨在通过制度和能力建设方面的援助，推动受援国的政治进程，并通过公正、透明的选举使受援国当选政权拥有更大的合法性，从而推动其国家—社会关系的有效融合。但正如瓜瓦拉（Guevara）所说，外部援助能够通过技术和知识的传授强化其制度和能力，在本质上却代替不了政权合法性的生产进程，因为合法性只能根源于其内部。[③] 2015年，由秘书长潘基文召集的“和平行动问题高级别独立小组”对过去近70年的联合国和平行动做出全面审查，在小组提交的审查报告中也明确提出，“持久和平不是凭借军事和技术介入而是通过政治解决办法得到实现和维持的。联合国在解决冲突、开展调解、监测停火、协助执行和平协定、管理暴力冲突和开展维持和平的更长期努力时，政治居首应是其做法的标志。”“在已经签署和平协议或举行选举后，和平进程还没有结束。国际社会必须保持高级别的政治参与，以支持国家努力深化和扩大包容与和解进程，并解决引起冲突的深层问题。”[④]

---

① Further Report of the Secretary – General on the United Nations Angola Verification Mission（UNAVEM Ⅱ），UN Doc. S/23671，3 Mar 1992.

② 秘书长大会报告：《提高定期真正选举原则的效率》，联合国文件 A/48/590，1993 年 11 月 18 日，第 10 页。

③ Berit Bliesemann de Guevara，“The State in Times of Statebuilding”，*Civil Wars*，Vol. 10，No. 4，2008，pp. 348 – 368.

④ 和平行动问题高级别独立小组的报告：《集中力量，促进和平：政治、伙伴关系和人民》，联合国文件 A/70/95 – S/2015/446，2015 年 6 月 17 日，第 23、11 页。

三、外来援助与“地方性知识”的疏离

一定程度上，选举援助与在经济社会领域普遍展开的其他发展援助一样，具有典型的乐观倾向和简单幼稚的“机械思维”的特点。具体说来，它认为，西方发达国家政治制度的成功在于它们符合韦伯式的理性标准，只要将这些公共治理的“秘诀”编进可操作性项目，通过计划和安排，在专家的传授和指导下，就能将这些成功模型移植到受援国身上。在这种观点看来，某些知识和技能可以独立于环境、认知和社会实践而存在，他们并非特殊社会建构的产物。由此，这些知识和技能具有普遍性和跨国可传播性，可以在隔离政治、历史、社会和组织因素的情况下适用于其他国家。援助机构或组织就像医生，他们通过诊断受援国的“问题”，然后“传递”一般性的技术“药方”，填补发达国家与落后国家之间的知识“鸿沟”，就可以将后者引导到前者所开创的正确的发展道路上来。“成功是自然的、可欲的……失败只是（正常轨道上的）一种偏离”。①

这种对知识和技术强烈的（甚至僵化的）信念，斯科特将之称为“极端现代主义”。“其中心就是对持续的线性进步、科学技术知识的发展、生产的扩大、社会秩序的理性设计、不断满足的人类需求以及随时对自然规律的科学理解……的超强自信。”②

无论经济发展还是制度现代化，都非线性的和决定论的。有关人类学和政治学的比较研究也显示出，西方发达国家的制度模式并不适用于历史发展道路和社会情境完全不同的发展中世界，国家建设模式是多元化的。技术和知识并不能完全脱离建构它们的特殊政治、社会环境而孤立存在，它们可以分享、可以传播，但必须经过地方化的改造。即便这种外来的知

---

① Peter Morgan, “Technical Assistance: Correcting the Precedents”, *Development Policy Journal*, Vol. 2, December 2002, p. 3.

② 詹姆斯·C. 斯科特著、王晓毅译：《国家的视角——那些试图改善人类状况的项目是如何失败的》（修订版），社会科学文献出版社 2011 年版，第 109 页。

识和技能对受援国来说是适合的，政治、社会环境也可能会使之变异。[①] 学习—实施—反馈—学习，学习机制的漫长、复杂与援助的短暂周期之间的矛盾，使援助的最终前景面临相当大的不确定性。

在柬埔寨，1992—1993 年的大规模援助顺利推动了选举进程，为其确立了基本的选举制度，解决了这个国家的冲突后危机。在这一意义上，联合国的选举援助是非常成功的。但随着柬埔寨政治制度的巩固和本土化进程的加快，先前确立的这些选举制度此后却逐渐遭到削弱。在这一意义上，1992—1993 年的援助又是存在不少局限的。

选举援助项目被“设计”出来后，援助方更希望通过这种操控达到他们所欲求的表现。这就使援助的优先方向与受援国希望发展的方向很难保持一致。更重要的是，这种高高在上的“传授”式的技术援助，很可能产生事与愿违的负面效应。一方面，像其他领域的发展援助一样，选举援助很容易让受援国产生一种依赖症，弱化其自身的激励机制。[②] 另一方面，环境的不熟悉、知识的不完善、目标的模糊甚至项目间的相互冲突，以及外部不恰当的“反客为主”的干预手段，将误导并损害受援国的自主制度建设和能力发展。

有些问题产生于联合国选举援助系统自身的资源和能力瓶颈。由于援助申请源源不断，需求一直处于旺盛状态，而联合国系统却没有足够的人力和知识储备，这就使得他们在不少情况下更愿意采用援助模板的方式，即在背景条件大致相仿的情况下提供类似的援助模式，而不是采取更有针对性、个性化的援助方案。多重压力、相互矛盾的信息和不同的供资来源，使得秘书处各部门和联合国各机构、基金和方案在统筹开展工作方面举步维艰。

选举援助能够为其选举制度乃至更广泛的国家建设提供重要的参照、引导，尤其是其急需的知识和技能。但国家能力建设是长期的内生性进

① Milton J. Esman, “Development Assistance in Public Administration: Requiem or Renewal”, *Public Administration Review*, Vol. 40, No. 5, 1980, pp. 427 - 428.

② Martin Godfreyet al., “Technical Assistance and Capacity Development in an Aid - dependent Economy: The Experience of Cambodia”, *World Development*, Vol. 30, No. 3, 2002, pp. 355 - 373.

程，选举援助只是外部的刺激性因素，本身代替不了这种复杂进程。更重要的是，如何将一种“外来”的知识和技能应用于一种政治、社会、文化背景完全不同的另一国家，成为其国家建设进程中的持久动力？由于为会员国提供的这类选举援助，其实践只有短短的20多年时间，就其经验而言有待提升和总结，这就使得这方面的研究和实践变得越来越有必要。

四、不同目标的冲突与协调

在选举援助过程中，可能存在三种不同的目标：国家建设、民主化和协助大选。国家建设指向中长期的能力和制度建设，旨在使受援国逐步获得自主的可持续的发展；民主化则意在引导受援国改变其政治运作模式；而协助大选则仅在于使选举顺利推进。这三项目标在任何一次援助过程中都或多或少存在，其中协助大选是前提，这也是选举援助的重心，在此基础上，国家建设和民主化强调的重点则出现差异，在某些情况下甚至相互冲突。国家建设总体思维倾向于自上而下，即强化国家在治理过程中的主导地位；而民主化则倾向于自下而上，通过倡导参与、社团政党组织等方式增强社会对抗暴虐国家权力的能力。

当然，在新自由主义的国家建设（neo - liberal state - building）模式看来，国家建设本身涉及三个重要支柱：通过民主治理支撑国家的合法性和责任性（举行选举和宪政进程）、经济自由化/市场化、强化国家能力包括强化和改革制度以履行关键职能。[①] 不过，这种模式是西式道路的概括和总结，并不一定适宜于其他地方，一些比较政治学的研究也证明，民族性和国家性在时间和因果关系上要先于民主化。[②]次序的颠倒可能将弱化国家巩固的前景。[③]正如研究民主的著名学者罗伯特·达尔所言：“我们不能

---

① OECD - DAC, “State - building in Situations of Fragility: Initial findings”, Paris: OECD, 2008.

② Dankwart Rustow, “Transitions to Democracy: Toward a Dynamic Model,” *Comparative Politics*, Vol. 2, April 1970, pp. 350 - 352.

③ J. Barbara, “Rethinking Neo - liberal State Building: Building Post - conflict Development States”, *Development in Practice*, Vol. 18, No. 3, 2008, pp. 307 - 318.

在民主理论之内解决民主单位合适的范围和领域的问题。多数原则的民主程序预示着事先存在一个单位。民主程序的标准是以单位自身的正当性为前提的。”[①]以此观之，联合国的选举援助需要将更多的资源和精力集中于选举的制度和能力培育上，和国家建设的长期目标结合在一起，着重强化受援国有效的政府能力，相应弱化自由民主观念的推广色彩。

在冲突后国家，选举援助更应着眼于国家建设和政府有效管治能力的培育，并把重点投入在建设和平上面，使选举成为和解与和平的手段，防止重新滑向冲突。中非冲突频发，部分源于外部援助未能有效推动对话形成稳固的制度安排。相比之下，国际社会持续和大规模的投入，则使东帝汶建立了一套适应性较强的国家和地方组织机构。

不同目标的冲突同时也存在于联合国各个机构甚至联合国机构的不同层级之间。以在选举援助过程中发挥重要角色的开发署为例，随着业务的大规模开展，开发署建立了总部、区域、次区域以及国家办事处的纵向领导体制，但开发署的非集权性质意味着国家办事处和驻地代表在项目决定和维持方面有较大灵活性。一些国家办事处更喜欢推动受源国政府亲睐的建设项目而不是民主化，如果该国政府并未要求开发署的援助特别支持某一进程，比如民间社会所建议的选举改革，那么办事处就认为不值得去做，但总部尤其项目的捐助者可能希望资金用于这一领域，以推动民主进程。[②]

开发署与选举援助司之间的关系也存在困扰。开发署是发展机构，在民主治理和长期的能力建设方面有专业特长；选援司则是政治事务部门，倾向于选举进程的政治指令，通常受制于相对较短的时间框架而不习惯于长期的发展工作。两者在选举进程优先支持的领域或者援助的方式方面经常冲突。在阿富汗、民主刚果、苏丹等国，开发署的首席技术顾问不得不

① Robert A. Dahl, *Democracy and Its Crisis*, New Haven: Yale University, 1989, p. 207.

② UNDP Evaluation Office, Evaluation of UNDP Contribution to Strengthening Electoral Systems and Processes, 2012, pp. 28 – 29.

竭力平衡选援司和开发署之间的目标定位。[①] 尽管联合国秘书处设立协调机制试图理顺相互间的关系，但始终存在挑战。

第二节 联合国选举援助的未来发展与中国角色的可能拓展

一、联合国选举援助未来的发展趋向

从正式确立机构以来，联合国选举援助的历史只有短短的 20 多年时间，不过由于已经在 100 多个国家和地区实际开展过活动，因而这方面已经积累不少经验。从其现有的历史及存在的缺陷来看，联合国选举援助未来大致将出现以下几方面的发展趋势。

其一，在选举援助的过程中，西方国家资金、人员、知识和观念上的绝对主导局面将逐步改变，越来越多发展中国家的元素将被吸收进来。制度上的不断成熟，经济实力的逐步提升，为更多的发展中国家参与并提供选举援助奠定重要基础。由于大致相同的发展经历，这些国家的知识和观念更容易引起受援国的共鸣。南非、墨西哥、印度、巴西等国已经成为选举援助的重要参与者，在选援司的专家资料库中，来自这些国家的名单逐渐增多。开发署在提供援助时，“南南合作”是一项重要特征。超过 60% 的评估调查反映，在加强其国家选举机构或支持选举进程上，开发署支持了南南合作；增加妇女参与项目也超过一半。[②] 一些发展中国家甚至直接采取双边援助的形式，比如墨西哥和加纳两国之间有关选举管理机构建设项目的合作。发展中国家的参与有助于逐渐淡化选举援助当中的西方观念。

① UNDP Evaluation Office, Evaluation of UNDP Contribution to Strengthening Electoral Systems and Processes, 2012, pp. 29 – 36.

② UNDP Evaluation Office, *Evaluation of UNDP Contribution to Strengthening Electoral Systems and Processes*, UNDP, 2012, p. 22.

其二，选举援助将日趋技术化和专业化。最主要的原因是，越来越多的受援国或潜在受援国已经具备了基本的制度框架和选举能力。在这种情况下，选举援助将更具定向性，更加专业化。由于在这方面的突出表现，开发署在未来的选援活动中也将占据更重要地位。

其三，援助将更加强调受援国的自主权。选举援助是否成功，在于能否更好地将外来的知识与技术融合于受援国，尤其是通过刺激受援国内生的制度学习与创新动力，使其发展更具可持续性，这就必须强调受援国的自主性。一种方法是通过鼓励受援国参与援助项目的设计及实施进程，一方面促进了双方的“知识”交流和融合，另一方面也通过这种“自下而上”的方式将外来援助更深地“嵌套”在受援国的本土网络当中，因而使其能够更成功地应对“本土”策略，从而促进项目成功的可能性。秘书长在其有关民主的指导说明中即指出，“联合国的民主援助……必须考虑当地的规范和实践，并尽可能将这些规范和实践融入新兴的民主体制和进程之中”。[①] 联合国在其选举援助过程中，一方面引进越来越多的南方国家的经验和知识技术，另一方面也尽可能多利用本土成长起来的精英，将其吸收到援助进程中，以搭建双方更顺畅的联结。

援助机构逐渐开始重视受援国的本土因素后，重建新制度的观念就转移到强化和改造其现存制度、培育其政府机构人员能力以及其公民素质上来。援助机构在越来越关注本土文化的基础上，强调一种融合个人、制度和系统三维因素的综合性思维。具体说来，就是在承认并尊重文化差异的基础上，着重培育与受援方经济、社会和政治总体环境相协调适应的制度和人员能力。开发署就是在这一背景下提出“能力建设/能力发展”这一概念的。[②]

---

① 秘书长关于民主的指导说明，见 http：//www.un.org/zh/events/democracyday/pdf/1055022C.pdf。

② UNDP，“Capacity Development”，*Technical Advisory Paper 2*，Management Development and Governance Division，New York：UNDP，1997.

二、联合国选举援助与中国的参与

1988 年大会将“提高定期真正选举原则的效力”议题列入议程之后，中国一开始对联合国参与这一领域的事务持明确反对态度。1990 年 12 月 28 日大会首次对该议题草案进行表决时，中国是 8 个投票反对的国家之一。[①] 中国代表在大会发言中坚持认为：“根据《联合国宪章》的宗旨和原则，在非特殊情况下，联合国不具有过问会员国选举事务的职责。”不仅如此，“选举是适合于本国的政治制度和选举制度，是其固有权利。这种权利不应受到任何形式的外来干涉，包括所谓的联合国的选举援助。”[②]

在次年 7 月回答联合国秘书长德奎利亚尔的有关征询意见中，中国政府就自己的立场做了三点更为详尽的解释和说明：第一，选举制度属于一国的内部事务，应由该国根据自身的法律程序建立；联合国不具有干涉会员国的内部事务包括选举事务的权力。第二，迄今联合国仅在特定情况下向有关国家提供选举援助，比如非殖民化、解决危及和平与安全的地区冲突有关的安排，或者是接到独立主权国家的邀请，并不存在联合国普遍向会员国正常的选举事务提供援助的必要性。第三，世界各国在制度、历史背景和文化传统上的差异非常大，因而不可能建立一种适宜所有环境、所有国家的单一选举援助机制。[③]

由于担心选举援助可能成为西方国家推行价值观和意识形态、肆意干涉国家内政的工具，主权完整和不受外部干涉很显然是中国政府在表决当中的主要考虑。为了进一步确保这一原则得到尊重，中国还投票支持由古巴、阿富汗、安哥拉等国提出的“在选举进程中遵守国家主权和不干涉他

---

① 8 个投反对票的国家分别是：安哥拉、中国、哥伦比亚、古巴、伊朗、缅甸、苏丹和越南。参见大会第四十五届会议：《第六十九次会议临时逐字记录》，联合国文件 A/45/PV. 69，1991 年 1 月 23 日，第 14 页。

② 大会第四十五届会议：《第六十九次会议临时逐字记录》，联合国文件 A/45/PV. 69，1991 年 1 月 23 日，第 13 页。

③ Report of the Secretary - General to the General Assembly, “Enhancing the Effectiveness of the Principle of Periodic and Genuine Elections,” U. N. Doc. A/46/609/Add. 1, 15 November 1991, p. 15.

国内政原则，以此作为促进和保护人权的要素”决议草案。该份决议进一步重申，“有关选举程序的方式和建立有关体制以及决定其实施的方法完全是各国人民的事情；……任何试图直接或间接干涉……的外部活动，都侵犯了《宪章》……所规定原则的文字和精神。”①

当然，中国政府并非完全不赞同由联合国提供选举援助，不过需要满足两个条件：第一，“承认各国有权自由地选择和发展其政治、社会、经济和文化制度，以及承认没有任何一种政治制度或选举方法同样适合于所有国家及其人民。”② 第二，更重要的是，“只有当主权国家提出请求后，联合国才应考虑并决定以何种方式、方法向其提供援助。”不仅如此，“决定是否接受联合国的选举援助是会员国的固有主权，这一决定应由相关政府做出。”③

由于这两点在 1991 年之后通过的“提高定期真正选举原则的效力”系列决议中都有所体现，中国没有再投反对票。随着联合国选举援助体制的建立以及援助的大规模开展，中国的角色也由一开始的反对者演变为旁观者甚至某种意义上的参与者，不仅在后续大会表决中投赞成票放行该系列决议，而且开始以自己的方式参与这一领域的事务。

中国参与选举援助主要通过两种方式：提供选举物资和资金、参加选举观察活动。中国主要向周边的一些国家提供选举物资，比如 1998 年柬埔寨大选时，中国提供车辆等物资援助，2003 年又向其捐赠 2 万美元办公用品；在阿富汗 2004 年的首次冲突后大选中，中方提供了 100 万美元的物资援助，2009 年和 2014 年的大选中，又供应了所有的投票箱，并向阿富汗独立选举委员会提供了捐赠；2013 年尼泊尔举行第二届制宪会议选举时，中国政府援助了包括办公用品及相关设备在内的价值约 1000 万元人民币的选举物资。近些年，随着中国对全球事务的普遍参与，中国提供选举物资

---

① 大会第四十四届会议：《在选举进程中遵守国家主权和不干涉他国内政原则，以此作为促进和保护人权的要素》，联合国文件 A/RES/44/147，1989 年 12 月 15 日，第 2 段和第 3 段。

② 大会第四十五届会议：《第六十九次会议临时逐字记录》，联合国文件 A/45/PV. 69，1991 年 1 月 23 日，第 13 页。

③ Report of the Secretary – General to the General Assembly, “Enhancing the Effectiveness of the Principle of Periodic and Genuine Elections,” U. N. Doc. A/46/609/Add. 1, 15 November 1991, p. 15.

的区域大幅扩展到非洲、拉美国家，提供的金额也有所增长。选举观察活动则由驻在国的外交官员现场观摩，或者作为党际交流或政治交流活动，多属于礼节性的。近些年，也有不少研究机构的学者受邀观摩大选。实际上，早在1989年5月，中国就派出观察组到纳米比亚观察其独立进程，并派出20名文职人员参加联合国驻纳米比亚过渡时期协助团，参与对纳米比亚制宪议会选举的监督工作。

不过，中国对国外选举的参与总体来看还不太活跃和边缘性的。第一，从提供的选举物资和资金来讲，一方面由于没有任何限定条件，另一方面由受援方的大选组织机构直接使用和支配，因而中国的援助只属于后勤支持，对其选举进程则无意产生影响。而参与的选举观察活动也与前述作为援助形式之一的选举观察有别，因为中国观察员只是受邀观摩，不会单边或与其他组织联合就大选进程发表任何主观评论，也不试图推销或强加自己的选举标准，从而对选举组织方施加压力或影响。第二，更重要的是，中国基本不参与多边组织包括联合国的选举援助活动，中国有限的参与局限于双边框架下的援助与交流。

尽管赞同联合国在收到请求之后提供选举援助的必要性，但中国仍然与其刻意保持距离，并不时提醒联合国及其援助人员尊重受援国的主权、尊重制度的多样性和复杂性。在可预见的将来，中国的这一姿态估计不会出现太大变化。不过在联合国框架之外，尤其在双边层面，出于维护地区或国际和平与安全的大局以及自身日益扩展的海外利益，中国在选举援助领域除了继续提供物资和资金、参加选举观察之外，还有一些空间和途径可以拓展。一是在冲突后环境下，积极采取调解和斡旋等外交努力，确保作为和平协议之一部分的大选顺利推进，减少因选举引发的纠纷和暴力冲突；二是协助建立和完善基本的选举制度；三是加强“治国理政”方面的交流互鉴，建立选举、立法、行政等机构之间的双边交流机制，为需求方提供相关人员的知识和能力培训；四是在联合国等多边机构或组织中，一方面维护受援方的主权不受侵犯，另一方面协助更多国家和区域组织参与选举援助，倡导援助模式的多元化，尤其是推动援助主体的区域化和本土化，使之注入更多“南南合作”的色彩，从而消解西方在选举援助当中的话语和制度霸权。

参考文献

一、原始文献

（编号说明：A/－为大会；S/－为安全理事会；E/－为经济及社会理事会；－/PV.... 为会议逐字记录；－/RES/－为决议；－/Add.... 为增编。以下文件可由联合国正式文件系统 United Nations Official Document System 检索查阅。）

1. 秘书长大会报告

A/70/306（2015）；A/68/301（2013）；A/66/314（2011）；A/64/304（2009）；A/62/293（2007）；A/60/431（2005）；A/58/212（2003）；A/56/344（2001）；A/54/491（1999）；A/52/474（1997）；A/51/761（1996）；A/50/736（1995）；A/49/675（1994）；A/48/590（1993）；A/47/668&A/47/668/Add. 1（1992）；A/46/609（1991）。

2. “选举援助”大会系列决议

A/RES/43/157（1988）；A/RES/44/146（1989）；A/RES/45/150（1990）；A/RES/46/137（1991）；A/RES/47/138（1992）；A/RES/48/131（1993）；A/RES/49/190（1994）；A/RES/50/185（1995）；A/RES/52/129（1997）；A/RES/54/173（1999）；A/RES/56/159（2001）；A/RES/58/180（2003）；A/RES/60/162（2005）；A/RES/62/150（2007）；A/RES/64/155（2009）；A/RES/66/163（2011）；A/RES/68/164（2013）。

3. “尊重主权原则”大会系列决议

A/RES/44/147 （1989）； A/RES/45/151 （1990）； A/RES/46/130（1991）；A/RES/47/130（1992）；A/RES/48/124（1993）；A/RES/49/180（1994）；A/RES/50/172（1995）；A/RES/52/119（1997）。

4. 纳米比亚问题

安理会决议和文件：S/RES/366（1974）；S/RES/431（1978）；S/RES/435（1978）；S/RES/629（1989）；S/RES/632（1989）；S/RES/640（1989）；S/RES/643（1989）。

大会决议和文件：A/RES/2145（XXI）（1966）。

秘书长报告：S/20412（1989）；S/20457（1989）。

5. 尼加拉瓜

大会决议和文件：A/RES/42/1（1987）；A/RES/43/24（1988）。

观察团和秘书长报告：A/44/375（1990）；A/44/642（1990）；A/44/834（1990）；A/44/917（1990）；A/44/921（1990）；A/44/927（1990）。

6. 海地

观察团和秘书长报告：A/45/870（1990）；A/45/870/Add. 1（1990）；S/21845（1990）；S/21847（1990）。

大会决议：A/45/2（1990）。

大会记录：A/45/PV. 26（1990）；A/45/PV. 29（1990）；A/44/965（1990）；A/44/965/ADD. 1（1990）。

7. 利比里亚：S/26868；S/1994/168；S/1994/463；S/1994/588；S/1994/760。

8. 萨尔瓦多：S/26606；S/1994/179；S/1994/304；S/1994/375；S/1994/486；S/1994/536；S/1994/561。

9. 莫桑比克：S/1994/89；S/1994/511；S/1994/803；S/1994/1002。

10. 南非：S/1994/16；S/1994/435；S/1994/717。

11. 克罗地亚、东斯拉沃尼亚：S/1996/622；S/1996/705；S/1996/883；S/1997/148；S/1997/487。

12. 中非：S/1998/540；S/1998/783&Add. 1；S/1998/1203；S/1999/

98；S/1999/416；S/1999/621；S/1999/788；S/1999/1038。

13. 东帝汶特派团：S/1999/595；S/1999/705；S/1999/803；S/1999/862；S/1999/1024；S/2002/432。

14. 西撒哈拉：S/21360；S/22464。

15. 安哥拉：S/23671&Add. 1；S/22609；S/22627；S/23556；S/23557。

16. 柬埔寨：S/23613；S/RES/745（1992）。

17. 阿富汗：S/RES/1383（2001）；S/RES/1401（2002）；S/RES/1419（2002）；A/56/875 – S/2002/278（2002）；A/56/1000 – S/2002/737（2002）；A/57/487 – S/2002/1173（2002）；A/57/762 – S/2003/333（2003）；A/59/581 – S/2004/925（2004）；A/58/742 – S/2004/230（2004）；A/58/868 – S/2004/634（2004）；A/59/744 – S/2005/183（2005）；A/60/224 – S/2005/525（2005）；S/2006/90（2006）；A/60/712 – S/2006/145（2006）；S/2008/434（2008）。

二、报告

1. Andrew Reynolds, Ben Reilly and Andrew Ellis, *Electoral System Design: The New International IDEA Handbook*, Stockholm: International IDEA, 2005.

2. European Communities, *Methodological Guide on Electoral Assistance*, 2006.

3. Department for International Development, *Electoral Assistance and Politics: Lessons for International Support*, UK, 2010.

4. United Nations, *Report of the Panel on United Nations Peace Operations*, New York, 2000.

5. Report of the Secretary – General, An Agenda for Peace: PreventiveDiplomacy, Peacemaking and Peace – keeping, *UN Doc. A/47/277 – S/24111*, 17 June 1992.

6. United Nations Office of Internal Oversight, "In – depth evaluation of E-lectoral Assistance", *UN DOC. E/AC. 51/1999/3*, 1999.

7. Department of Peacekeeping Operations and Department of Field Support, *A NEW PARTNERSHIP AGENDA: Charting a New Horizon for UN Peacekeeping*, New York, July 2009.

8. United Nations Department of Peacekeeping Operations, Department of Field Support, *United Nations Peacekeeping Operations: Principles and Guidelines*, United Nations 2008.

9. United Nations Office of Internal Oversight, "In – depth Evaluation of Political Affairs: Electoral Assistance", *UN DOC. E/AC. 51/2007/2/Add. 1*, 2007.

10. UN Peacekeeping Best Practices Unit, Department of Peacekeeping Operations, *Handbook on United Nations Multidimensional Peacekeeping Operations*, United Nations, December 2003.

11. United Nations Department of Peacekeeping Operations and Department of Field Support, Civil Affairs Handbook, United Nations, 2012.

12. UNDP Evaluation Office, *Evaluation of UNDP Contribution to Strengthening Electoral Systems and Processes*, 2012.

13. Peter Eicher, Zahurul Alam and Jeremy Eckstein, *Elections in Bangladesh 2006 – 2009: Transforming Failure into Success*, UNDP, 2010.

14. UNDP Evaluation Office, *Evaluation of UNDP Assistanceto Conflict – Affected Countries*, UNDP, 2006.

15. UNDP, *Electoral Assistance Implementation Guide*, UNDP, 2007.

16. UNDP, *UNDP Practice Note on Electoral Assistance*, UNDP, January 2005.

17. UNDP, *UNDP Essentials on Electoral Assistance*, UNDP, January 2005.

18. UNDP, *UNDP and Electoral Assistance: Ten Years of Experience*, UNDP, 2001.

19. UNDP, *UNDP Electoral Assistance Review*, UNDP, July 2000.

20. UNDP, *Democracy in Latin America: Towards a Citizens' Democracy*, UNDP, 2004.

21. Rafael López – Pintor, *Electoral Management Bodies as Institutions of Governance*, UNDP, 2000.

22. Rafael Lopez – Pintor and Jeff Fisher, *Cost of Registration and Elections*, UNDP, 2004.

23. Joint Electoral Management Body, *2004 Afghanistan Presidential Election Operational Plan Outline*, 3/08/2004.

24. Joint Electoral Management Body, 2005 Afghanistan Constituent Assembly Election Operational Plan Outline, 3/08/2004.

25. Election Evaluation Mission, Afghan Voter Registration 2003 and Elections Projects 2004/2005.

26. IAEC, Decree on the Establishment of the Interim Afghan Electoral Commission, 26 July 2003.

27. JEMB, Decree on the Establishment of the Joint Electoral Management Body, 26 July 2003.

28. Afghan, Decree on the Registration of Voters for the 2004 Elections, 11 November 2003.

29. Afghan, Decree of the President of the Islamic Transitional State of Afghanistan on Elements for Convening Elections during the Transitional Period, 18Feb 2004.

30. Afghan, Decree of the President of the Transitional Islamic State of Afghanistan on the Adoption of Electoral Law, 27 May 2004.

31. UN Peacekeeping Best Practices Section, *The 2004 Presidential Elections in Afghanistan: Lessons Learned*, September 2005.

32. Alan Wall, Andrew Ellis, Ayman Ayoub, Carl W. Dundas, Joram Rukambe, *Electoral Management Design: The International IDEA Handbook*, Stockholm: International IDEA, 2006.

33. Andrea Iff, Ed. , *Ballots or Bullets*: *Potentials and Limitations of Elections in Conflict Contexts*, Swisspeace Annual Conference, 2010.

34. OECD, *The Paris Declaration on Aid Effectiveness and the Accra Agenda for Action*, Paris: OECD, 2005.

35. IDEA, *Code of Conduct*: *Ethical and Professional Administration of Elections*, Stockholm: IDEA, 1998.

36. IDEA, *Consolidating Democracy in Nepal*, Stockholm: IDEA, 1997.

37. IDEA, *Code of Conduct*: *Ethical and Professional Observation of Elections*, Stockholm: IDEA, 1997.

38. IDEA, *Voter Turnout from 1945 to 1997*: *A Global Report on Political Participation*, Stockholm: IDEA, 1997.

三、英文著作（学位论文）

1. Edward Newman and Roland Rich, eds. , *The UN Role in Promoting Democracy*: *Between Ideals and Reality*, New York: United Nations University Press, 2004.

2. Yves Beigbeder, *International Monitoring of Plebiscites*, *Referenda and National Elections*: *Self - determination and Transition to Democracy*, Boston: M. Nijhoff, 1994.

3. Arturo Santa - Cruz, *International Election Monitoring*, *Sovereignty*, *and the Western Hemisphere Idea*: *The Emergence of an International Norm*, New York: Routledge, 2005.

4. Judith G. Kelley, *Monitoring Democracy*: *When International Election Observation Works*, *and Why it often Fails*, Princeton University Press, 2012.

5. Susan D. Hyde, *The Pseudo - Democrat's Dilemma*: *Why Election Monitoring Became an International Norm*, Cornell University Press, 2011.

6. Timothy C. Evered, *United Nations Electoral Assistance and the Evolving Right to Democratic Governance*, Livingston, NJ: The Center for U. N. Reform

Education, 1996.

7. Thomas Carothers, *Aiding Democracy Abroad: The Learning Curve*, Washington, DC: Carnegie Endowment for International Peace, 1999.

8. Krishna Kumar, ed., *Postconflict Elections, Democratization, and International Assistance*, Boulder, Colorado: Lynne Rienner, 1998.

9. Krishna Kumar, ed., *Rebuilding Societies after Civil War: Critical Roles for International Assistance*, Boulder, Colorado: Lynne Rienner, 1997.

10. Mohammed Ayoob, *The Third World Security Predicament: State Making, Regional Conflict, and the International System*, Lynne Rienner Publishers, 1995.

11. Florian Bieber and Stefan Wolff, eds., *The Ethnopolitics of Elections*, London; New York: Routledge, 2007.

12. Nicolas Guilhot, *The Democracy Makers: Human Rights and International Order*, New York: Columbia University Press, 2005.

13. Fareed Zakaria, *The Future of Freedom: Illiberal Democracy at Home and Abroad*, New York; London: W. W. Norton, 2007.

14. Stephan Stetter, *EU Foreign and Interior Policies: Cross – pillar Politics and the Social Construction of Sovereignty*, New York, NY: Routledge, 2007.

15. Alastair Smith, *Election Timing*, New York: Cambridge, 2004.

16. Christopher J. Coyne, *After War: the Political Economy of Exporting Democracy*, Stanford, Calif.: Stanford Economics and Finance, 2008.

17. Jon Abbink and Gerti Hesseling, eds., *Election Observation and Democratization in Africa*, New York: St. Martin's Press, 2000.

18. Jack Snyder, *From Voting to Violence: Democratization and Nationalist Conflict*, New York: Norton, 2000.

19. Eric Bjornlund, *Beyond Free and Fair: Monitoring Elections and Building Democracy*, Baltimore: John Hopkins University Press, 2004.

20. James Dobbins, et al, *America's Role in Nation – Building: From Germany to Iraq*, Rand Corporation, 2003.

21. James Dobbins, et al, *The UN's Role in Nation - Building: From the Congo to Iraq*, Rand Corporation, 2005.

22. R. Michael Alvarez, Thad E. Hall, and Susan D. Hyde, eds., *Election Fraud: Detecting and Deterring Electoral Manipulation*, Brookings Institution Press, 2009.

23. Susan D. Hyde, *Observing Norms: Explaining the Causes and Consequences of Internationally Monitored Elections*, University of California at San Diego (Ph. D. Dissertation), 2006.

24. Jon C. Pevehouse, *Democracy from Above? Regional Organizations and Democratization*, The Ohio State University (Ph. D. Dissertation), 2000.

25. Marie - Soleil Frère, *Elections and the Media in Post - Conflict Africa: Votes and Voices for Peace?* Zed Books, 2011.

四、英文期刊文章

1. Jon M. Ebersole, "The United Nations' Response to Requests for Assistance in Electoral Matters", *Virginia Journal of International Law*, Vol. 33, 1992 - 1993, pp. 91 - 122.

2. Samuel J., Barkin, and Bruce Cronin, "The State and the Nation: Changing Norms and Rules of Sovereignty in International Relations", *International Organization*, *Vol.* 48, No. 1, 1994, pp. 107 - 130.

3. Jon C. Pevehouse, "Democracy from the Outside - In? International Organizations and Democratization", *International Organization*, Vol. 56, No. 3, Summer, 2002, pp. 515 - 549.

4. Daniel Branch, and Nic Cheeseman, "Democratization, Sequencing, and State Failure in Africa: Lessons from Kenya", *African Affairs*, Vol. 108, No. 430, 2009, pp. 1 - 26.

5. S. Brown, 2005. "Foreign aid and Democracy Promotion: Lessons from Africa", *The European Journal of Development Research*, Vol. 17, No. 2,

pp. 179 – 198.

6. Steven E. Finkel, Aníbal Pérez – Liñán, and Mitchell A. Seligson, "The Effects of U. S. Foreign Assistance on Democracy Building, 1990 – 2003", *World Politics*, *Vol.* 59, No. 3, 2007, pp. 404 – 438.

7. Arthur A. Goldsmith, "Foreign Aid and Statehood in Africa", *International Organization*, Vol. 55, No. 1, 2001, pp. 123 – 148.

8. Arthur A. Goldsmith, "Making the World Safe for Partial Democracy? Questioning the Premises of Democracy Promotion", *International Security*, *Vol.* 33, No. 2, 2008, pp. 120 – 147.

9. Stephen Knack, "Does Foreign Aid Promote Democracy?" *International Studies Quarterly*, Vol. 48, No. 1, 2004, pp. 251 – 266.

10. Edward D. Mansfield, and Jack Snyder, "Incomplete Democratization and the Outbreak of Military Disputes", *International Studies Quarterly*, Vol. 46, No. 4, 2002, pp. 529 – 549.

11. Edward D. Mansfield, and Jon C. Pevehouse, "Democratization and International Organizations", *International Organization*, *Vol.* 60, No. 1, 2006, pp. 137 – 167.

12. Shaheen Mozaffar, "Patterns of Electoral Governance in Africa's Emerging Democracies", *International Political Science Review*, *Vol.* 23, No. 1, 2002, pp. 85 – 101.

13. Jon C. Pevehouse, "With a Little Help from My Friends? Regional Organizations and the Consolidation of Democracy", *American Journal of Political Science*, Vol. 46, No. 3, 2002, pp. 611 – 626.

14. Carlos Santiso, "Promoting Democratic Governance and Preventing the Recurrence of Conflict: The Role of the United Nations Development Programme in Post – Conflict Peace – Building", *Journal of Latin American Studies*, Vol. 34, No. 3, 2002, pp. 555 – 586.

15. Carlos Santiso, and Augustin Loada, "Explaining the Unexpected: Electoral Reform and Democratic Governance in Burkina Faso", *The Journal of*

Modern African Studies, Vol. 41, No. 3, 2003, pp. 395 –419.

16. Margaret Satterthwaite, "Human Rights Monitoring, Elections Monitoring, and Electoral Assistance as Preventive Measures", *NYUJ Int'l L. & Pol*, Vol. 30, 1997, pp. 709 –736.

17. Melida N. Hodgson, "When to Accept, when to Abstain: A Framework for UN Election Monitoring." *NYUJ Int'l L. & Pol*, Vol. 25, 1992, pp. 137 –162.

18. Thomas Kwasi Tieku, "Multilateralization of Democracy Promotion and Defense in Africa", *Africa Today*, Vol. 56, No. 2, 2009, pp. 74 –91.

19. L. Way, and S. Levitsky, "International Linkage and Democratization", *Journal of Democracy*, *Vol.* 16, No. 3, 2005, pp. 20 –34.

20. Jessica L. Weeks, "Autocratic Audience Costs: Regime Type and Signaling Resolve", *International Organization*, *Vol.* 62, No. 1, 2008, pp. 35 –64.

21. Matt Golder, "Democratic Electoral Systemsaround the World, 1946 –2000", *Electoral Studies*, Vol. 24, 2005, pp. 103 –121.

22. Florian P. Kühn, "Less is More: International Intervention and the Limits of External Stabilization", *Canadian Foreign Policy Journal*, Vol. 17, No. 1, 2011, pp. 62 –74.

23. Paul Collier, Anke Hoeffler, Måns Söderbom, "Post – Conflict Risks", *Journal of Peace Research*, Vol. 45, No. 4, Jul., 2008, pp. 461 –478.

24. Anna Ohanyan, "The Effects of Global Policy Networks on Peacebuilding: Framework of Evaluation", *Global Society*, Vol. 24, No. 4, 2010, pp. 529 –552.

25. Kristine Höglund, "Electoral Violence in Conflict – ridden Societies: Concepts, Causes and Consequences", *Terrorism and Political Violence*, Vol. 21, No. 3, 2009, pp. 417 –419.

26. Benjamin Reilly, "Post – Conflict Elections: Constraints and Dan-

gers", *International Peacekeeping*, Vol. 9, No. 2, 2002, pp. 118 – 139.

27. Karen A. Rasler, and William R. Thompson, "War Making and State Making: Governmental Expenditures, Tax Revenues, and Global Wars", *American Political Science Review*, No. 79, 1985, pp. 491 – 507.

28. Youssef Cohen, Brian R. Brown, and Abramo FK Organski, "The Paradoxical Nature of State Making: The Violent Creation of Order", *The American Political Science Review*, No. 75, 1981, pp. 901 – 910.

29. Andrew Kirby, and Michael D. Ward, "Modernity and the Process of State Formation: An Examination of 20th Century Africa", *International Interactions*, Vol. 17, No. 1, 1991, pp. 113 – 126.

30. Lotta Themnér and Peter Wallensteen, "Armed Conflicts, 1946 – 2011", *Journal of Peace Research*, Vol. 49, No. 4, 2012, pp. 1 – 11.

31. Michael C. Desch, "War and Strong States, Peace and Weak States?" *International Organization*, Vol. 50, No. 2, 1996, pp. 237 – 268.

32. Jeffrey Herbst, "War and the State in Africa", *International Security*, Vol. 14, No. 4, 1990, pp. 117 – 139.

33. Cameron G. Thies, "State Building, Interstate and Intrastate Rivalry: A Study of Post – Colonial Developing Country Extractive Efforts, 1975 – 2000", *International Studies Quarterly*, Vol. 48, No. 1, 2004, pp. 53 – 72.

34. Cameron G. Thies, "War, Rivalry, and State Building in Latin America", *American Journal of Political Science*, Vol. 49, No. 3, Jul., 2005, pp. 451 – 465.

35. Brian D. Taylor and Roxana Botea, "Tilly Tally: War – Making and State – Making in the Contemporary Third World", *International Studies Review*, Vol. 10, 2008, pp. 27 – 56.

36. Edward D. Mansfield and Jack Snyder, "Democratization and the Danger of War", *International Security*, Vol. 20, No. 1, 1995, pp. 5 – 38.

37. Edward D. Mansfield and Jack Snyder, "Democratic Transitions, Institutional Strength, and War", *International Organization*, Vol. 56, No. 2,

2002, pp. 297 –337.

38. Douglas G. Anglin, "International Monitoring of the Transition to Democracy in South Africa, 1992 – 1994", *African Affairs*, Vol. 94, 1995, pp. 519 –543.

39. Liisa Laakso, "The Politics of International Election Observation: The Case of Zimbabwe in 2000", *The Journal of Modern African Studies*, Vol. 40, no. 3, 2002, pp. 437 –464.

40. Douglas G. Anglin, "International Election Monitoring: The African Experience", *African Affairs*, Vol. 97, 1998, pp. 471 –495.

41. Rick Fawn, "Battle over the Box: International Election Observation Missions, Political Competition and Retrenchment in the Post – Soviet Space", *International Affairs*, Vol. 82, No. 6, 2006, pp. 1133 –1153.

42. Palle Svensson, and Jorgen Elklit, "What Makes Elections Free and Fair?" *Journal of Democracy*, Vol. 8, No. 3, 1997, pp. 32 –46.

43. Susan D. Hyde, "The Observer Effect in International Politics: Evidence from a Natural Experiment", *World Politics*, Vol. 60, No. 1, 2007, pp. 37 –63.

44. Susan D. Hyde, "Catch us if you can: Election Monitoring and International Norm Diffusion", *American Journal of Political Science*, Vol. 55, No. 2, 2011, pp. 356 –369.

45. Thomas Carothers, "The Observers Observed", *Journal of Democracy*, Vol. 8, No. 3, 1997, pp. 17 –31.

46. Khabele Matlosa, "Election Monitoring and Observation in Zimbabwe: Hegemony versus Sovereignty", *African Journal of Political Science*, Vol. 7, No. 1, 2002, pp. 129 – 154.

47. Amanda Sives, "A Review of Commonwealth Election Observation", *Commonwealth and Comparative Politics*, Vol. 39, No. 3, 2001, pp. 132 – 149.

48. Gisela Geisler, "Fair? What has Fairness Got to Do with It? Vagaries

of Election Observations and Democratic Standards", *The Journal of Modern African Studies*, Vol. 31, No. 04, 1993, pp. 613 -637.

49. Paul J. Kaiser, "Power, Sovereignty, and International Election Observers: The Case of Zanzibar", *Africa today*, Vol. 46, No. 1, 1999, pp. 29 -46.

50. Susan Booysen, "In the Crossfire of Wars of Political Survival: The Politics of Election Observation in Zimbabwe, 2000 - 2002", *Africa Insight*, Vol. 32, No. 3, 2004, pp. 3 - 10.

51. Emily Beaulieu, and Susan D. Hyde, "In the Shadow of Democracy Promotion: Strategic Manipulation, International Observers, and Election Boycotts", *Comparative Political Studies*, Vol. 42, No. 3, 2009, pp. 392 -415.

52. Judith Kelley, "Election Observers and Their Biases", *Journal of Democracy*, Vol. 21, No. 3, 2010, pp. 158 - 172.

53. Judith Kelley, "Assessing the Complex Evolution of Norms: The Rise of International Election Monitoring", *International Organization*, Vol. 62, No. 2, 2008, pp. 221 -255.

54. Judith Kelley, "Do International Election Monitors Increase or Decrease Opposition Boycotts?", *Comparative Political Studies*, Vol. 44, No. 11, 2011, pp. 1527 - 1556.

55. Judith Kelley, "D - minus Elections: The Politics and Norms of International Election Observation", *International Organization*, Vol. 63, No. 4, 2009, pp. 765 -787.

56. Judith Kelley, "The More the Merrier? The Effects of Having Multiple International Election Monitoring Organizations", *Perspectives on Politics*, Vol. 7, No. 1, March 2009, pp. 59 -64.

57. Daniela Donno, "Who Is Punished? Regional Intergovernmental Organizations and the Enforcement of Democratic Norms", *International Organization*, Vol. 64, No. 4, 2010, pp. 593 -625.

58. Ursula E. Daxecker, "The Cost of Exposing Cheating International Elec-

tion Monitoring, Fraud, and Post - election Violence in Africa", *Journal of Peace Research*, Vol. 49, No. 4, 2012, pp. 503 - 516.

59. Arturo Santa - Cruz, "Constitutional Structures, Sovereignty, and the Emergence of Norms: The Case of International Election Monitoring", *International Organization*, Vol. 59, No. 3, 2005, pp. 663 - 693.

60. Sharon F. Lean, "Democracy Assistance to Domestic Election Monitoring Organizations: Conditions for Success", *Democratisation*, Vol. 14, No. 2, 2007, pp. 289 - 312.

61. Vikram K. Chand, "Democratisation from the Outside in: NGO and International Efforts to Promote Open Elections", *Third World Quarterly*, Vol. 18, No. 3, 1997, pp. 543 - 562.

62. Hrair Balian, "Ten Years of International Election Assistance and Observation", *Helsinki Monitor*, Vol. 12, No. 3, 2001, pp. 197 - 209.

63. Lincoln A. Mitchell, and David L. Phillips, "Enhancing Democracy Assistance", *American Foreign Policy Interests*, Vol. 30, No. 3, 2008, pp. 156 - 175.

64. Gregory H. Fox, "Multinational Election Monitoring: Advancing International Law on the High Wire", *Fordham International Law Journal*, Vol. 18, 1994 - 1995, pp. 1658 - 1667.

五、中文期刊文章

1. 仇朝兵:《选举援助与民主发展:美国的选举援助对印度尼西亚民主化进程的影响》,哈尔滨工业大学学报(社会科学版),2010,(6),40 - 49。

2. 贺双荣:《国际选举观察:美洲国家组织在拉美的实践》,拉丁美洲研究,2006,(6):35 - 39。

3. 刘国柱:《当代美国"民主援助"解析》,美国研究,2010,(3):24 - 38。

4. 刘国柱：《全国民主基金会与美国民主援助》，浙江大学学报（人文社会科学版），2010，（5）：40－48。

5. 郎友兴：《外国非政府组织与中国村民选举》，浙江学刊，2004，（4）：145－146。

6. 赵绪生：《试析民主援助》，现代国际关系，2008，（3）：27－33。

7. 刘鸿武：《撒哈拉以南非洲民族国家统一构建进程》，西亚非洲，2002，（2）：18－24。

8. 王菲易：《国际因素与民主化：转型学研究的新领域》，社会科学，2011，（2）：31－38。

9. 李东燕：《论联合国与主权国家关系》，世界经济与政治，2000，（5）：45－50。

10. 李东燕：《新旧两代维和行动之比较》，世界经济与政治，1996，（1）：16－23。

六、中文著作与译著

1. 马存坤：《委任统治地问题》，正中书局印行1936年版。

2. 丁韶彬：《大国对外援助：社会交换论的视角》，社会科学文献出版社2010年版。

3. 刘国柱：《美国文化的新边疆》，社会科学文献出版社2005年版。

4. 李小云等：《国际发展援助概论》，社会科学文献出版社2009年版。

5. 贺文萍：《非洲国家民主化进程研究》，时事出版社2005年版。

6. 李铁城：《世纪之交的联合国》，人民出版社2002年版。

7. 陈鲁直、李铁城：《联合国与世界秩序》，北京语言学院出版社1993年版。

8. 时和兴：《关系、限度、制度：政治发展过程中的国家与社会》，北京大学出版社1996年版。

9. 保罗·F. 戴尔、丹尼尔·德鲁克曼著，聂军译：《和平行动的评价》，知识产权出版社2013年版。

10. 保罗·肯尼迪著，卿劼译：《联合国过去与未来》，海南出版社2008年版。

11. 丹比萨·莫约著，王涛等译：《援助的死亡》，世界知识出版社2010年版。

12. 路易斯·杜普雷著，黄民兴译：《阿富汗现代史纲要》，西北大学中东研究所（内部资料）2002年版。

13. 弗朗西斯·福山著，黄胜强等译：《国家建构：21世纪的国家治理与世界秩序》，中国社会科学出版社2007年版。

14. 霍华德·威亚尔达著，榕远译：《民主与民主化比较研究》，北京大学出版社2004年版。

15. 阿伦·李帕特著，谢岳译：《选举制度与政党制度：1945—1990年27个国家的实证研究》，上海人民出版社2008年版。

16. 塞缪尔·亨廷顿等著，汪晓寿等译：《难以抉择——发展中国家的政治参与》，华夏出版社1989年版。

17. 塞缪尔·亨廷顿著，刘军宁译：《第三波——20世界后期民主化浪潮》，上海三联书店1998年版。

18. 戴维·赫尔德著，胡伟等译：《民主与全球秩序——从现代国家到世界主义治理》，上海人民出版社2003年版。

后记

本书将联合国选举援助这一独特的、几乎无人关注的领域纳入研究范围，意在从微观视角切入，展现全球治理的多元复杂面貌，考察国际社会在“弱国家”建设当中可能发挥的角色和功能。不过，本书在理论方面的探讨刚刚起步。为弥补理论不足，我在资料的发掘和使用方面下了不少功夫，并尽可能地使整个研究做得更精细、更深入。

在本书的写作当中，我的博士导师张贵洪教授无论在学术还是生活上所给予的关怀和照顾都是难以言表的。我与张老师之间的师生情缘始于2003年在浙江大学攻读硕士时，2010年我辞去工作，有幸再拜在门下。毕业之后，张老师也时常鞭策和鼓励我，对我体贴入微。

我现在就职的单位上海社科院国际问题研究所朝气蓬勃，汇聚了一批海内外知名高校毕业的年轻人。我们在学术讨论之余，也相互激励。自进所工作以来，刘鸣所长多方提携，将我纳入他的创新团队并鼓励我成功申报国家社科基金项目和院创新青年人才项目。余建华研究员在学术和生活上对我都关怀备至，他还两度参与我的论文答辩和书稿评审环节，非常专业地指出其中的一些错漏之处。

本书的写作有幸得到诸多前辈师长的指导和帮助。复旦大学任晓教授、苏长和教授、张建新教授、潘锐教授和刘永涛教授，同济大学的夏立平教授，北京外国语大学的李永辉教授，上海外国语大学的刘中民教授，都曾耐心细致地研读了我的书稿，并提出不少宝贵建议。在所学术评议会上，吴前进研究员、傅勇研究员、崔宏伟研究员、李开盛研究员、张茗副研究员也给予精彩的点评，可惜没有更多的时间将他们的建议完全吸收到书稿当中。

在写作时，我曾就一些问题请教过两位研究选举观察方面的著名专家：杜克大学的 Judith Kelley 女士和耶鲁大学的 Susan D. Hyde 女士，两人热情地给我解答，Kelley 女士还慷慨地分享了她新著的部分内容及由其建立的选举观察方面的数据库。联合国秘书处下设的选举援助司为我提供了不少原始文献。上海金融学院的李金祥博士、中央财经大学的刘建伟博士、对外经贸大学的邱昌情博士及肖康康博士等诸位同门学友，对我写作有过不少启迪。我的老友贾付强、束必铨、邹磊、左希迎、徐瑶等 2010 级国政博士班的众多兄弟姐妹虽然天涯各方，但仍相互鼓励、团结奋进。我的硕士老师王来法教授、吕有志教授，我原来就职单位的高尚斌教授、刘常喜教授多次关心我的生活和学术进展，对我照顾非常多。

本书的部分章节已经刊发于《外交评论》《国际政治研究》《国际关系研究》《国际展望》《南亚研究季刊》等学术期刊。这些期刊不仅给我发表成果的机会，还通过匿名评审提出诸多精当的批评和建议，受益匪浅。外交学院陈志瑞教授和吴文成博士、上海国研院张春研究员和石晨霞博士、北京大学的庄俊举主任、上海社科院的傅勇研究员等，在论文修改过程中都颇费心力，贡献良多。

时事出版社的编辑高冉女士和责编张晓林女士的专业令人钦佩，他们的认真审校，避免了本书的不少硬伤。

本书得以完成，与家人的支持与鼓励密不可分。数年来，我漂泊不定，未能承担多少家庭责任，每每思虑及此，磋叹不已。幸好父母和岳父母身体安康、宽宥体贴，兄长和姐姐周全照顾全家之余，还常常劝我宽心，不必顾念。爱妻则无怨无悔，一直默默伴我，是我温暖的精神港湾。在我博士毕业之后，儿子也呱呱坠地并健康成长，为我的生活平添诸多乐趣。

成书过程多少有些匆忙，缺憾很多，看着它，让我更加不敢懈怠。希望这只是一个微不足道的起点。

李因才

2016 年 4 月于上海

图书在版编目（CIP）数据

联合国选举援助研究/李因才著．—北京：时事出版社，2016.11

ISBN 978-7-5195-0038-2

Ⅰ．①联…　Ⅱ．①李…　Ⅲ．①联合国—选举—研究②联合国—经济援助—研究　Ⅳ．①D813.2

中国版本图书馆 CIP 数据核字（2016）第 221588 号

出版发行：时事出版社
地　　址：北京市海淀区万寿寺甲 2 号
邮　　编：100081
发行热线：（010）88547590　88547591
读者服务部：（010）88547595
传　　真：（010）88547592
电子邮箱：shishichubanshe@sina.com
网　　址：www.shishishe.com
印　　刷：北京市昌平百善印刷厂

开本：787×1092　1/16　印张：17.5　字数：291 千字
2016 年 11 月第 1 版　2016 年 11 月第 1 次印刷
定价：80.00 元